지은이

김병희

현재 서원대학교 광고 홍보학과 교수이다. 서울대학교 국어국문학과를 졸업하고, 연세대학교 석사 과정 (광고학 석사)을 마쳤으며, 한양대학교 광고 홍보학과 박사 과정에 있다. 광고 회사 '선연'에서 카피라이터 겸 크리에이티브 디렉터로 일했으며, 라이코스 등 여러 광고 캠페인을 성공적으로 이끌었다. 현재 광고비평포럼 (AdCF)의 정회원이며, 여러 매체에서 활발한 광고 문화 비평 활동을 하고 있다. 저서로는《광고 하나가 세상을 바꾼다》(1997)가 있으며, 〈광고 비평이 수용자의 광고 태도에 미치는 영향〉, 〈금연 광고 메시지가 대학생의 흡연 태도에 미치는 영향〉 등 다수의 논문이 있다.

광고와 대중 문화

일러두기

- 한글 표기를 원칙으로 하되, 필요에 따라 외국어와 한자를 병기하였다.
- 한글 맞춤법은 '한글 맞춤법' 및 '표준어 규정'(1988), '표준어 모음'(1990)을 적용하였으나 혼란이 있는 경우에는 출판사의 원칙을 따랐다.
- 외래어의 우리말 표기는 개정된 '외래어 표기법'(1986)을 원칙으로 하되, 그 중 일부는 현지 발음에 따랐다.
- 사용된 기호는 다음과 같다.
  영화, 텔레비전 프로그램 등: 〈 〉
  책이름: 《 》

광고와 대중 문화

김병희 지음

한
나래

광고와 대중 문화

지은이 / 김병희
펴낸이 / 한기철
편집장 / 이리라 · 편집 및 제작 / 전현주 · 편집 / 신소영 · 디자인 / 김민정

2000년 8월 25일 1판 1쇄 박음
2000년 9월 1일 1판 1쇄 펴냄

펴낸 곳 / 도서 출판 한나래
등록 / 1991. 2. 25. 제22 - 80호
주소 / 서울시 마포구 신수동 448 - 6
전화 / 02) 701 - 7385 · 팩스 / 02) 701 - 8475 · e - mail / hanbook@chollian.net

필름 출력 / DTP HOUSE · 인쇄 / 상지사 · 제책 / 성용제책
공급처 / 한국출판협동조합 [전화: 02) 716 - 5616, 팩스: 02) 716 - 2995]

© 김병희, 2000
Published by Hannarae Publishing Co.
Printed in Seoul

광고와 대중 문화 / 김병희 지음 — 서울: 한나래, 2000.
338p.: 25cm (한나래 언론 문화 총서, 34)

KDC: 326.14
DDC: 659.1
ISBN: 89 - 85367 - 90 - 0 94330

1. Advertising. I. 김병희.

차례

머리말: 가지 않은 길의 매혹

'광고를 하지 않았더라면……' 하고 생각할 때가 있다. 아마도 지금과는 다른 길에 서 있었을 것이다. 미치도록 괴로운 광고狂품 담론을 마주할 때마다 나는 늘 낯선 곳으로 여행을 떠났다. 그 때마다 로버트 프로스트의 〈가지 않은 길〉은 내게 큰 힘이 되어 주었다.

세월이 한참 흐른 뒤, 나도 이렇게 말할지 모르겠다. "숲 속에 두 갈래 길이 갈라져 있었다고 / 그리고 나는 사람들이 덜 간 길을 택했었다고 / 그리고 그것으로 인해 내 모든 것이 달라졌다고." 아니다 싶으면 되돌아와 다른 길을 가는 것도 디지털 시대의 윤리이다. 세상에서 가장 슬픈 말은 "그렇게 할 수도 있었는데……*It could have been*……"이다. 우리네 인생이 실수와 회한의 연속이라지만, 이미 간 길에서 머무르는 농경 사회 상상력보다 가지 않은 길을 향해 모험을 떠나는 유목민의 상상력이 더 절박한 존재 방식이라 생각한다. 모든 것을 걸어야 하니까. 나는 숲 속의 두 갈래 길에서 광고의 길로 들어섬으로써 내 모든 것이 달라지기를 희망한다.

8

이 책에서는 인간과 사회에 영향을 미치는 광고와 대중 문화의 관련 양상을 고찰해 보았다. 현대 광고는 상품과 서비스의 판매 촉진에만 머무르지 않고 대중의 의식과 가치관, 그리고 생활 양식까지도 변화시킨다. 즉, 우리의 생활 속으로 들어와 현실의 일부를 구성하게 되며, 결국 우리의 삶을 개인적인 방식으로부터 공동체의 방식으로 바꾸기도 한다.

현대 광고는 이미 개인의 언어가 아니라 공동체의 언어가 된 것이다. 나는 이 책에서 공동체의 언어로 작용하는 광고의 작동 방식에 특히 주목했으며, 문화 연구 방법론을 바탕으로 광고가 상품 판매를 위한 마케팅적 수단이라는 전통적인 입장들을 창조적으로 배반해 보았다.

1장 "소비의 문화와 문화의 소비"에서는 사람들 사이에서 '벽 없는 미술관'의 기능을 하는 현대 광고의 속성을 고찰한 다음, 광고가 주도하는 소비 사회의 내면 풍경들을 현미경으로 관찰하듯이 섬세하게 분석하고, 욕망의 삼각형 모형을 바탕으로 한국 광고 100년사를 짚어 보았다.

2장 "광고를 보는 새로운 지평"에서는 광고 비평의 활성화를 기대하면서 열 가지 광고 비평 방법론을 제시하고, 광고 관련 글쓰기가 광고에 '관한' 맹목적인 숭배 행위가 아니라 비평 방법론에 입각한 과학적인 글쓰기가 되어야 한다는 광고 비평의 일반화 가능성을 모색해 보았다.

3장 "창작과 비평 사이"에서는 광고 크리에이티브와 비평의 관련 양상을 살펴보았는데, 흘러간 노래만 부르는 노래체 광고, 광고와 홍보의 경계에서 배회하는 광고 PR 광고, 원작 광고의 동일성 유지권을 침해하는 슬립 광고, 게릴라전의 전사처럼 치고 빠지는 5초 광고의 위력, 따로 똑같이 상표 개성을 구축하는 멀티 스폿 광고, 캠페인화에 성공하지 못한 단발성 광고들의 문제점을 지적하고 그에 대한 합리적인 대안을 제시하였다.

4장 "예술과 광고 장르"에서는 새로운 예술로서의 광고 장르론을 모색하는 동시에 광고의 예술화 가능성을 시도했는데, 옴니버스 광고, 오마쥬 광고, 키치 광고, 아류 키치 광고, 릴레이식 광고, 클론 광고, 형식 파괴 광고, 화폐 소구 광고, 퓨전 광고 등에 대하여 보다 구체적으로 탐색해 보았다.

5장 "대중 사회와 광고 문화"에서는 남자의 누드가 시사하는 몸의 사회 철학적 의미, 스타크래프트의 사회학, 사이버 모델의 사회·문화적 함의, 술 권하는 사회의 계몽 광고, 행복한 소시민의 즐거운 일상, 광고 크리에이티브로 불황을 건너는 법, 라디오 광고의 르네상스 시대, 광고의 사회적 책임, 컬러 커뮤니케이션 시대와 욕망의 오감도 등 대중 사회와 광고 문화의 상관 관계를 속속들이 해부해 보았다.

6장 "What a Wonderful World!"에서는 인터넷 광고가 만드는 놀라운 세상 속으로 들어가서, 디지털 존재를 위하여, 인쯰터넷 광고에서 인仁터넷 광고로, '선영아 사랑해'의 담론 분석, 움직임으로써 존재하는 디지털 인간형, 트위스터보다 위력적인 사이보그 물결, 커뮤니케이션 진화론, 피가 다른 사람들 등 인터넷 광고에 나타난 우리 시대의 리얼리즘을 추적해 보았다.

그리고 이 책의 결론이라 할 "내일의 광고, 광고의 내일"에서는 21세기의 광고 크리에이티브가 어떻게 변하게 될 것인지 여덟 가지 경향으로 정리해 보았다. 직관에 바탕을 둔 예측이지만 매우 구체적인 전망이라 하겠다.

이 책은 독자와 함께 내용을 채워 나가는 열린 구조의 형식을 띠고 있다. 광고와 대중 문화의 포섭 현상에 대한 다양한 비판과 이견들을 두루 수용하여 판을 거듭할 때마다 반영할 생각이다. 이 책에 대한 독자들의 기탄 없는 비판과 대안적 해독을 기대하며 (adecho@seowon.ac.kr) , 책의 내용과 형식을 활짝 열어 놓고자 한다. 이런 맥락에서 이 책은 미완성이라 할 수 있으며, 나머지는 독자들이 채울 몫이라 여긴다.

이 책이 나오기까지 많은 관심과 격려를 보내 주신 여러분들에게 감사드린다. 더운 날씨에도 불구하고 원고를 함께 읽고 더 알찬 책의 모양새를 갖출 수 있도록 많은 아이디어를 준 한나래 출판사 편집진과 보다 깊고 넓은 광고 공부를 할 수 있도록 또 하나의 길을 열어 주신 조병량 · 이현우 · 한상필 · 문영숙 교수님, 그리고 함께 가는 길목에서 늘 의욕을 북돋워 주시는 황병일 · 김규철 교수님께 감사드린다.

또한 사람들 속에서 더불어 살아가는 즐거움을 알게 해 준 여러 친구들과 어머님께도 새삼스럽게 고맙다는 인사를 드리고 싶다. 그리고 사랑하는 우리 범주와 보선에게도. 두근두근! 언제나 한결같이 나를 두근거리게 하는 그 사람에게 두 번째 책을 바친다. 그와 함께 아직 가지 않은 길섶을 헤치며 오래오래 걸어가고 싶다.

광고의 길, 그것으로 인해 내 모든 것이 좋은 쪽으로 달라질지 아니면 나쁜 쪽으로 달라질지 아직은 알 수 없다. 오직 '광고 하나가 세상을 바꾼다'는 믿음 하나로 앞으로도 이 길을 갈 생각이다. 아니, 길은 없었는지도 모른다, 매혹의 환각만 남아 있을 뿐.

2000년 8월

김병희

욕망의 질주 속으로

눈이 가는 곳마다, 발이 닿는 곳마다 광고가 있다.

　　지금 우리는 하루 24시간 아니, 1년 365일 내내 광고의 장마 속에서 살아가고 있다. 아침에 눈을 떠 펼쳐든 신문에서, 무의식적으로 켜는 텔레비전에서, 출근하면서 듣는 라디오에서, 지나가는 버스 옆 면에서, 또는 지하철 승차권에서(심지어 지하철 안은 광고의 동굴처럼 보인다). 그리고 한 발짝만 떼어도 어느 곳에서나 마주치게 되는 옥외 광고들! 이뿐이랴, 컴퓨터를 켜고 인터넷에 접속하는 순간 마치 알라딘의 마술 램프처럼 튀어 나오는 각양각색의 인터넷 광고들이 우리 곁에 바짝 다가온다. 드라마의 소품이나 대중 스타의 액세서리에 이르기까지 우리의 생활 속에 깊숙이 파고든 광고! 우리는 언제나 광고에 노출된 채 하루하루를 살아가고 있다.

　　흔히 광고를 '자본주의의 꽃'이라 부른다. 산업 사회의 도래로 인해 자본주의가 발달하자 자본가들은 광고를 상품 판매의 수단으로 활용하고 소비자들은 광고 속에서 상품에 대한 정보를 얻고 욕망을 구체화하는데, 이 과정에서 광고는 자본주의를 상징하는 대표적인 사회 제도로 자리잡게 되었다. 우리들은 하루에도 수천 가지의 광고에 둘러싸여 살아간다. 단 하루라도 광고의 영향권에서 벗어나 살 수 있는 사람은 아마 거의 없을 것이다. 일찍이

두루넷 TV 광고 '편지' 편

로버트 퀘렝 Robert Querrent 이 말했듯이 "우리가 숨쉬는 공기는 산소와 질소, 수소, 그리고 광고로 이루어졌다"고 할 수 있다. 이 때, 사회 구성원이 갈망하는 대중 문화의 형성에 미치는 광고의 영향력은 상상을 초월하게 된다.

현대 광고는 상품과 서비스의 판매 촉진에만 머무르지 않고 대중의 의식과 가치관, 그리고 생활 양식까지도 변화시킨다. 인간의 인지 능력뿐만 아니라 지적 사고와 관련된 모든 것을 포괄하는 개념인 의식에 미치는 광고의 영향을 상상해 보라! 광고 메시지는 소비 대중 사회의 수용자들을 포섭하면서 소비주의 가치관을 전파시킨다. 광고는 사람을 쉽게 조작하는 도구가 되었다. 광고는 우리가 대중 매체에서 무엇을 보고 무엇을 듣느냐를 통제하는 동시에 우리 사회의 모든 분야에 속속들이 침투해 있다. 광고는 이제 독재자의 음성이 되었다. 아마도 사람들이 "인생이 무엇이냐?"라는 질문을 받으면, 반사적으로 "물론, 코카콜라가 전부이지"라는 대답[1]을 할 수도 있다.

또한 광고는 우리가 모르는 사이에 무의식 속으로 깊이 파고들어 우리의 행동과 생활 양식을 바꿔 버리는 동시에 한 나라의 대중 문화적 수준을 총체적으로 대변하며 우리의 의식과 무의식을 지배하기도 한다. 이처럼 광고는 소비 상품으로서 지닌 브랜드 매력으로 보나, 다른 대중 문화에 미치는 비중 있는 영향력으로 보나 대중 문화의 제1 원소[2]임이 분명하다.

---

1. 크리스 모스델, 《광고, 그리고 문화》, 한상필 옮김, 커뮤니케이션북스, 1999, p.100.

2. 김홍탁, 《광고, 대중 문화의 제1 원소》, 나남, 2000, p.9.

광고 기호학자 주디스 윌리엄슨Judith Williamson은 광고를 단순히 자본주의 경제 시스템에 봉사하는 '꽃'으로 규정하는 주장에 대해 반박하며, 광고는 우리의 일상을 감싸안는 동시에 우리의 생활을 반영하는 가장 중요한 문화적 요소 가운데 하나라고 말한다. 팝 아티스트 앤디 워홀이 "코카콜라는 대통령도, 리즈 테일러도, 그리고 길거리 건달들도 마실 수 있다"고 말했듯이 광고는 막강한 전파력을 바탕으로 대중 속에서 문화의 공유와 가치의 동질화를 유지하게 된다. 대중 문화의 형성에 영향을 미치는 광고 메시지를 이상의 시 〈오감도 烏瞰圖: 시제일호 詩第一號〉[3]에 비추어 패러디하면 다음과 같다.

十三人의廣告兒孩가道路로疾走하오.

(길은막다른골목이適當하오.)

제1의라노스가도로로질주하오.

"질주 본능"

제2의라이코스가도로로질주하오.

"잘 했어, 라이코스"

제3의박카스F가도로로질주하오.

"젊음, 지킬 것은 지킨다"

제4의TTL이도로로질주하오.

"처음 만나는 자유 ― 스무 살의 011"

---

3. 〈조선중앙일보〉 1934년 7월 24일자에 발표한 천재 시인 이상의 시. 〈오감도〉 전문은 이어령 엮음, 《李箱詩全作集》, 갑인출판사, 1978, pp.14~48. 겨우 스물네 살에 전대 미문의 작품을 발표함으로써 한국 문학사에 대서특필할 만한 사건을 일으킨 이상은 혹시 다다이즘으로 무장한 크리에이티브 디렉터가 아니었을까? 김민수에 의하면, 이상은 시대를 앞서 살아간 멀티미디어 인간이다(김민수, 《멀티미디어 인간 이상은 이렇게 말했다》, 생각의 나무, 2000). 초현실주의 예술가들이 시의 의미를 언어의 의미나 운율과 같은 음악성뿐만 아니라 회화적 영역으로까지 확장하려고 한 점에 비춰 보면 이상은 광고 메시지의 문화적 확산을 시도하는 크리에이터의 원형질을 지녔다고 할 수 있다. 이런 맥락에서 이상은 시를 쓰기보다는 20세기의 문화적 상징을 만들어 냈다고 할 수 있다.

제5의 베스킨라빈스31이 도로로질주하오.

"골라 먹는 재미가 있다"

제6의 한솔엠닷컴이 도로로질주하오.

"사랑은 움직이는 거야"

제7의 백세주가 도로로질주하오.

"좋은 술의 고집"

제8의 마이클럽닷컴이 도로로질주하오.

"선영아 사랑해"

제9의 수타면이 도로로질주하오.

"면발은 때려야 한다"

제10의 2%부족할때가 도로로질주하오.

"내가 물로 보이니?"

제11의 임프레션이 도로로질주하오.

"보여 주고 싶은 언더웨어"

제12의 에넥스가 도로로질주하오.

"여자 생각 그대로"

제13의 인터넷나우누리가 도로로질주하오.

"파란 피만 모여라"

한솔엠닷컴 TV 광고 '사랑은 움직이는 거야 3' 편

十三人의廣告兒孩가道路로疾走하지아니하여도좋소.

(길은뚫린골목이라도適當하오.)

이상의 시는 기존의 문학적 한계를 뛰어넘어 시각적 공간 구조와 시간 개념을 지닌 시각 예술의 텍스트로 이루어져 있으며, 형식적 스타일 면에서 서구 다다의 시와 현대 구체시의 맥락과 유사한 것 같지만, 실제 작업 논리와 표현은 상당한 차이가 있다.[4] 이와 마찬가지로 현대 광고 역시 공간 구조와 시간 개념을 지닌 언어적·시각적 메시지의 텍스트로 구성되어 있으며, 형식적 스타일 면에서도 포스트모더니즘에서 해체주의까지 자유롭게 넘나든다. 현대 광고는 이미 상품 판매를 위한 하나의 수단이라는 경제적 기능과 역할에 그치지 않고 본래의 기능을 넘어서서, 소비 대중 사회 속에 갖가지 모양으로 욕망의 파문을 그리며 질주한다.

그럼에도 불구하고 현대 광고는 편재성과 가시성 때문에 비판과 우려의 대상이 되고 있다. 광고 비판론자들은 도처에 널려 있는 광고물들이 알게 모르게 우리의 의식에 영향을 미쳐 사고 방식과 일상 생활을 지배할 것이라고 한다. 광고가 다양한 상징 조작과 기술적 조작을 통하여 무차별적인 소비자 설득을 시도한다는 점에서 특히 심각한 우려의 대상이 되기도 한다.

그러나 이런 견해는 현대의 소비자를 능동적인 수용자로 보지 않고 수동적인 수용자로 이해한 데에서 비롯된 오류일 뿐이다. 현대의 소비자는 현명하다. 비록 광고에 대한 의식 조사에서 많은 사람들이 광고를 신뢰하지 않거나, 광고가 충동 구매를 유발하는 등 부정적인 영향을 미친다는 결과가 나타나기도 하지만 이를 일반화하기는 어렵다. 자유 시장 경제 체제 하의 광고는 상품과 소비자를 연결하는 커뮤니케이션의 다리 역할을 담당하면서 경제 활동을 촉진시킨다. 능동적인 소비자들은 광고 메시지를 맹목적으로 수용하지 않으며, 자신의 마음에 드는 광고가 나오면 오히려 자신의 감각에 맞게

---

4. 김민수, "시각 예술의 관점에서 본 李想 詩의 혁명성,"《멀티미디어 인간 이상은 이렇게 말했다》, 생각의 나무, 2000, p.232.

데미소다 TV 광고 '사랑 원칙' 편

자신의 스타일로 받아들이는 동시에 주변의 문화로 확산시킨다.

이런 과정을 거친 광고는 시간과 공간을 장악하는 사회적인 미디어로 변하게 된다. 광고에 나타난 욕망의 그물이 상품 자체에서 상품을 전시하는 쇼윈도로, 상품 이미지와 똑같은 상가 건물이나 대형 백화점 같은 쇼핑 공간으로, 나아가 그러한 소비 공간이 모여 형성되는 거리로 점차 확장되면서 도시의 공간이 상품 미학을 전파하는 미디어로 변모하는 것이다. 이 때 광고가 만들어 낸 미디어 양식은 '재현의 양식'이라고 할 수 있다. 텔레비전, 신문, 라디오, 잡지 등이 기술 발달에 따른 전통적인 미디어 양식이라면 광고가 만드는 미디어의 세계는 수용자의 개성에 따라 수시로 바뀔 수 있는, 다시 말해 당대의 가장 뜨거운 상징들을 드러내는 재현의 양식인 것이다.

이제, 현대 광고를 전혀 다른 새로운 각도에서 이해해야 한다. X세대가 광고가 만들어 낸 말이듯 N세대, M세대 역시 광고 메시지 속에서 보다 구체적으로 구현되었다. 반시대적인 윤리 의식을 앞세운다면 시대의 흐름과 기호의 변화에 동참하려는 대중들의 마음을 억지로 붙잡을 수는 없다. 또 하나의 개성 표현인 사람들의 욕망은 도로로 질주하고, 광고 메시지는 우리가 날마다 들이마시는 공기처럼 늘 우리 곁에 있는데, 그 강력한 흡인력을 도대체 무엇으로 막을 것인가. 광고가 인간 생활에 미치는 약간의 부정적인 영향을 구체적인 대안 없이 비판하기보다는 오히려 광고 속으로 질주하여 더욱 적극적으로 개입함으로써 대중 문화의 주체 형성에 힘을 보태는 것이 필요한 때이다.

광고의 매혹은 끝이 없다. 대중을 사로잡는 다양한 실험 정신으로 우리 대중 문화의 도로를 건설하고 있는 욕망의 질주를 보라! 광고를 통해 우리는 개성의 유토피아를 꿈꾸게 된다. 현대 광고는 우리의 생활 속으로 침투해 현실의 일부를 구성하며, 결국 우리의 삶을 개인적인 방식에서 공동체적인 방식으로 바꾸게 한다. 말하자면, 광고는 처음부터 개인의 언어가 아니라 공동체의 언어였던 셈이다. 사람과 사람 사이에서 공동체의 언어로 작동하기! 이것이 현대 광고가 하루 24시간, 아니 1년 365일 내내, 대중 문화의 한가운데를 시속 999km의 속도로 질주할 수 있는 가장 큰 까닭이다.

자, 떠나자! 욕망의 질주 속으로.

1

소비의 문화와 문화의 소비

벽 없는 미술관 산책: 소비 문화의 광고

고대 이집트의 파피루스에 "도망간 노예 샘을 찾아 주면 순금 반지를 드립니다"라고 쓰여 있듯이[1] 광고의 역사는 기원 전 1000년경 고대 이집트 시대까지 거슬러 올라가지만, 광고학이 자리를 잡게 된 것은 아주 최근의 일이다. 광고는 경제학 –경영학 –마케팅의 부분 과학으로 태어났다. 광고는 원래 상품 판매를 위한 마케팅 수단인 동시에 소비자 심리를 움직이기 위한 설득 커뮤니케이션의 일종이었다. 그러나 지금, 광고의 기능을 원래의 개념대로만 이해하는 것은 지나치게 근시안적인 시각이다.

예를 들면, 네티즌들은 광고를 단지 상품에 대한 정보를 얻는 수단으로만 보지 않는다. 더구나 광고주나 광고학자들이 광고의 본질적인 기능에 대해 아무리 강조한다 하더라도 상품 판매의 한 수단으로서의 광고 개념은 네티즌의 관심 사항이 아니다. 오늘의 인터넷 세대들은 광고를 즐기며 광고를 마신다. 또는 먹기도 한다. 그래서 이제는 광고하지 않는 상품은 시장에서

---

1. 김충기, "광고의 기원," 리대룡 · 이명천 편저, 《현대 사회와 광고》, 나남, 1988, p.23에서 재인용.

천리안 TV 광고 '진짜 골뱅이' 편

살아남기 어렵게 되었고, 상품이 아무리 좋더라도 광고가 좋지 않으면 네티즌들은 그 상품을 외면하고야 만다. 따라서 앞으로의 광고는 본래의 기능에서 벗어나 갈수록 문화 역학적인 기능을 높여 나갈 수밖에 없다.

　　　기성 세대들은 이런 현상을 상당히 불안스럽게 바라보기도 한다. 또한, 점진적 성장론자들은 때로 이런 현상이 우리 나라의 지나친 소비 의식의 결과라고 비판하기도 하지만 크게 우려할 문제는 아니다. 사회주의 체제가 붕괴한 이후, 이제 전세계는 자본주의 시장 경제를 공식적인 사회 체제로 인정했으며, 자본주의가 성숙할수록 광고 문화도 보다 활짝 꽃피울 수 있게 되었다.

　　　소비 대중 사회에서는 생산의 확대보다는 소비의 확대를 지향하게 되는데, 이미 소비 선도층으로 부상한 수많은 소비인 *homo consumans*들은 이제 막 노동 가치에서 사용 가치로 변화된 상품들, 다시 말해 소비 사회의 다양한 물신物神들을 영접하러 백화점으로 간다. 백화점은 물신들을 모셔 놓은 소비의 성전聖殿이며, 이 때 광고는 막강한 흡인력으로 신도들을 끌어모으는 신흥 종교의 기능을 수행한다. 광고는 '일단의 교리'(James Rorty)이며 '세속화

삼성전자 명품
완전 평면 TV 광고
'디지털 인어 공주' 편

된 소비자 사회의 유일한 믿음'(Ann Douglas)일 뿐만 아니라, '도덕 교사의 역할'(Leo Spitzer)[2]을 수행하기도 한다. 이미 1946년에 광고는 '20세기에 탄생한 종교 *Barzum*'로서 대접을 받았지만, 광고 창작자들은 수용자에게 자본주의 제도와 소비자적 가치를 믿도록 일부러 애쓰지는 않았다. 그러나 광고에 내재된 문화적인 속성이 광고로 하여금 '자본주의 리얼리즘'[3]의 기능을 수행하게 한다.

현대 소비 대중 사회에서 교회에 가는 것은 여가가 되지 못한다. 그러나 백화점에 가는 것은 행복한 여가가 된다. 현대의 주부들은 꼭 사야 할 물건이 없으면서도 "백화점에 바람 쐬러 가자!"고 말한다. 아이 쇼핑은 현대 소비인의 내면 풍경을 엿볼 수 있는 창이며, 광고 메시지가 침투할 수 있는 틈이다. 이제, 백화점으로 대표되는 상품 진열장들은 소비의 전당, 일상의 이데아로 자리잡았다. 또한 소비인들은 상품 목록이나 광고 카피를 마치 기도문

2. Michael Schudson, "Advertising as Capitalist Realism," in R. Hovland & G. B. Wilcox (ed.), *Advertising in Society: Classic and Contemporary Readings on Advertising's Role in Society*, Chicago: NTC Business Books, 1989; 리대룡 옮김, "자본주의적 리얼리즘으로서의 광고,"《광고와 사회》, 나남, 1994, p.127.

3. 앞의 책, p.116. 셔드슨은 전국 광고가 현실성을 표현하지도 않고 그렇다고 완전히 가공된 세계를 보여 주지도 않으며, 오히려 그 자체로서의 현실적 국면에서 존재하는 것을 광고의 자본주의 리얼리즘적 속성으로 본다. 이는 광고가 가진 동일한 속성에 주목한 다음, 그것을 '상업적 리얼리즘 *commercial realism*'이라고 말한 E. 고프먼 E. Goffman 의 입장과는 큰 차이가 있다.

외듯이 암송하기도 한다. 소비교消費敎의 신도들은 지금 이 순간에도 소비의 전당에 엄청난 헌금을 하고 있다.

광고에는 동시대의 진실과 사회 심리가 녹아 있고, 상품 미학이 숨어 있다. 광고가 표출하는 이미지는 시대의 욕구를 반영하기도 하지만, 때때로 없던 욕구나 새로운 유행을 광고가 만들어 내기도 한다.

남성용품 광고에 여성이 등장하기도 하고 여성용품 광고에 남성이 등장하기도 한다. 그리고 전통적인 카메라 기법이 무너지고 카메라 워킹의 혁명이 시작되기도 한다. 화면을 거꾸로 가로지르는 모델의 다양한 몸짓, 마치 무 채 썰 듯이 쪼개진 화면 분할, 러시아 민속 인형이 인형 속에서 수십 개의 또 다른 인형을 토해 내듯이 화면에서 또 다른 화면이 계속 등장하는 화면 속에서의 화면 탄생 기법……. 또한 놀랄 만한 컴퓨터 그래픽의 위력과 충격적인 영화 기법이 과감하게 등장한다. 이제, 수용자들은 변화에 민감하고 변화를 인정한다. 수용자 심리가 그렇게 바뀐 까닭에 혁명적인 표현으로 가득 찬 광고 상품에 더 많은 헌금을 하게 되는 현상을 도외시할 필요는 없다.

사방팔방에 메시지의 포탄을 날려 보내는 현대 광고는 경계심의 장벽을 허물며 이미지들을 선점해 나간다. 이 때 광고는 상품의 메시지 전달에만 그치지 않고 사회화된 메시지를 전달함으로써, 문화 역학의 전도사 역할까지 수행한다. 이미지 선점을 통해 수많은 장벽들을 무너뜨린 다음 문화 운동의 자장磁場을 넓혀 가는 일, 이것이 현대 광고의 가장 중요한 기능이다.

자발적으로 생성되는 대중 문화를 어떻게 바라볼 것인가? 대중 문화는 기업가나 상류 계층에서 자신들의 이익이나 지배적 위치를 유지하기 위하여 대중의 문화적 욕구를 악용하는 측면보다는 대중 스스로가 자신의 문화적 욕구를 실천하기 위해 스스로 선택한다는 측면에서 바라보아야 한다. 이 때, 광고는 자발적으로 생성되는 대중 문화와 더불어 스스로 '문화 역학'을 창출해 나간다.

이제, 무거운 것들은 추하다. 종속 이론이나 신식민지 국가 독점 자본주의론은 구 체제에 대항했던 저 빛나는 정신의 추억일 뿐, 현대 소비인의 마음을 움직이지는 못한다. 깃털처럼 가벼운 영혼만이 참으로 아름다워 보이는 시대, 무거운 것들은 피할 수만 있다면 피하고 싶은 머나먼 성으로 남아 있다. 두꺼운 책은 먼지만 쌓이고, 긴 영화는 지루하다. 무거운 광고는 아무것도 하지 못한다. 광고는 끝없는 메시지 다이어트를 통해 가벼워지고, 또 가벼워지고, 한없이 가벼워질 뿐이다.

광고에 대한 비판론자들은 광고 이미지가 회화나 사진, 그리고 영화 이미지에 비해 독자적인 문법이나 언어를 갖지 못한다며 현대 광고를 비판하기도 한다. 특히, 광고는 파편화된 이미지의 조합일 뿐이라며 현대 광고의 경박성을 문제삼기도 한다. 광고 이미지는 모든 시각 문화 형식에서 표현된 이미지들을 차용하거나 다시 가공하는 때가 많은데, 이 점은 메시지 전달에 필요한 모든 수단을 동원해야 하는 광고 표현의 특수성으로 받아들여야 광고의 경박성으로 매도할 문제는 아니다. 광고가 예술에 가까우면서도 예술이라고 할 수 없는 것은 어떤 광고라도 목적성을 띠지 않으면 태어날 수 없기 때문이다.

광고인은 상품 판매를 위해 광고를 만들 뿐이지, 예술품을 위해 머리를 쥐어짜진 않는다. 좋은 아이디어가 녹아 있는 광고 시안도 광고주의 마케팅 목표와 맞지 않을 때는 언제든지 쓰레기통으로 들어가고, 아무리 볼품 없는 광고 시안도 광고 전략에 충실하면 매체 노출을 통해 메시지에 날개를 달게 된다. 이것이 광고의 속성이다. 그런 비예술적인 예술성 때문에 광고 창작자들은 상품 미학에 알맞은 이미지라면 언제 어디서라도 이미지들을 차용한다.

굳이 광고 표현물을 예술의 범주에 넣는다면 기껏해야 잡종 예술이거나 통제 예술에 불과하다.[4] 경제학, 심리학, 문학, 미학, 음악 등 다양한 분야에서 필요할 때면 언제든지 이미지를 빌려다 쓰는 생래의 잡종성 때문에 광고는 잡종 예술인 것이다. 또한 여러 가지 광고 심의 규정을 지키며 15초 안

---

4. Bruce Bendinger, *The Copy Workshop Workbook*, Chicago: The Copy Workshop, 1993, pp.21~68; 리대룡, "광고 크리에이티브와 창조 철학,"《세계의 광고》, 한국언론연구원, 1990, pp.161~99; 이화자,《광고 표현론》, 나남, 1998, pp.41~67; 동방기획 T.C.R.팀,《알수록 어려운 광고, 알고 보면 쉬운 광고》, 동방기획, 1998, pp.13~7. 광고는 과학 *science* 인가, 예술 *art* 인가? 이에 대한 논의는 소비자 조사 *consumer's research* 를 바탕으로 한 치의 오차도 없는 과학적인 접근을 해야 한다는 D. 오길비 D. Ogilvy (1911~99)

에 컨셉을 극대화시켜야 한다는 점에서 광고는 통제 예술이다. 특히 이런저런 제약 속에서도 창조성을 발휘해야 한다는 제한적인 측면은 다른 예술 분야에서는 상상할 수 없는 예술적 약점인 동시에 광고만이 갖는 순금 부분에 해당된다.

따라서 소비 대중 사회의 광고는 시각적 이미지를 축적한 다음 시각 문화의 징후를 드러내는 가장 대중적인 예술 작품이 될 수도 있다. 일찍이 앙드레 말로가 제창했던 '벽 없는 미술관'의 개념[5]을 현대의 광고가 실현시키고 있는 것이다. 주위를 둘러보라! 광고로 도배된 이미지 덩어리가 우리의 생활을 지배하고 있다. 이름만 붙이면 그대로 미술관이 되는 광고의 가상 미술관 속에서 우리는 살아간다. 우리의 생활 공간은 다름 아닌 거대한 광고 미술관이며, 그 미술관 속에서 밥 먹고 사랑하고 잠자고 꿈꾼다.

우리 주변에 '벽 없는 미술관'이 계속해서 확장되고 있지만, 우리가 그 속으로 자주 드나들지 않고 그 속에서 자주 놀지 않으면, 열 길 물 속은 알

의 입장과, 조사 결과는 참고 자료에 불과할 뿐 조사의 노예가 되면 창의성을 발휘하기 어렵다는 W. 번벅 W. Bernbach(1911~82)의 입장으로 크게 구분된다. 오길비는 장기간의 조사 결과를 바탕으로 효과적인 광고 창작 원칙을 다음과 같이 정리했다. (1) 될 수 있는 한 상품을 크게 보여 주어라, (2) 보는 사람을 어지럽게 하는 부정적인 헤드라인은 쓰지 마라, (3) 헤드라인에 상품명을 넣고 로고 처리를 강하게 하라, (4) 신상품일 경우 뉴스성을 최대한 보장하라, (5) 가급적 상품을 쓰는 사람을 보여 주어라 등. 이에 비해 번벅은 조사 결과를 창조적으로 읽어 내지 못하면 무의미하며 그런 조사야말로 크리에이티브의 감옥이라고 주장하면서 놀라움 *magic*은 언제나 상품 안에 있으며 법칙은 깨지기 위해 존재한다고 했다. 즉, 효과적인 광고는 과학이 아니라 직관과 예술적 재능에서 창조된다는 것이다. 결국, 오길비가 메시지 내용 *what to say*을 강조하였다면 번벅은 표현 방법 *how to say*을 광고 철학의 요체로 삼았다. 지금도 이 두 가지 입장은 광고인들의 취향과 업무 성격에 따라 각각 나름대로의 지지 세력을 확보하면서 평행선을 달리고 있는 형국인데, 나는 광고가 예술이라는 번벅의 입장을 지지한다. 그럼에도 불구하고 광고는 순수 예술과는 다른 성격의 상업 예술인 동시에 이것저것 섞어 새로운 예술미를 창조하는 잡종 *hybrid* 예술이다. 또한 광고 심의 등 사회적인 통제를 받는다는 측면에서 통제 예술의 범주에도 속한다.

5. A. Malraux, *The Voices of Silence*, Secker & Warburg, 1954, pp.15~7. 말로에 의하면, (1) 미술관의 존재가 예술의 체험 방식을 파격적으로 바꿔 놓았으며, (2) 수백만 점의 예술 복제품들의 이미지로 이루어진 상상적 미술관, 다시 말해 '벽 없는 미술관'으로서의 상상적 미술관을 구축하고 있으며, (3) 상상적 미술관은 실제의 미술관에 바탕을 두고 그 활동을 펼쳐 나감으로써 개인들에게 모든 시대, 모든 인간의 예술을 효과적으로 소유하게 한다는 것이다. 말로가 광고를 '벽 없는 미술관'의 개념을 구현한 것으로 적시하지는 않았지만, 그의 논리는 현대 광고의 특성을 가장 상징적으로 대변한다.

아도 천 길 광고 속은 영영 모른 채 소비 대중 사회의 겉모습만 보며 살아갈 수밖에 없다. 광고 텍스트의 의미는 광고 창작자의 손을 떠나는 순간 수용자의 감수성에 따라 각각 다르게 해독된다. 이제, 광고 수용자를 배제한 광고 담론에 대한 모든 논의는 허깨비나 마찬가지다. 현대 광고는 어떤 것이라는 판에 박힌 서술 구조를 탈피해서 광고 수용자의 상상력을 자극한다. 수용자의 적극적인 참여가 있을 때만이 비로소 광고의 의미 구조는 완결될 수 있다. 우리가 벽 없는 미술관으로 자주 산책을 나가야 하는 까닭은 바로 이 때문이다.

광고가 주도하는 소비 사회의 내면 풍경

"우리는 비트와 디지털 이미지에 하부 기초를 둔 새로운 정보 영상 시대에 돌입하고 있다. 이것은 단순한 매체 기술의 변화가 아니라 근원적인 문명사적 변동을 예고하는 사건이다."

한국영상문화학회 창립 선언서 '영상 문화학을 위하여'에서

지금, 도대체 광고란 무엇인가?

광고에는 모든 문화 장르가 골고루 녹아 있다. 좋은 광고를 만드는 지름길이 경제학, 사회학, 심리학, 문화 인류학 따위의 사회와 인간에 관한 과학을 학제적 *interdisciplinary*으로 연구[6]하는 데서 시작되듯이 현대 광고는 다양한 학문 분야의 영양소를 골고루 섭취하면서 발전해 왔다. 그 태생부터가 혼혈이었으

---

6. 리대룡 · 이명천 편저, 앞의 책, p.157.

며, 이는 곧 대중의 다양한 기호에 쉽게 다가갈 수 있는 출발점이 되었다.

특히 광고인들이 아이디어 발상을 위하여 영화, 문학, 미술, 음악, 무용, 건축 등 각종 예술 장르를 무차별적으로 수용하는 바람에 광고는 상품 판매의 수단이라는 원래의 기능을 뛰어넘어 각종 예술 장르의 저수지가 되고 있다. 이제 광고는 소비 대중 사회를 이해하는 핵심 담론이 되었으며, 모름지기 '대중 문화 왕국에서 수상의 자리'[7]를 차지하게 되었다. 광고는 문화 산업인 동시에 우리 시대의 자본주의 리얼리즘이다.

한국에서 광고가 시작된 지 100여 년이 지났다. 광고학계에서는 〈한성주보 漢城周報〉 1886년 2월 22일자의 세창양행(世昌洋行) 신문 광고를 한국 최초의 광고 형태로 보고 있는데,[8] 그 후 100여 년이 지난 오늘날 우리의 광고 산업은 성장을 거듭한 끝에 세계 광고의 G7에 속하는 광고 대국이 되었으며, 1996년 6월에는 제35차 세계 광고 대회를 개최한 바 있다. 이제, 한국의 광고 산업은 세계 광고계의 눈길을 끌 만큼 양적 · 질적인 측면에서 대단한 발전을 이룩한 셈이다.

한국의 대중 문화 역시 걷잡을 수 없이 빠른 속도와 다양한 모습으로 변하고 있다. 영화, 음악, 광고, 만화 등 다양한 장르에 폭발적인 관심을 나타내고 있는 대중들의 입장을 단 몇 마디로 규정하기는 어렵다. 학자들과 문화 평론가들도 대중 문화의 개념과 의미를 다의적으로 해석하고 있다. 한국의 대중 문화는 '다양성'과 '편재성'이라는 두 개의 축을 중심으로 해서 여러 형태의 포물선을 그려 나가고 있다. 대중 문화 방정식의 중심에 광고가 있는 것이다. 광고는 다양한 사회적 기제의 총화이며 대중 문화의 용광로이다. 지금, 우리에게 도대체 광고란 무엇인가?

대중 문화는 광고에 영향을 미친다. 마찬가지로 광고가 대중 문화에 특별한 영향을 미치기도 한다. 광고와 대중 문화는 각각 어떠한 방식으로 영향을 미치고 있는지 상호간의 관련 양상을 살펴보자.

---

7. B. Rosenberg & D. M. White (ed.), *Mass Culture*, The Free Press, 1957, p.434.

8. 신인섭, 《한국 광고 발달사》, 일조각, 1982, p.4.

소비 사회의 열쇠 구멍

자본주의 생산 양식은 대량 소비를 유도한다. 소비자 주권과 시장 경쟁 원리가 적용되는 후기 자본주의 사회에서는 광고가 소비 행위의 강력한 매개체로 자리잡게 된다. 대량 소비가 불가능하면 자본주의적 생산 양식은 유지되기 어려운 법인데, 이 때 대량 소비를 부채질하는 것이 광고이다.

후기 자본주의 사회에서는 소비가 생활의 질을 결정하기에 이르렀으며, 사람들의 활동은 동일한 결합 방식에 의해 이루어진다. 미리 제시된 욕망 충족의 통로에 따라서 생활 세계도 달라진다. 지주와 주주들이 권력을 행사하던 시대는 지났다. 대자본가와 시민 케인의 과시하기 위한 소비 행태는 끝났다. 소득의 평등 여부가 이제는 불평등의 준거가 될 수 없기 때문이다.[9] 후기 자본주의 사회에서는 소비가 특권층의 전유물이 되지 못한다. 만인의 소비 행위가 가능해졌기 때문에 소비 앞에서는 모두가 평등하다. 그래서 소비 의식은 대중의 마음을 사로잡는 중요한 가치가 되었다. 이 때 광고는 소비를 가치의 덕목으로 자리잡게 하는 결정적인 역할을 하게 된다.

광고에 대한 관점은 크게 두 가지로 구분할 수 있다. 광고의 본질을 '생산'의 관점에서 파악하는 것이 전통적인 견해라면, 후기 자본주의 사회에서는 광고를 '소비'의 관점에서 해석하고 이해한다.

광고의 본질을 생산의 관점에서 파악한 입장을 살펴보자. 레이먼드 윌리엄스Raymond Williams는 광고의 제도적 위치를 불확실성 시대의 경제적 변동과 관련지어 이해한다. 그에 의하면, 광고는 자본주의적 산업 생산을 위한 시장 통제 체제로 출발하여 오늘날에는 대중 매체의 재원이 되고 있음은 물론 비영리 단체에까지 영향을 미치는 특별한 사회 제도가 되었다. 따라서 소비의 가치화가 진행되는 현대 소비 사회에서는 광고가 '공식 예술 *official art*'[10]의 지위에 오르게 된다. 소비자들은 광고를 통하여 품격과 만족감을 함

---

9. Jean Baudrillard, *La Société de Consommation: ses mythes ses structures*, Paris: Editions Denoël, 1986; 이상률 옮김, 《소비의 사회》, 문예출판사, 1991, p.61.

한솔엠닷컴 018 틴틴 TV 광고 '김사랑' 편

께 얻고 있으며, 광고는 현실에서 비판받고 있는 소비의 이상理想을 보호하는 기능까지 담당하고 있다. 따라서 광고는 특유의 신비 체계적 속성을 통하여 실재하지 않는 어떤 욕구를 조장한다. 현대의 광고 체계는 상품 판매의 수단이라는 기본적인 역할에 머무르지 않고, 환상의 사회화 기능을 담당하고 있는 것이다.

자본주의 생산 양식은 잠재 수요를 창출하는 상품 생산에 초점을 맞춘다. 그렇게 되면 소비 이데올로기가 조장되게 마련이다. 산업 사회의 기본 목표는 임금을 더 많이 주고 작업 시간을 더 짧게 줄이는 것이다. 이 때 그 목표를 달성하면 결국 소비 시장이 늘어날 수밖에 없다. 여가 시간은 소비 시간

10. Raymond Williams, "Advertising: the Magic System," *Problem in Materialism and Culture*, London: Verso, 1980; 강준만 · 박주하 · 한은경 편역, 《광고의 사회학》, 한울, 1994, p.46.

으로 바뀌고 소비 시간은 다시 기술 문명을 추구하게 되는데, 이 과정에서 소비의 문화가 자리잡게 된다. 소비가 확대되면 상품 판매와 문명화가 동시에 진행된다. 자본주의적 생산 양식은 소비를 확대하게 되는데, 이 때 광고는 소비자에게 "개인주의적 전망을 대량으로 생산하여 그들에게 제공함으로써 대중 사회의 두려움과 좌절을 자극하는 방법으로 소비의 이상을 실현"[11]해 나간다. 후기 자본주의 사회에서는 광고를 생산의 차원보다는 소비의 차원에서 이해해야 한다. 곳곳에서 소비의 이상이 실현되고 있기 때문이다.

진열장의 상품은 노동자의 살아 있는 노동이 응축된 '죽은 노동 *travail mort*'[12]이나 다름없다. 상품은 언제나 '살아 있는 노동'의 형태로 부활되기를 기다린다. 상품의 샘플은 진열대에 전시되는 데 비해, 대부분의 상품은 지하 창고에 묻혀 있다. 이 때 상품을 죽음에서 구원하는 것은 소비자의 구매욕이다. 광고는 죽은 노동을 살아 있는 노동의 형태로 바꾸는 기폭제의 역할을 맡게 된다. 그래서 대중은 소유하지 못한 상품을 점령의 대상으로 삼고 소유욕을 높이게 된다. 이것은 과소비 현상과는 다른 소비의 철학에 관련된 문제이다. 어떤 사람들은 지나친 과소비로 인해 소비인 *homo consumans*[13]의 건전한 가치를 무너뜨리기도 하고 때로는 소비 중독증에 빠지기도 한다. 건전한 소비의 이념이 왜곡되기 시작하면 그런 일은 언제라도 발생할 수 있다. 이 때 광고는 상품의 '눈'과 소비자의 '눈' 사이에서 둘을 매개하는 꽃의 역할을 하게 된다. 이처럼 상품과 인간은 생산이 아닌 소비를 통하여 더욱 밀접한 관계를 유지하게 되는데, 바로 이 지점에서 현대 소비 대중 사회의 소비 가치가 탄생한다.

우리는 소비 행위와 소비주의를 명백히 구분해야 한다. 소비 행위가

---

11. Stuart Ewen, "Advertising: Civilizing the self", *Captains of Consciousness: Advertising and the Social Roots of the Consumer Culture*, New York: McGraw－Hill Book Company, 1976; 강준만·박주하·한은경 편역, 앞의 책, 1994, p.73.

12. 稻葉三千男, 《廣告の本質》, 東京: 創風社, 1987; 강준만·박주하·한은경 편역, 앞의 책, 1994, p.90에서 재인용.

13. 소비 사회의 건전한 소비 철학을 갖는 남녀 구별이 없는 인간 유형. 보드리야르, 앞의 책, 1991, p.134.

대중 문화의 형성에 꼭 필요한 소비의 필수 요소라면, 소비주의는 소비 그 자체를 맹목적으로 숭배하는 입장이다. 그 동안 광고에 쏟아진 수많은 비판은 소비 행위에 대한 비판이 아니라 소비주의 그 자체에 대한 냉혹한 비판이었다.

마르크스주의 전통의 경제학에서는 생산을 경제학의 핵심 요소로 파악하면서도 소비는 항상 주변 요소로 간주하는 실수를 범했다. 그러나 상품의 사용 가치는 항상 소비 행위에서 파생된다. 광고는 소비 행위에 항상 큰 영향을 미쳐 왔는데, 이 때 광고가 하는 역할은 소비를 조장하는 것이 아니라 상품의 사용 가치를 상징적으로 제시할 뿐이다. 따라서 현대 소비 대중 사회에서는 광고가 "상품의 상징화를 통해 소비 행위의 중요성을 강조하는 사회적 기능"[14]을 담당하게 된다. 광고는 소비 사회의 내면 풍경을 엿볼 수 있는 열쇠 구멍이다. 이제, 광고를 소비 행위의 관점에서 이해하는 것은 물론 광고에 의한 소비를 '소비의 문화적 실천'으로 바라보아야 한다.

상품 미학과 욕망의 구조

광고와 대중 문화의 중간 지점에 '상품 미학'이 놓여 있다. 상품 미학은 후기 자본주의 사회의 미학이다. 상품 미학의 개념을 정립한 독일의 볼프강 F. 하우크 Wolfgang F. Haug에 의하면, "상품 미학은 특정 상품에 욕구를 몰아 내며 그것이 강박적인 강렬성에 이르도록 유혹한다. 그것은 광고 상품의 전유를 단호하게 요구하는 특별한 욕구이다. 전유하는 형식은 빈 칸으로 남아 있다. 오로지 그림들을 세상에 내보낼 뿐이다. 그 수취인들은 상품을 손에 넣으려고 혈안이 되어 그리로 날아간다."[15]

---

14. Kathy Myers, *Understains: The Sense and Seduction of Advertising*, London: Comedia Publishing Group, 1986; 강준만 · 박주하 · 한은경 편역, 앞의 책, 1994, p.111.

15. Wolfgang Fritz Haug, *Kritik der Warenästhetik*; 김문환 옮김, 《상품 미학 비판》, 이론과실천, 1991, pp.64~5.

하이트맥주 TV 광고
'목말라' 편

다시 말해, 소비 사회의 상품은 교환 가치와 사용 가치 가운데 교환 가치의 기능만 맡게 된다는 것이다. 상품은 소비자에게 필수품으로 다가가지 않고 소유함으로써 자신을 더욱 빛나게 해 주는 필요 상품으로 자리잡는다. 소비자의 마음과 상품의 속성이 서로를 알아보는 순간 상품 미학의 자장이 형성되는데, 이 때가 건전한 소비 가치를 구현하는 순간이다. 상품 소유자는 상품의 속성을 조작 *manipulation* 함으로써 다양한 욕구를 실현하는데, 이를테면 하우크가 말한 '상품의 미적 추상화'가 이루어진다. 광고나 포장에 나타난 이미지는 미적 추상화의 대표적인 경우이다. 광고에서는 상품의 속성을 직접 드러내지 않고 추상화된 이미지로 표현할 때가 많다. 이미지 메이킹 담당자와 실제 상품 생산자는 다르다. 따라서 광고나 포장은 상품의 '제2의 피부'가 된다. 상품의 실제 외양이 제1의 피부라면 광고가 만들어 내는 상품 이미지는 제1의 피부를 감싸는 제2의 피부인 것이다. 제2의 피부는 제1의 피부를 비약시키며 상품에 새로운 생명력을 불어넣는 역할을 한다. 이런 과정을 거치는 동안 상품의 사용 가치는 사라지고 교환 가치만 남게 된다.

소비자들은 광고하지 않는 상품보다 광고하는 상품을 사고 싶어한다. 매체에 노출되지 않는 상품은 이미 죽어 버린 상품과도 같다. 소비자들은 광고에서 정보를 얻는 데 그치지 않고 광고의 분위기를 즐기는 동시에 자신의 문화로 받아들이기까지 한다. 광고의 분위기를 전파하는 주도적인 매체는 텔레비전이다. 무의식적으로 광고를 보는 소비자들도 광고의 노출 횟수가 증가함에 따라서 광고에 관심을 갖는다. 그렇게 되면 자연히 상품 소유욕이 증가하게 되며, 광고의 분위기까지 즐기게 된다. 광고의 분위기를 모방하며 그 분위기와 자신의 상황을 동일시하며 의사擬似 욕망을 확장시켜 나간다.

정신 분석학자 자크 라캉Jacques Lacan의 '욕망 이론'은 이러한 수용자 심리를 명쾌히 해명한 것이다. 라캉은 생후 6~18개월 사이의 어린이를 대상으로 그들의 사회화(대중화) 과정에 대해 연구했는데 라캉의 연구 결과는 욕망을 확장하는 수용자의 심리를 이해하는 데 한 줄기 빛이 되고 있다. 생후 6~18개월 사이의 어린이는 거울 속에 비친 자신의 모습을 실제의 자신과 완전히 동일시하는데, 라캉은 이 단계를 '거울 단계 mirror stage'로 규정하고 주체 형성의 원천으로 제시한다. 이 때 어린이는 거울에 비친 자신의 모습을 총체적이고 완전하다고 생각한다. 정신 분석학에서는 이것을 이상적 자아Ideal—I라고 하는데, 타인이 자신을 응시하고 있다는 사실을 알지 못하는 객관화 이전의 '나'이다. 거울 단계를 '상상계 the Imaginary'라고도 하는데, 자아가 사회화되기 이전의 단계이다. 상상계를 거친 어린이는 '상징계 the Symbolic'로 진입하는 과정에서 사회적 자아와 대중적 자아로 바뀌게 된다. 상징계에서는 자신의 욕망을 타자의 욕망과 동일시하기 때문에 자신의 욕망을 타자의 욕망에 종속시킨다.[16] 상징계는 상상계 이후에 인간이 경험하게 되는 과정이다. 언어 습득과 동시에 성적 정체성을 형성하는 시기이다. 상징계에서는 상상계에서 자아와 동일시하던 대상의 이미지를 언어로 표현하며 자기 스스로 주체를 구성하게 된다.

그렇지만 라캉이 생각하는 상징은 일반적인 상징 개념과는 다르다.

---

16. 권택영 편역,《자크 라캉: 욕망 이론》, 문예출판사, 1994, pp.15~49. 자크 라캉의 핵심적인 논문들을 편역한 책으로, 주체 구성 이론에 대하여 보다 자세히 언급한 "정신 분석 경험에서 드러난 주체 기능 형성 모형으로서의 거울 단계"(pp.38~49)는 라캉 사상의 정수가 담겨 있는 역작이다.

기호학에서는 기호 체계를 기표 *signifier* 와 기의 *signified* 로 구분하며 상징의 개념을 확장시키고 있다. 그러나 라캉이 생각하는 상징은 어떤 고정된 관계를 표상하지도 않고 도상 *icon* 이나 형상을 나타내지도 않는다. 라캉의 상징은 차별화 요소 그 자체만으로는 아무런 의미가 없으며 다른 대상과의 상호 관계에 따라서 가치를 얻게 되는 하나의 질서 체계[17]이다. 이런 특징은 언어 영역에서 더욱 선명하게 부각되는데, 이를테면 고급 문화는 저급 문화와의 대비적 관계 속에서 뚜렷한 상징으로 떠오르는 것과 같다.

상징계에 들어간 남자 아이는 어머니에 대한 성적 욕망을 강화시키나, 시간이 지나면서 그것을 억누르는 아버지의 존재를 깨닫게 되며 오이디푸스 콤플렉스와 거세 위협을 느끼게 된다. 이 때 비로소 남자 아이는 아버지와 자신을 동일시하며 남녀간의 성차를 인정함으로써 오이디푸스 콤플렉스를 해소하게 된다. 상징계의 욕망은 어머니를 욕망하는 '욕망'이다. 따라서 그 욕망은 의사 욕망이거나 타자의 욕망인 것이다.

라캉의 생각을 대중의 욕망 구조와 관련지어 생각해 보자. 소비자는 광고 모델과 광고의 분위기를 자신의 상황과 동일시하며 광고를 모방한다. 의사 욕망에 따라서 상품을 구매하기도 한다. 상품의 제2의 피부인 광고는 소비자에게 의사 욕망을 제공함으로써 상품은 물론 그것의 가치까지도 함께 구매하도록 한다. 수용자가 광고를 보며 즐거움을 얻고 광고의 분위기를 모방하는 것은 광고를 시청하면서 적극적으로 광고의 구성 형성에 참여하기 때문이다. 광고는 수용자의 '상상적 동일시'를 강화시키며 그들을 광고의 맥락 속으로 끌어들인다. 그렇게 되면 수용자는 객관적 위치에서 주체적 위치로 변하게 된다. 결국, 수용자는 새로운 주체를 형성해 나가며 광고에 적극적으로 개입하게 되는 것이다.

광고 수용자가 광고를 보며 자신의 욕망을 광고의 상황에 일치시키는 과정은 마치 영화 관객이 영화 배우와 자신을 동일시하는 심리 구조와 흡사하

---

17. Jacques Lacan & Alan Sheridan (trans.). *Ecrits: A Selection*, London: Tavistock, 1982, p.ix.

다. 동기는 다르지만 등장 인물의 시선과 관객의 시선이 일치하는 순간에 관객의 감동이 증폭되며 등장 인물과 관객 사이에 자기 동일시 현상이 일어나듯이 광고 모델의 시선과 수용자의 시선이 마주칠 때도 자기 동일시 현상이 일어난다. 수용자의 시선과 '상품의 눈'이 마주치는 순간은 욕망의 접점이나 다름없다.

광고 모델과 광고 수용자 사이에는 각각 다른 세 가지 시선[18]이 교환되는데, 광고와 수용자의 관계를 가장 잘 설명하는 것이 자아 도취적 시선과 물신 숭배적 시선이다. 텔레비전 광고는 구성을 단순화시켜 단일 메시지를 전달한다. 따라서 소비자의 광고 시청 행태를 보면 빛과 어둠의 교차 속에서 은밀하게 엿보는 관음증적 시선을 발견하기는 어렵다. 그렇지만 자아 도취적 시선과 물신 숭배적 시선은 많이 나타난다. 광고 수용자는 광고 모델과의 시선 일치를 통하여 자신을 광고 모델과 동일시하며 욕망을 형성해 나간다. 상품 판매를 위해 제작된 거의 모든 텔레비전 광고에는 물신 숭배적 시선이 폭넓게 나타나고 있다. 광고에 쓰이는 소품은 연출 의도에 따라 나열된 것이며, 심지어 모델의 웃음마저도 '상품의 제2의 피부'를 위하여 연출된 포장일 뿐이다. 사실, 텔레비전 광고에 나오는 거의 모든 소품과 분위기는 소비 숭배의 주문이나 다름없는데, 각각 따로 떼어서 설명하기 어려운 기표들의 집합체이다.

---

18. Graeme Turner, *Film as Social Practice*, London & New York: Routledge, 1988, p.116 (임재철 외 옮김, 《대중 영화의 이해》, 한나래, 1994) 이하를 참조해서 광고 모델과 수용자 간의 시선으로 대비해 볼 수 있다. 영화에서 인물과 관객 사이에 교환되는 시선을 그래엄 터너는 다음과 같이 세 가지로 구분한다. (1) 자아 도취적 시선 *narcissistic look*: 소비자(관객)가 TV 광고(영화) 화면에 반사된 자신을 보는 시선이다. 그렇지만 소비자(관객)는 화면에서는 자신의 모습을 볼 수 없기 때문에 대개 모델(주인공)의 액션이나 연기에서 형성된 이미지를 자신과 동일시한다. 이 때 소비자는 자아 도취에 빠지게 되고 욕망을 꿈꾸게 된다. (2) 관음증적 시선 *voyeuristic look*: 다른 사람들을 엿보면서 소비자(관객)가 시각적인 즐거움을 느끼는 시선이다. 소비자(관객)는 모델(주인공)이나 다른 소비자(관객)가 자신을 지켜 보지 않는다는 사실을 느끼면서 화면에 나타나는 인물들의 행동을 엿보며 시각적인 즐거움을 누린다. 소비자(관객)가 느끼는 관음적 환상은 텔레비전이나 극장의 빛이 명멸함에 따라서 더욱 강화된다. (3) 물신 숭배적 시선 *fetishistic look*: 소비자(관객)가 오이디푸스 콤플렉스기에 추구하였던 남근의 기표를 여성의 신체나 물질적인 것으로 대체하고 이를 즐기는 시선이다. 섹스 어필 광고에 등장하는 섹스 심벌을 연상시키는 여러 가지 소품들은 사실상 의사疑似 욕망과 관련 있으며, 소비자(관객)를 물신 숭배로 이끌게 된다. 한 편의 TV광고가 완성되기까지 의도하지 않은 배치는 단 한 컷도 없다. TV광고의 이미지는 거의 모두 조작된 의도적인 것이다.

광고와 대중 문화의 관련 양상

광고와 대중 문화의 관련 양상은 복잡한 형태를 띠고 있다. 광고와 대중 문화의 관계에 대한 여러 가지 논의는 상호간의 영향력을 탐색하는 방향으로 진행되었다. 즉, 대중 문화가 광고에 반영된다는 입장과 그와 반대로 광고가 대중 문화 형성에 영향을 미친다는 입장이 양립하고 있지만, 아직 확실한 결론을 내리지 못한 실정이다.

광고와 대중 문화의 상호 영향 관계에 대한 논의는 대개 다음의 네 가지 입장[19]으로 요약할 수 있다. 첫째, 광고가 문화를 반영한다, 둘째, 광고가 문화를 창조한다, 셋째, 광고가 문화를 반영함은 물론 창조함으로써 상호간에 영향을 미친다, 마지막으로, 광고가 생활에 영향을 미치기는 하나 광고와 문화가 상호 작용하지 않고 독자적으로 운용된다. 이 네 가지 입장을 문화와 사회 구조 간의 영향 관계에 대한 로젠그렌의 네 가지 분류 도식[20]을 적용하여 광고와 문화와의 영향 관계를 도표로 정리하면 다음과 같다.

		"문화가 광고에 영향을 미친다"	
		그렇다	아니다
"광고가 문화에 영향을 미친다"	그렇다	상호 의존형	문화 창조형
	아니다	문화 반영형	상호 자립형

---

19. 한상필, "광고 문화의 시대," 사보 〈동방기획〉, 1993, 4월호, p.13

20. K. E. Rosengren, "Mass Media and Social Change: Some Current Approaches," in E. Katz & T. Szecskör (eds.), *Mass Media and Social Change*, Sage Publications, 1981, pp.247~63. 로젠그렌은 문화와 사회 구조와의 영향 관계를 다음과 같이 구분한다.

		"사회 구조가 문화에 영향을 미친다"	
		그렇다	아니다
"문화가 사회 구조에 영향을 미친다"	그렇다	상호 의존론	관념론
	아니다	유물론	자율론

　　　　문화 반영형은 새로운 생활 양식이나 가치관의 수용을 꺼리는 인간의 심리 때문에 광고가 거울처럼 현실을 반영할 때만 효과를 보게 된다는 입장이다. 이에 비해 문화 창조형은 기존의 생활 양식이나 가치관의 수용보다 새로운 것을 성취하려는 인간의 심리 때문에 새로운 가치관을 제시함으로써 수용자를 설득한다는 입장이다. 이 때는 새로운 방식으로 수용자를 설득하는 광고 메시지나 새로운 문화 유형을 제시하는 광고가 효과를 보게 된다. 상호 의존형은 두 견해의 입장 차이가 너무 크다는 반성에서 출발하여, 광고가 기존 문화를 바탕으로 기능을 수행하기는 하지만 새로운 생활 양식과 전혀 다른 소비 행위를 양성함으로써 새로운 대중 문화를 형성한다는 입장이다. 상호 자립형은 광고와 대중 문화가 상호간에 별다른 영향을 미치지 않는다는 것인데, 지나치게 현실성이 없는 형식적인 구분이다.

　　　　후기 자본주의 사회에서 노동과 여가는 강제적인 연관성을 갖는다. 문화 산업의 효과는 노동의 성격에 의해 보장되며 모든 노동 과정은 문화 산업의 효과를 보장한다. 산업화가 노동 시간을 보장하는 것처럼 문화 산업은 여가 시간을 조절하게 된다. 후기 자본주의 사회에서 노동은 감각을 무디게 하며, 문화 산업은 그 과정을 더욱 지속시킬 뿐이다. 다시 말해, 문화 산업은 "일상 생활의 고달픈 노동으로부터의 탈출을 약속하지만, 탈출이 이루어지는 낙원은 없다. 즐거움은 잊고 싶은 체험을 오히려 촉진시킬 뿐이다."[21]

　　　　후기 자본주의 사회에서 광고와 대중 문화는 도전하기 어려운 사회 제도가 되고 있다. 이러한 사회 제도에 순응하지 못하는 사람은 존재의 위협을 느끼기도 한다. 광고와 대중 문화의 흐름을 아무런 거리낌없이 받아들이지 못하는 사람은 또래 집단에서 소외감을 느낄 수 있으며, 심지어 "바보가 아니면 지식인으로 의심받는"[22] 상황까지 벌어지게 된다.

---

21. Theodor Adorno & Max Horkheimer, *Dialectic of Enlightenment*, New York: Herder & Herder, 1972, p.142. 1947년에 아도르노와 호르크하이머는 대중 문화의 생산물과 생산 과정에 대하여 언급하면서 최초로 '문화 산업'이란 말을 쓰기 시작했다. 이들은 일찍이 문화 상품들이 '문화적 동질성'과 '예측 가능성' 등 두 가지 특성을 갖고 있다고 주장했는데, 그들의 견해는 50여 년이 지난 지금도 유효하다.

22. Theodor Adorno, "The schema of mass culture," *The Culture Industry*, London: Routledge, 1991, p.79.

광고의 대중 문화적 기능이 강조되는 후기 자본주의 사회를 프랑스의 철학자 장 보드리야르 Jean Baudrillard 는 '소비 사회'로 규정하고 있다. 그는 사회 경제적 발전 단계에서 "경제와 생산 영역, 이념과 문화 영역을 더 이상 분리할 필요가 없다"고 말한다. 문화 상품과 이미지는 물론 감정이나 심리마저도 경제 세계의 일부가 되었다고 보기 때문이다. 따라서 사회는 상품 생산 위주의 사회에서 정보 생산 위주의 사회로 변하게 되며, 포스트모더니즘이 지배적인 사회 철학으로 자리잡게 된다. 그가 보기에 포스트모던 사회는 기호의 문화이기보다 시뮬라크르 simulacres 의 문화이다.

시뮬라크르란 무엇인가? 이것은 "실재하지 않는 대상을 존재하는 것처럼 만들어 놓은 인공물"[23]이다. 시뮬라크르 개념에 의하면, 원본과 복제품을 구별하는 것은 무의미한 일이다. 인공물을 만드는 과정이 시뮬라시옹 simulation 이다. 소비 사회의 시뮬라시옹은 원본도 사실성도 없는 실재, 즉 파생 실재 hyperréel[24]를 만드는 과정이다. 이를테면 '롯데월드'는 소비 의식이 얽혀 있는 구조를 그럴 듯하게 반영한 한국적 시뮬라시옹인 셈이다.

가수의 음반이 원본일까, 아니면 그의 목소리가 원본일까? 영화가 원본일까, 아니면 영화의 한 장면을 차용한 광고가 원본일까. 보드리야르의 입장에서는 원본과 사본을 구분하는 것은 무의미한 행위이다. 소비 대중 사회는 파생 실재가 춤추는 세계이며, 원본이나 실재는 없고 실재의 모형만 난무하는 세계이기 때문이다. 익숙한 영화 장면을 차용하거나 엉뚱한 외계인의

---

23. Jean Baudrillard, *Simulacres et Simulation*, Galilée, 1981; 하태환 옮김, 《시뮬라시옹》, 민음사, 1992, p.9. 옮긴이는, 시뮬라크르를 '위장'으로 번역하면 실제로 있는 것을 없는 것처럼 감추는 행위를 지칭하기에 보드리야르의 개념과는 정반대의 뜻이 되고, '모방'이나 '흉내'로 번역하면 보드리야르 이론의 핵심을 이루는 현대의 제3열의 시뮬라크르와는 아주 거리가 멀게 되므로, 가장 假裝으로 번역하는 것이 낫겠지만, 유사어와의 혼동을 피하기 위하여 원어를 그대로 쓰는 것이 바람직하다고 주장한다. 현재 우리는 대중 매체에서 '시뮬레이션 모델'이라는 용어를 쉽게 접할 수 있고 이미 대중화된 용어이기 때문에 시뮬라크르도 그다지 낯설게 느껴지지는 않을 것이다. 시뮬라시옹은 시뮬라크르의 동사적 의미로 '시뮬라크르하기'이다.

24. 보드리야드, 앞의 책, 1992, pp.12~39의 다음과 같은 내용은 후기 자본주의 사회의 파생 실재의 위력을 엿보게 한다. "파생 실재는 시뮬라시옹에 의해 새로 만들어진 실재로서 전통적인 실재와는 성격이 판이하다. 파생 실재는 가장이기 때문에 전통적인 실재가 가지고 있는 사실성에 의해서 규제되지 않는다. 그럼에도 이 파생 실재는 예전의 실재 이상으로 우리의 곁에 있으며……."

하나로통신 ADSL TV 광고 '유승준 – 모래시계' 편

모습을 보여 주는 광고가 수용자의 공감을 유발하는 것은 파생 실재의 위력 때문이다. 이제, 광고의 상상력은 시뮬라시옹의 자장 속에서 그 진가를 제대로 발휘하게 되었다.

　　소비 대중 사회에서 수요와 공급의 법칙은 이미 무의미한 명제이다. 상품 광고가 발달할수록 기능의 사회는 다시 오기 어렵다. 모든 기능과 기능의 총체인 시스템은 물론 생물학적 유기체의 개념도 사라지게 될 것이다. 다만, 본래의 기능을 상실하거나 다기능으로 변하게 된다. 모든 위기 상황도 알고 보면 실재가 아닌 허구의 산물이다. 소비 대중 사회의 소비인은 실재가 아닌 허구의 세계에서 실재보다 더 실재적으로 살고 있는 것이다.

　　따라서 광고와 대중 문화의 영향 관계를 인과 법칙으로만 설명하면 소비 사회의 총체적인 모습을 파악하기 어렵다.. 인과 관계를 추적하기보다는 상호간의 포섭 관계를 있는 그대로 인정하며 광고와 대중 문화의 상호 작용을 현재 진행형으로 파악해야 한다. 소비 사회에서는 문화 요소와 광고 요소가 서로 간섭하면서 소비 대중을 이끌어 간다. 다음 표에 나타난 것처럼 결국 대중 문화 요소는 광고 요소로, 광고 요소는 대중 문화 요소로 전이[25]되면서 한쪽이 다른 쪽에 일방적인 영향을 미치지 않고 서로를 아우르며 행복한 동거 관계를 유지하는 것이다.

25. 유붕노, "현대 광고, 사회 발전적 측면," 사보 〈동방기획〉, 1990, 7월호, p.4.

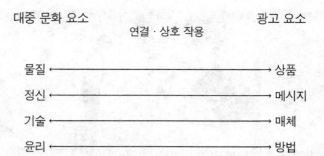

대중 문화 요소	연결 · 상호 작용	광고 요소
물질	◄─────────────►	상품
정신	◄─────────────►	메시지
기술	◄─────────────►	매체
윤리	◄─────────────►	방법

그렇지만 광고가 대중 문화의 흐름을 주도하는 사례가 갈수록 늘고 있다. 이런 추세는 끊임없이 새로운 시장을 창출하는 광고 마케팅의 속성과 결코 무관하지 않다. 광고를 통하여 새로운 시장이 형성되기도 한다. 새로운 시장은 새로운 문화 창출 공간이 되며 대중의 호응에 따라 그 영역을 넓혀 나간다. 틈새 시장 *niche market* 은 광고와 대중 문화가 자연스럽게 어울리는 공간인 동시에 광고가 대중 문화더러 자꾸 따라오라며 손짓함으로써 시대의 징후를 엿보게 하는 뜨거운 공간이다.

광고는 이전의 문화 양식과 문화적 성과물을 모두 부정하기보다는 오히려 이전의 문화적 성취를 바탕으로 새로운 대중 문화의 토대를 구축해 나간다. 이 때, 광고는 특정 세대에게 세대적 동일성을 의도적으로 부여하면서 새로운 시장을 창출하는 동시에 새로운 대중 문화의 씨앗을 대중의 가슴 속에 뿌리게 된다. 대중이 세분화되며 새로운 분중 分衆 이 탄생하는 것은 바로 그 시점이다. 우리 곁에는 이미 X세대, 미시족, TTL족, T22N족, YEPP족, H.O.T족, N세대, M세대 등 끼리끼리 통하는 새로운 분중이 등장했다.

X세대는 미국의 소설가 더글러스 코프랜드 Douglas Coupland 의 소설《X세대》(1990)에서 빌려 온 개념인데, 우리 나라에서는 아모레 트윈엑스 광고에서 "난, X세대"라고 말하자 그 광고 카피는 세대의 뜨거운 몸짓이 되어 버렸다. 또한 미시족은 갓 결혼한 신혼 주부 가운데 자신의 능력대로 살고 싶어하는 주부 계층을 뜻한다. 신촌 그레이스 백화점 광고에서 미시라는 말을 쓰기 전까지, 이 땅에는 단 한 명의 미시도 없었다. 그러나 그 광고에서 20대 후반에서 30대 후반의 가정 주부들의 생활 유형을 미시 스타일로 명명하자, 주부

SK 텔레콤 TTL 잡지 광고 '일곱 개의 특권' 시리즈

들은 새로운 감각과 안정된 생활을 바탕으로 자기 연출을 시작했으며 행여 뒤질세라 너나할것없이 미시족이 되어 버렸다. 색다른 자기 발견 혹은 잠재된 욕망에의 눈뜸, 이것은 광고가 만들어 낸 우리 시대 우리 대중들의 살아 있는 몸짓이었다.

대중의 기호는 1960~70년대의 십인일색 十人一色에서 1970~80년대의 십인십색 十人十色으로, 다시 십인십색에서 1980~90년대의 일인십색 一人十色으로 변해 왔다. 그리고 새 밀레니엄을 맞이해서는 일인십색에서 일인천색 一人千色으로 이전의 시대와는 비교조차 할 수 없는 개성의 질풍노도 시대를 맞이하게 된다. 이를테면 TTL, T22N, YEPP, H.O.T 등 약어 형태의 상표이름은 또래 집단의 배타적인 결속력을 과시하는 단군 왕검 이래 가장 뜨거운 상징으로 작용한다. 결국, 소비 대중 사회에서 소비의 문화와 문화의 소비가 한여름 밤의 꿈처럼 피어 오르게 된다.

이를테면, TTL이 무슨 뜻인지 알려고 하는 것은 부질없는 짓이다. 그런 궁금증은 오히려 쉰 세대의 낡은 사고 방식이며 아날로그형 인간에게서나

한불화장품 H.O.T 잡지 광고 '우리들의 노래는 끝나지 않았다' 편

나올 수 있는 시대 착오적인 고정 관념이다. 굳이 애써 설명하자면 사랑할 때 (*Time To Love*)나 20대의 생활(*The Twenty's Life*) 정도가 될 테지만, 결국 TTL은 그냥 TTL일 뿐이다. 생각나는 대로, 상상하는 대로 느끼면 된다.

TTL 회원이 된 20대들은 그들만의 공간에서 그들만의 카드를 사용하며 그들만의 휴대폰을 쓴다. 이러한 모든 요소들이 모여 TTL을 형성하고 그들만의 세상을 만들어 간다. 광고 모델의 엄청난 인기에도 불구하고 광고주 측의 전략에 의해 간단한 신변 사항과 학교 생활만이 알려졌을 뿐, 실제 모습은 목소리조차 들려 준 적이 없을 정도로 철저하게 불명확한 이미지로 관리되고 있어[26] TTL을 베일에 싸인 채 살고 싶은 20대의 커뮤니케이션 수단으로 만들어 간다. 다시 말해, 모델 임은경의 독특한 이미지를 바탕으로 극도의 신비주의를 연출하는 것이다. 이러한 메시지의 조작 과정을 거쳐 20대의 가슴 속에 TTL을 "처음 만나는 자유 ─ 스무 살의 011"로 자리잡게 한다.

---

26. 윤선영, "TTL걸 임은경 신데렐라," 〈스포츠서울〉, 1999. 9. 1. 34면.

H.O.T를 '뜨겁다'고 해석하는 것 역시 쉰 세대의 감각이다. H.O.T는 'High Five of Teenager'의 약자일 수도 있고 아닐 수도 있다. 구체적인 의미는 중요하지 않다. 다만 구체적인 의미와 상관 없이 승리를 꿈꾸는 10대를 겨냥한다는 점만 드러나면 된다. 가수 H.O.T가 인기를 끌자, 음료와 화장품에서 재빨리 이름을 빌려 쓰면서 H.O.T족을 만들어 나가고 있다. 한불화장품 광고에서는 가수 H.O.T가 나와 "우리들의 노래는 끝나지 않았다"라는 메시지를 전한다. 약에 취한 듯한, 사랑에 취한 듯한, 모델의 고혹적인 눈짓 앞에서 10대들은 서서히 H.O.T족이 되어 간다. 거기에 끼지 못하면 왠지 뒤떨어질 것 같은 불안감, 이런저런 심리가 복합적인 화학 작용을 일으켜 끼리 의식을 북돋우는 동시에 새로운 분중을 만들어 나가는 공통의 코드로 작용한다. 이런 과정을 통해 광고는 대중 문화의 향방을 주도하게 되며, 결국 소비 대중 사회의 대표적인 '문화 권력'으로 떠오른다.

'문화 역학'을 창출하는 광고

후기 자본주의 사회에서는 광고를 생산의 측면보다는 소비의 측면에서 관찰해야 소비 사회의 문화를 더욱 정교하게 파악할 수 있다. 상품 미학은 소비 대중 사회의 내면 풍경을 관찰할 수 있는 대표 미학으로 자리잡았으며, 욕망의 구조는 소비 사회를 이해하는 데 꼭 필요한 대표적인 패러다임이 되었다.

광고와 대중 문화의 상호 영향 관계를 단순한 선형 모형으로 설명하는 것은 시뮬라크르와 파생 실재가 주도하는 소비 사회에서는 무의미한 일이다. 그렇지만 한국의 소비 사회는 광고의 의도적인 조작으로 인하여 새로운 분중이 탄생하게 되며, 분중은 다시 대중 문화의 중심부를 차지하는 순환을 반복하는 가운데 자가 분열과 증식을 거듭한다. 대중 문화는 자발적으로 생성된다. 대중 문화는 기업가나 상류 계층에서 자신들의 이익이나 지배적 위치를 유지하기 위하여 대중의 문화적 욕구를 악용하는 측면보다 대중 스스로가 자신의 문화적 욕구를 실천하기 위해 스스로 선택한다는 측면에서 바라보아야 한다.

광고 역시 자발적으로 생성되는 대중 문화와 더불어 스스로 '문화 역학'을 창출해 나간다. 대중들이 광고에 나온 TTL, T22N, YEPP, H.O.T 등의 상품 이름을 욕망을 충족시켜 주는 문화적 함의 *cultural implication* 로 받아들이지 않았다면, 아무 뜻도 없는 그 신조어들이 대중의 마음을 사로잡기는 어려웠을 것이다. 소비자들이 광고에 잠복한 욕망의 구조를 집단적으로 수용하지 않으면 광고가 만들어 낸 분중의 문화는 대중의 문화로 확장되기 어렵다. 조작된 욕망이지만 어떡하랴, 이것까지도 소비 대중 사회의 속성인 것을. 이것이 광고가 주도하는 소비 사회의 내면 풍경이다.

소비 문화와 욕망의 삼각형: 문화로 본 한국 광고 100년

문화의 창을 통해 한국 광고 100년을 조망하는 일은 몹시 조심스럽고 어려운 작업이다. 일찍이 크로체 Croce 가 지적했듯이 역사란 언제나 "새로 쓰이는 것"이다. 쓰는 사람의 관점에 따라 역사의 표정은 얼마든지 달라질 수 있다. 그럼에도 불구하고 그 관점이 객관성을 확보하지 못하고 지나치게 주관에 빠져 있을 때 우리는 그것을 역사라 부르지 않는다.

주변을 둘러보자. 역사의 수준에 이르지 못한 역사 비슷한 허구들이 얼마나 많이 널려 있는가? 그렇다고 해서 사실의 단순한 배열을 역사라 말하기도 어렵다. 거기에는 현상에 대해 어떤 잣대로 어떻게 해석했는가 하는 방법론이 빠져 있기 때문이다.

이 같은 오류는 광고의 역사와 관련된 글들에서 자주 볼 수 있다. 이를테면, 어느 해의 우리 나라 총 광고비는 얼마였는데, 그 때는 어떤 광고들이 제작되었으며, 대단한 주목을 받았다는 식으로 기술하는 것은 당대 광고의 참모습이나 역사적 진정성의 확보와는 거리가 먼 의사 擬似 역사나 다름없다. 앞으로 광고에 대해 역사적으로 접근할 때는 시대별로 등장한 광고의 원자료 *row data*를 단순히 나열하는 수준에서 벗어나, 그 광고들이 나올 수밖에 없었던 내재적인 요인들을 어떻게 이해할 것인가 하는 해석의 문제가 뒷받침되어야 한다.

매우 상징적인 풍경 하나는 1886년 〈한성주보〉에 한국 최초의 인쇄 광고가 나가던 그 해, 미국 애틀랜타의 제이콥스 약국에서 처음으로 코카콜라를 팔기 시작했다는 점이다. 이런 상징적인 풍경에 기대어, 한국 광고 100년사에 대해 문화적인 해석을 시도하면 얼마든지 가능한 일이다. 그러나 자칫 잘못하면 닭이 먼저냐, 달걀이 먼저냐 하는 식으로 지나치게 결과론적인 해석을 할 수도 있고, 한 발 더 나아가 광고의 문화 결정론에 빠질 수도 있다.

가령, 광고의 문화 결정론에 빠져 〈독립신문〉에 게재된 많은 광고들이 당대의 문화 기반을 제공했다고 해석하면 문제는 심각해진다. 이를테면 〈독립신문〉 1899년 7월 12일자에 게재된 양담배 HERO 광고, 개리양행 (開利洋行)의 자전거 광고, 세창양행의 금계랍 광고 등을 보자. 100년 전 양담배 광고인 HERO 광고에서는 고객의 은혜에 보답하기 위해 "히이로 오십기를 노흔 큰 함쇽에 필년 우기흔 샹품 흐나흘 노흘 거시니" 이전보다 더 많이 사 가시기를 바란다고 한다. 개리양행 광고에서는 "우리 뎐에서 미국에 긔별 흐야" 자전거, 유성기, 전기로 치는 종, 그리고 여러 가지 좋은 물건을 많이 갖추고 있으니 많이 사 가시기를 바란다고 하며, 세창양행 광고에서는 세계에서 제일 좋은 금계랍을 새로 많이 가져와서 싸게 파니 누구라도 금계랍 장사를 원하시는 분은 "회샤에 와서 샤거드면 도매금으로" 싸게 주겠다는 내용이다.

이 때까지만 해도 알리고 싶은 내용을 있는 그대로 고지하는 형식이라 광고와 문화와의 관련 양상을 찾아보기 어렵다. 이 광고들이 외국 문물을 전수하는 문화적 창구 역할을 수행했다며 반론을 제기할 수도 있겠지만, 〈독립신문〉 1899년 6월 2일자에 게재된 자사의 광고 유치 광고를 보면 이 때의 광고란 문화와 전혀 관련 없는 사업 수단에 불과하다는 것을 알 수 있다. 이 광고에서 〈독립신문〉은 광고가 기계를 움직이는 엔진의 동력원인 증기로 비유하며, "이러흔 고로 광고가 졔반 스업의 흥왕 흐눈딕 대단히 관계가 잇스

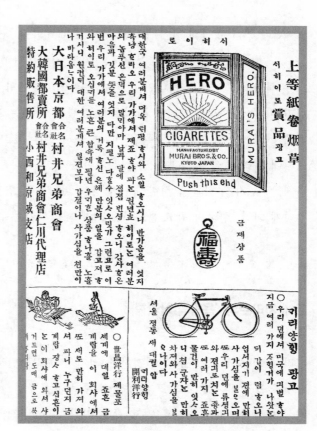

양담배 HERO 광고,
개리양행 자전거 광고,
세창양행 금계랍 광고
(〈독립신문〉 1899. 7. 12)

〈독립신문〉의 광고 유치 광고
(〈독립신문〉 1899. 6. 2)

니" 먼저 본 신문사에 와서 광고를 내라고 권유하는 데 그치고 있다.

따라서 광고의 문화 결정론은 자칫 잘못하면 미디어의 역사 연구에서 자주 제기되는 질문의 하나인, '기술 발달이 미디어의 발달을 촉진했는가, 아니면 미디어의 발달이 기술 발달을 촉진했는가' 하는 것과 같은 난관에 봉착하게 된다. 이 때 기술 결정론을 지지하느냐, 아니면 미디어 결정론을 지지하느냐에 따라 해석의 결과는 엄청난 차이를 낳게 된다. 막연하게, 너무나 막연하게, 광고가 문화를 결정한다는 입장을 바탕으로 광고의 문화 결정론을 주창하게 되면, 한국의 광고 문화사를 크게 왜곡시키는 결과를 초래하게 된다.

르네 지라르의 '욕망의 삼각형'

따라서 나는 광고의 문화 결정론을 철저히 배격하면서, 시대의 욕구 *needs* 와 그것을 드러내는 광고의 표현 양식에 주목하는 방법으로 광고와 문화의 관련 양상을 살펴보고자 한다. 욕구란 무엇인가? 마케팅적 개념인 욕구를 정신 분석학적 용어로 대체하면 욕망 *desire* 이 된다. '욕구 = 욕망'이라는 명제를 바탕으로 광고와 문화의 거리를 알아보는 객관적인 방법으로 '욕망의 삼각형' 개념을 들 수 있겠다.

프랑스의 문학자 르네 지라르 René Girard 는 일찍이 문학 및 분화 분석의 틀로 '욕망의 삼각형 *le désir triangularire*' 개념을 제시했다. 개인은 지금의 자기 자신으로 만족하지 못해 자기 자신을 초월하고자 하는데, 이 때 초월은 자신이 욕망하게 되는 대상을 소유함으로써 가능하다는 것이다.[27] 소설《돈키호

---

27. 김치수, "지라르의 '욕망'의 이론,"《구조주의와 문학 비평》, 기린원, 1989, p.181. 지라르가 제시한 '욕망의 삼각형' 모형은 다음과 같다.

테》에서 알 수 있듯이 돈키호테는 이상적인 방랑의 기사가 되기 위하여 아마디스라는 전설의 기사를 모방한다. 다시 말해 돈키호테가 이상적인 기사도에 직접 도달하고자 하는 것이 아니라 아마디스를 모방함으로써 거기에 도달하고자 한다. '주체'가 '대상'으로 가기 위해서는 항상 '중개자'를 거치게 되는데, 이 때 그려지는 삼각형이 르네 지라르가 말하는 '욕망의 삼각형'이다.[28]

마찬가지로 한국의 근현대사를 살아 온 한국인들은 자기 자신(주체)의 욕망을 구현해 가는 과정에 있어서 자신이 꿈꾸는 것(대상)을 곧바로 추구하기보다는 그것의 매개물(중개자)을 통하여 자신의 욕망을 실현해 온 것으로 볼 수 있다. 지라르의 이론은 한국 광고와 문화의 관련 양상을 분석하는 데 있어서 매우 유용한 길잡이가 된다. 그 시대를 살아가는 사람들이 주체라고 한다면, 그들이 꿈꾸는 세상은 대상이 된다. 이 과정에서 광고는 정보를 제공하는 기본 임무를 바탕으로 사람들에게 욕망을 불러일으키는 중개자의 역할을 수행하게 된다.

1886년으로부터 60여 년 동안, 그러니까 1950년대 후반에 이르기까지 우리 광고는 문화 충격과는 무관한, 다시 말해 욕망의 제조와는 동떨어진 일방적인 메시지 주사注射에 머물렀다. 이를테면 매슬로우Maslow의 욕구의 5단계 가운데 기본적인 생존 욕구를 충족시키기에도 시간이 모자라는 형편이었으니 광고 메시지가 문화적으로 침투할 여지가 없었다. 여기에는 광고에 대한 개념의 변화와 궤를 같이한다. 광고의 개념이 '고지 告知'에서 '설득'으로, 다시 설득에서 '관계 설정'으로 바뀌고 있음[29]은 널리 알려진 사실이다. 배불리 먹고 편히 잘 수만 있어도 행복했던 시대, 그런 시대에 상품에 대한 단순히 알리는 것만으로도 광고는 제 몫을 감당했는데, 그 기간 동안 광고가 주도하는 시대의 문화는 국민 정서와 유리된 채 저만치 혼자서 떨어져 있을 수밖에 없었다.

---

28. 김치수의 《구조주의와 문학 비평》 가운데 김치수가 쓴 "지라르의 '욕망'의 이론"(pp.177~86)과 르네 지라르의 《낭만적 거짓과 소설적 진실》의 1장을 번역한 "삼각형의 욕망"(pp.187~237) 부분 참조.

29. 田中洋·丸岡吉人, 《新廣告心理》, 東京: 電通, 1991; 김성원·채민우·김동수·김건익 옮김, 《신광고 심리》, LGad, 1993, p.23.

외국의 창으로 욕망을 중개한 1950년대 광고

유니버어설 레코오드
슬라이드 형태 광고

1956년 5월 12일 HLKZ‐TV 개국일에 우리 나라 최초의 상업 광고 방송이 시작되었다.[30] 1부의 방송 축하 개국식에 이어, 2부에서 영창산업 (영창악기의 전신)의 '유니버어설 레코오드 아워'라는 버라이어티 쇼가 이어졌는데,[31] 이 쇼 프로그램에 "최고의 전통, 최고의 기술을 자랑하는 유니버어설의 깨지지 않는 레코오드가 나왔습니다"라는 광고 메시지가 나간다. 이 광고의 특징은 당시 유행하던 춤바람을 반영시켜 남녀가 레코드 판 위에서 춤추는 장면을 표현함으로써 깨지지 않는 레코드라는 점을 부각시켰다.

당시로서는 매우 획기적인 아이디어로 춤추고 싶은 욕망을 표현하는데는 손색이 없었다. 이 슬라이드 형태의 광고에서는 춤을 당대의 문화 코드로, 춤바람을 대중 문화의 지향점으로 보고, 그것을 대중 속으로 확산시키려했다. 당시로서는 춤바람이 욕망의 이데아였던 셈인데, 유니버어설 레코오드 광고를 통해 그 욕망을 중개하려고 했다.

이와 마찬가지로 락희화학공업사의 럭키치약 신문 광고 '미제와 꼭 같은' 편을 보면, 욕망의 중개자로서의 광고의 역할이 한층 분명해진다. 전쟁이 끝나자 미국 상품은 곧 세계 품질이라는 인식이 확산되어 있었는데, 이 광

30. 신인섭, 《한국 광고사》, 나남, 1986, pp.211~5.

31. 최덕수, "텔레비전 광고," 《한국 광고 100년》 상권, 한국광고단체연합회 엮음, 1996, p.140.

락희화학공업사 럭키치약 신문 광고 '미제와 꼭 같은' 편 (1955. 8. 12)

고에는 당대의 문화적 욕망을 중개하려는 시도가 적나라하게 드러나 있다. 1950년대 한국인에게 미국은 언젠가 한 번 꼭 가 보고 싶은 욕망의 나라였으며, 미국 상품은 세상에서 가장 품질 좋은 상품으로 인식되던 때였다. 럭키치약은 '미제 美製 와 꼭 같은' 상품이기 때문에 1950년대 한국인의 욕망을 중개하는 기제로 작용했던 것이다. 더구나 헤드라인 아래에 굳이 괄호까지 쳐서 "(미국 원료, 미국 처방으로 제조된)"이라는 설명을 덧붙이고 있는데, 이는 미국 상품을 바로 쓰기 어려운 서민들에게 미제와 거의 똑같은 제품을 쓸 수 있다는 '간접화된 욕망'을 제공함으로써 그들에게 미국의 꿈과 미국 문화의 향수를 환기시키고자 하는 의도인 것이다. 사실, 광고에 나타난 맛과 향, 많은 거품, 깨끗한 뒷맛 등 상품의 5대 특장점은 군더더기에 지나지 않는다. 미국 원료, 미국 처방으로 만들었다는데 더 이상 무슨 말이 필요하겠는가? 광고를 본 사람들은 한국 전쟁 당시 미국인 병사 토머스가 던져 준 초콜릿 향을 생각하며 미국 식으로 만든 치약으로 이를 닦으며 미국 상품을 쓰는 것이 선진 문화를 향유하는 것이라고 믿었을 것이다.

이런 사정은 그 무렵의 광고들이 외국에서 수입했다는 점을 강조한 데서도 확인할 수 있다. 훼스탈 신문 광고 '뚱뚱이와 홀쭉이' 편 역시 훼스탈이 독일 수입품임을 강조한다. "이렇게 잘 듣는 胃腸藥이 獨逸에서 輸入된 겄을 아심니까?"라는 헤드라인을 보라. 당시에 폭발적인 인기를 끌었던 코미디언 뚱뚱이 양훈과 홀쭉이 양석천을 모델로 내세워 상표에 대한 보증을 시도

훼스탈 신문 광고
'뚱뚱이와 홀쭉이' 편 (1958. 11)

한다. 아무리 당대의 빅 모델이 나왔다 하더라도 가장 중요한 포인트는 역시 수입품이라는 점이다. 당시 우리 나라에 만연하던 이국 문화에 대한 동경이 광고에 그대로 반영되고, 다시 광고가 외국에 대한 넘치는 욕망들을 중개하는 역할도 수행했던 것이다.

애니메이션으로 구체화된 욕망들: 1960년대 광고

1960년대, 승용차가 보급되지 않았던 그 때는 택시를 대절해 북악 스카이웨이와 남산 순환 도로를 드라이브하는 것이 특별한 낭만이었다. 남자들에게는 조기 축구가, 여자들에게는 배드민턴이 인기 있는 종목이었다. 그리고 가끔씩 유랑 극단과 서커스단의 공연이 서민의 여가 생활을 즐겁게 해 주었다. 이 때의 광고는 애니메이션이라는 새로운 표현의 옷을 입고, 더욱 구체화된 욕망의 중개자 역할을 수행하게 된다.

진로 TV 광고 '선원' 편

1959년 부산 MBC 라디오가 창립되고 나서 처음으로 나온 진로의 '선원' 편을 보자. 두꺼비 두 마리가 북채로 술병과 북을 신나게 두드리면 선원들은 노랫가락에 맞춰 걱정을 털어 버리고 진로 소주를 마신다는 내용이다. 특히 이 광고에서는 우리 나라 최초로 CM송을 사용했는데, 선원들이 흥에 겨워 따라 부르는 4/4 박자의 멜로디가 경쾌하다. "야야야 야야야 차차차 야야야야 차차차 / 너도 진로! 나도 진로! 야야야야…… 차차차 / 향기가 코끝에 풍기면 혀끝이 짜르르하네 / 줄줄 진로 소주 한잔이 파라다이스 / 희망찬 우리들의 보너스 / 진로 한잔이면 걱정도 없이 / 진로 한잔 하면 '어허!' 기분이 좋아요 / 진로 파라다이스!" 이 CM송은 공전의 히트를 기록하며 서민의 벗 진로의 판매 신장에 크게 기여했는데, 지금도 노래방에 가면 '진로 CM송'이란 곡목으로 등록되어 있을 정도이다. 이 애니메이션 광고는 소주를 마시는 서민들에게 광고를 통해 문화를 체험하는 계기를 만들어 주었다.

이후, 징글 jingles[32]을 활용한 애니메이션 기법으로 제작한 광고가 늘어났는데, "아침에 이를 닦고 럭키 모닝……" 하는 럭키치약, "닭이 운다 꼬

닭표식품 닭표간장 TV 광고
'꼬끼오' 편

끼요, 집집마다 꼬끼요, 맛을 낼 땐 닭표 간장. 꼭 낀다고 꼬끼요" 하는 닭표 식품의 닭표 간장 광고 등 다양한 솜씨의 광고 기법이 대중들에게 한층 더 가깝게 다가갔다.

1960년대는 각종 전기 제품의 시대였다. 박정희 정권의 조국 근대화 5개년 계획에 따라 국토 개발 사업이 실시되었으며, 이와 더불어 각종 전기 제품의 사용이 욕망의 대상으로 자리잡게 되었다. 이 때의 전기 제품이란 오늘날의 전자 제품과는 질적으로 다른 초보 수준의 형태였는데, 광고 표현은 이전에 비해 상당히 세련된 수준에 도달하고 있다. 금성사의 금성 라디오 신문 광고 '여인' 편을 보자. 이전의 표현에서는 보기 어려운 세련된 펜화 솜씨가 돋보인다. 카피 역시 이전의 카피 스타일과는 전혀 다른 감성적인 접근을 시도하고 있는데, 이는 초근목피 시절에 비해 그나마 조금은 여유 있는 문화 욕구를 구현하려는 의도로 보인다. "즐거움을 실어 오고 피로를 실어 가는 금성 트랜지스타"라는 카피는 우리 광고 카피의 수준이 한 단계 높아졌음을 나

32. Sandra E. Moriarty, *Creative Advertising*, Englewood Cliffs, N. J.: Prentice‑Hall Inc., 1991, p.287. *"Jingle is a piece of verse set to music, a song."* 징글이란 이를테면 "일요일엔 오뚜기 카레," "인텔 펜티엄 프로세서" 등의 카피를 독특한 보이스에 음악 효과를 가미하여 별도로 녹음한 다음, 광고 내용이 바뀌더라도 이 부분은 지속적으로 사용함으로써 수용자에게 쉽게 기억시키려는 대표적인 음악적 운율 장치이다.

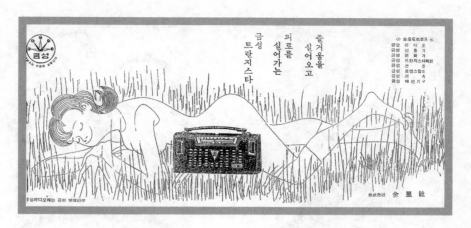

금성사 금성 라디오 신문 광고 '여인' 편 (1963. 5. 21)

타내는 징표라 할 수 있겠다. 이 카피는 전대미문의 레이아웃과 더불어 고객의 문화적인 욕망을 상당히 자극하는 새로운 스타일이다. 이런 광고 창작의 연장선상에서 제약 광고에 있어서도 종근당의 "당신은 잠들어도 맥박은 뛰고 있습니다"(1965) 같은 작품이 나올 수 있었다.

텔레비전 광고의 성장기 1970년대

1969년에서 1975년은 텔레비전 광고의 성장기이다. 그리고 이 때부터 광고의 문화적인 영향력이 향상되었다고 볼 수 있다. CM송이 감성적인 카피와 더불어 소비자들의 인기를 얻었으며 대중 음악의 새 영역을 개척하기도 했다. 1973년 오리온의 줄줄이 사탕 CM송을 시작으로 광고에서는 욕망의 자장을 더 넓게 확산시키는 방안을 모색하게 되었다. "아빠 오실 때 줄줄이 / 엄마 오실 때 줄줄이 / 우리 집은 오리온 줄줄이 사탕" 같은 인상적인 카피로 승부를 건 오리온 줄줄이 사탕 CM송은 1950년대의 생존 욕구를 능가하는 더욱 세련된 문화의 표정을 보여 주었다. 또한 "하늘에서 별을 따다 하늘에서 달을 따다 두 손에 담아 드려요 / 오 – 아름다운 날들이여 사랑스런 눈동자여 / 오오오

해태제과 부라보콘 TV 광고
'정윤희' 편 (1974)

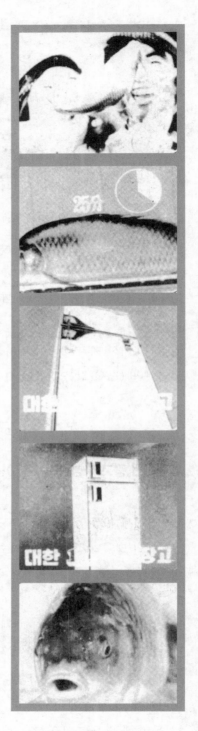

대한전선 원투제로 냉장고 TV 광고
'잉어' 편 (1977)

오란 C" 하던 동아제약의 오란 C 광고와 "12시에 만나요 부라보콘/둘이서 만 납시다 부라보콘/살짝쿵 데이트 해태 부라보콘" 했던 해태제과 부라보콘 광 고 '정윤희' 편 같은 광고들은 모름지기 대중 문화에 영향을 미치는 광고의 잠 재적 폭발력을 예고하기에 충분했다.

특히 1970년대에 접어들면서 산업화가 본격적으로 진행되었으며, 이 농離農으로 인한 도시 근로자들의 향수와 소외가 문화 전반의 주제로 부각되 기 시작했다. 문학과 영화 장르에서는 〈영자의 전성 시대〉나 〈별들의 고향〉이 대단한 인기를 끌었다. 산업화가 진행되면서 광고 표현의 흐름도 자연히 산 업화 시대의 대중 문화를 형상화하는 쪽으로 집중되었다.

1970년대의 대표적인 TV 광고를 살펴보자. 태평양의 타미나 '플루 트' 편, 부광약품의 코코코 코리투잘 '재채기' 편, 해태음료의 써니텐 '흔들 어 주세요' 편, 농심의 농심 라면 '형님 먼저 아우 먼저' 편, 빙그레의 '주고 싶은 마음, 먹고 싶은 마음' 편, 삼아약품의 코코시럽 '권투' 편, 보령제약의 용각산 '이 소리가 아닙니다' 편, 대한전선의 원투제로 냉장고 '잉어' 편 등 여러 광고에서 그 동안 이룩한 경제 성장과 더불어 개인의 소비 가치에 눈 뜨 게 함으로써 광고를 통해 욕망을 확대 재생산하려는 시도를 하게 된다.

지금 보기에는 조악한 수준의 광고 표현이지만 이전의 미 의식의 발 현으로 화장품 광고에서 메이크업 개념이 등장하기도 한다. 태평양화학의 아 모레 타미나 모이스트 메이크업 신문 광고 '그대 곁에 내 곁에' 편을 보면, 휠

OB맥주 마주앙 신문 광고 '값진 와인' 편(1977)

현대자동차 포니 신문 광고 '대량 수출 개시' 편(1977)

씬 세련된 레이아웃에 모델의 연출력까지 돋보인다. 더구나 "가을 하늘을 닮은 당신의 모습" 같은 감성적인 카피를 통하여 우리 나라 화장 문화의 새로운 형상을 제시하는데, 이쯤되면 광고의 개념이 단순한 '고지'에서 소비자와의 공감대를 형성하려는 '설득'에 이르게 된다는 점을 확인할 수 있다.

이와 더불어 와인 광고도 소비자들의 고급 문화 취향을 고양시키고 있다. OB맥주의 마주앙 신문 광고 '값진 와인' 편을 보면, 연극이나 가면 무도회에 다녀온 후에 가질 수 있는 다정한 연인과의 정겨운 술자리 문화를 만들어 내고 있다. 이를테면 막걸리나 소주에 취하던 이전의 방식과는 달리, 음주 문화도 이국적인 스타일로 바뀌게 된다.

현대자동차 포니의 수출은 우리 나라에 자동차 문화를 환기시키는 결정적인 계기가 되었다. 현대자동차의 포니 신문 광고 '대량 수출 개시' 편은 수많은 포니 자동차를 선적하는 장면을 제시함으로써 우리 자동차도 세계 시장에 진출하고 있음을 알렸다. 그러나 그 이면에는 도래할 자동차 문화에 대한 사람들의 욕망을 담보하고 있었다. 그 무렵의 유행어 '마이 카'는 시대의 화두가 되었는데, 광고 메시지의 흐름도 우리도 살 만큼 되었으니 각각 자신의 자동차를 갖는 것이 소비 대중 사회를 살아가는 현대인의 필요 충분 조건인 것처럼 새로운 욕망을 조작함으로써 욕망의 중개자로서의 권력을 장악해 나가는 쪽으로 발전하고 있다.

'관계 설정'으로 광고와 문화의 접점이 마련된 1980년대

1980년대는 컬러 광고의 시대이다. 더구나 한국 사회에 레저 문화라는 개념이 도입되던 시대이기도 했다. 고급 스포츠의 하나였던 테니스가 대중 스포츠로 자리잡았음은 물론 88 올림픽 이후 승용차 보급률이 폭발적으로 늘어나면서 도시 근교로 가벼운 여행을 떠나는 '드라이브' 개념이 정착되기도 했다. 도시 근교에 '가든'이라는 이름의 국적 불명의 음식점이 들어서기 시작했으며, 신종 숙박 업소인 '모텔'이 등장해서 여행객의 발길을 붙잡았음은 물론, '빌라'라는 이름의 신종 주거 형태가 욕망이란 이름의 전차를 타고 우아한 분위기 속에서 더 서구적으로 살고 싶어하는 사람들 앞으로 시속 999km의 속력으로 달려왔다. 그러나 암울한 시대의 민주화 투쟁이 병행되면서 '민중'의 개념이 널리 퍼지며 민중 속에서 호흡하는 대중 문화가 큰 호응을 받았다. 연우무대의 〈새들도 세상을 뜨는구나〉, 〈칠수와 만수〉 등 민중의 삶을 다룬 작품들은 젊은 세대의 공감을 얻었으며, 대학 축제에서는 마당극과 사물 놀이가 단골 메뉴로 등장했다.

　　　1980년대에 이르러 우리 광고와 문화의 관련 양상은 관계 설정의 모습을 띠게 된다. 광고와 문화의 상호 작용이 이루어지던 시대였다. 두루 알다시피 광고에 의한 '관계 설정'은 철학에서 말하는 관계주의의 한 계통인데, 심리학적 차원에서는 콜린스와 퀴리언의 지적처럼 개개 의미의 단위 혹은 결점 node끼리를 관계 고리로 연결시키는 네트워크라는 기억 개념[33]으로 이해할 수 있다. 다시 말해, 광고의 기능이란 자연스럽게 연결되지 않는 개념들을 기억의 다발로 연결시켜 여러 가지 구매 상황과 경쟁 상황 속에서 그 브랜드의 구매에 유리한 상태를 창출하는 것에 지나지 않는다. 소비자의 구매 결정은 일반적으로 생각하는 만큼 '태도 형성'을 하지 않으며 의사 결정할 때 자신의 정보 처리 자원을 동원하지도 않는다. 이를테면 광고 표현 요소 하나하나에 별다른 의미는 없으며 오히려 광고의 맥락 context 자체를 즐기는 것이다. 여기에서 광고와 문화의 접점이 생긴다. 한국 광고가 '관계 설정'의 차원에 이르기까지 약 90여 년의 세월이 필요했다.

　　　광고와 문화의 관계 설정의 맥락에서 잡지 〈뿌리 깊은 나무〉의 광고 시리즈와 유한 킴벌리의 '우리 강산 푸르게 푸르게' 캠페인이 시작되었다. 또한 이 무렵 우리의 놀이 문화, 우리의 전통 문화에 대한 관심이 광고에서도 한껏 고양되었는데, 이런 현상 역시 광고 문화를 통한 전통과 현대가 행복하게 만나는 순간이라 할 수 있다. 대우전자의 라디오 광고 '우리의 소리를 찾

---

33. A. M. Collins & M. R. Quillian, "Retrieval time from semantic memory," *Journal of Verbal Learning and Verbal Behavior*, 8, 1969, pp.240~7.

아서' 시리즈 광고 가운데 하나인 '절구질 소리' 편(1983년)을 보자. "사람들의 마음까지 넉넉해지는 가을, 그리고 풍년 -절구에 찹쌀을 찧는 시누이 올케의 호흡이 저렇게 잘 맞을 수가 없다. 까다롭던 시어머니의 이맛살도 펴지는 풍년 어느 날 절구질 소리. 대우전자 제공입니다" 이런 광고는 일찍이 우리 광고의 문법에서는 볼 수 없었던 신선한 충격이었다. 광고를 통해 우리의 전통 문화에 대한 관심을 환기시키려는 욕망이 숨어 있는 상황인 것이다.

이 때 "누가 나이키를 신는가," "왜 나이키를 신는가" 같은 광고는 대중의 욕망을 확장시키는 강력한 에너지로 작용했다. 또한 인간과 호흡하는 기술을 강조한 삼성전자의 신문 광고 '휴먼테크' 편은 더 편리하게, 더 건강하게, 더 안전하게 살아가고 싶은 사람들의 욕망을 새롭게 디자인하기에 충분했다. 도래할 컴퓨니케이션(compunication: computer+communication)의 세계에 대해 과연 얼마나 많은 사람들이 이해할 수 있었을까? 이 광고는 공통적인 욕망의 향방을 정확히 포착한 다음, 인간과 호흡하는 기술을 중개함으로써 수용자로 하여금 욕망의 대상을 더 가깝게 느끼도록 한다.

그 밖에도 일화 맥콜의 '조용필' 편, 맥심 커피의 '김은국' 편, 럭키 금성의 고객 만족 시리즈 캠페인, 대우전자 탱크주의의 '배순훈' 편, 롯데칠

삼성전자 신문 광고
'휴먼테크' 편(1985)

제일제당 다시다
TV 광고 '고향의 맛' 편

대우전자 탱크주의 TV 광고
'배순훈' 편

조선맥주 하이트 TV 광고
'암반 천연수' 편

성의 칠성사이다 '40년을 지켜 온 맑고 깨끗한 맛' 편, 제일제당의 다시다 '고향의 맛' 편, 동원산업의 '바다가 좋다' 편, 태평양 마몽드의 '산소 같은 여자' 편, 조선맥주 하이트의 '암반 천연수' 편 등이 시대의 욕망을 조종하는 중개자 역할을 수행했다.

1990년대 광고, 문화를 포섭하다

그리하여 1990년대는 광고가 문화를 포섭하는 상황이 벌어지고 있다. 스킨 스쿠버와 수상 스키, 래프팅, MTB, 윈드 서핑, 서바이벌 게임, 행글라이딩, 패러글라이딩 등 다양한 레포츠 붐이 일어났으며, 광고 그 자체를 즐기는 마니아들이 등장하기도 했다. 아무래도 광고 메시지는 관계 설정의 기능을 넘어 즐거움의 대상으로 자리잡는 것 같다. 광고에 대한 선호는 정교화 가능성 모델(ELM)에서 말하는 중심 경로보다 주변 경로를 통해 결정되는 그런 시대가 된 것이다. 복고풍 광고, 오마쥬 광고, 패러디 광고, 포스트모던 광고 등 다양한 표현 방법은 다양한 경로를 통해 문화의 옷을 입게 되는 시대이기도 하다.

우리 광고는 1990년대에 들어서면서 대중 문화의 지형도에 지각 변동을 일으킨다. 광고인도 주변부 '광고쟁이'에서 중심부 광고 전문가로 대우받게 된다.[34] 특히, 군부 독재 이후 '문민 정부'나 '국민의 정부'를 거치는 동안 표현의 백가쟁명 百家爭鳴 시대가 오자, 광고는 광고 본래의 기능을 뛰어넘어 문화의 옷을 입기 시작한다. 광고는 특히 X세대와 N세대로 대표되는 개성적인 젊은 집단으로부터 폭발적인 지원을 받으면서 대중 문화의 주체 세력으로 떠오른다. 그 지각 변동의 진앙은 포스트모던 광고였다. 세기말적 불안감과 세대간의 갈등 속에서 X세대와 네티즌들은 포스트모던한 취향을 파격적인 포스트모던 광고에서 찾게 된다.

포스트모던 광고의 핵심 문법은 메시지 내용이 텅 빈 구조를 띠고 있다는 점이다. 주로 카피를 통해 전달하던 핵심 광고 주장은 온데간데없이 사라져 버리고, 오로지 영상만으로 상품의 분위기를 전달하려고 한다. 15초의 광고 전쟁에서 수많은 시청각적 기호들을 날려 보내기는 하지만, 내용보다는 정서, 이미지, 분위기 등이 전체를 압도하게 된다. 그래서 포스트모던 광고에서는 메시지의 전복과 해체가 자주 일어나며, 수용자 스스로가 메시지 내용을 재구성하게 된다.

때로는 발신자와 수신자의 소통 관계로 대표되는 전통적인 커뮤니케이션 모델은 완전히 무시되기도 한다. 광고의 의미 구성 과정에 대한 여러 연

---

34. '광고쟁이'란 말에는 장인 정신으로 일하는 사람이라는 뜻도 담겨 있지만 대개는 상대적으로 천한 직업에 종사하는 사람이라는 의미가 강하다. 아직도 조선 시대의 사농공상 士農工商 의 잔재가 집단 심리로 남아 있다고 전제한다면, 광고인은 결국 광고주(상인)가 월급을 주는 셈이기 때문에 상商 다음에 광廣, 다시 말해 사농공상광 士農工商廣 쯤 될 것이다. 카피라이터를 문안사 文案士, 디자이너를 도안사 圖案士라고 부르던 시절에는 '광고쟁이'라는 표현을 광고인들 스스로도 자연스럽게 받아들이는 분위기였으나, 지금은 당당히 마케팅 커뮤니케이션의 전문가로서 대우받는 시대가 되었기 때문에 광고인과 광고업을 비하하는 듯한 그런 표현은 쓰지 않는 것이 바람직하다.

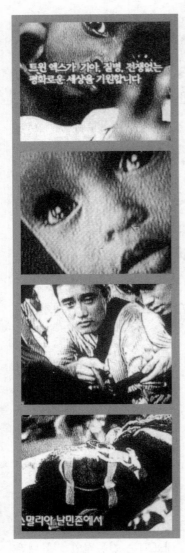

태평양화학 트윈엑스
TV 광고 '소말리아' 편

구에서도 광고가 구체적으로 어떤 단계를 거쳐서 어떤 의미를 일으키는지에 대해서는 명쾌하게 설명하지 못하고 있다. 이런 상황은 포스트모던 광고가 그만큼 설명하고 검증하기가 어렵다는 점을 반증한다.

포스트모던 광고는 전통적 광고에 비해 반反형식, 비합리적, 서술 구조의 해체, 이미지 중심적, 복합성, 페미니즘적 시선 등 대표적인 유형을 갖는다.[35] 현대 광고는 수용자들이 영속적으로 기억하기 쉬운 분위기보다 순간적인 이미지로 기억될 수 있는 이미지로 가득 차 있다. 이 때 광고는 마케팅 커뮤니케이션에서 말하는 판매 촉진의 한 가지 수단이 아니라, 사회 구성체 내의 자연스런 문화 현상으로 자리잡기 때문에 광고에서의 메시지 유무는 그다지 중요하지 않다. 다만 그 분위기가 얼마나 파격적이며 얼마나 깊은 인상을 남기느냐에 따라 상품에 대한 호감도 여부가 결정된다. 말하자면, 상품의 기능보다 상품 이미지가 구매 결정에 더 큰 영향을 미친다는 것이다. N세대들은 광고를 잘 하는 상품은 좋은 상품으로, 광고를 잘 하지 못하는 상품은 나

---

35. 강명구, "포스트모던 광고의 상품 미학 비판,"《소비 대중 문화와 포스트모더니즘》, 민음사, 1993, p.190. 포스트모던 광고에 대응되는 전통적 광고 유형으로는 형식, 합리적, 서술 구조의 일관성, 언어 중심적, 단순성, 남성 지배적 시선 등이 있다.

해태음료 N₂O TV 광고 'N₂O 다음 세상' 편

쁜 상품으로 생각하는 경향이 많다. 다시 말해, 상품의 실체를 따져 보기 전에 광고에 나타난 상품 이미지에 먼저 빠져들게 되는 것이다.

　　더욱이 상표 하나가 세대의 특징을 상징하는 대표적인 기호로 자리잡는 상황이 되면 광고의 진짜 위력을 실감하게 된다. 우리는 이미 X세대와 미시족, 그리고 N세대로부터 그 가능성을 확인한 바 있다. TTL, T22N, YEPP, H.O.T 같은 국적 불명의 신조어는 상품 이름이라는 공통점을 가지면서도 특정 집단을 상징하는 기호로 작용한 지 이미 오래이다. 이를테면, 해태음료의 N₂O 같은 경우는 무의미한 약어 형태의 상표 전략이 수용자의 욕구와 잘 맞아떨어진 사례라 할 수 있다.

　　신조어의 발생 과정은 고급 문화에서 대중 문화로 분화되는 과정과 매우 흡사하다. 이를테면 끼리 집단에서 배제되면 왠지 뒤떨어질 것 같은 불안감, 이런 심리가 복합적인 화학 작용을 일으켜 '끼리 의식'을 북돋우는 동시에 새로운 분중分衆을 만들어 나간다. 그 중심에 광고가 있다. 소비 대중 사회는 광고의 의도적인 조작으로 인하여 새로운 분중이 탄생하며, 분중은 다시 대중 문화의 중심부를 차지하는 순환을 반복하는 가운데 자가 분열과 증식을 거듭한다. 광고를 통해 소비 대중은 미세하게 쪼개진 또 다른 분중으로 세포 분열하고, 분열된 분중은 다시 새로운 대중을 형성한다. 광고는 반복 과정을 통하여 대중 문화를 잉태하는 자궁 역할을 하게 되는 것이다.

　　바야흐로 광고는 문화의 물줄기가 어디로 흘러갈 것인지를 가늠할 수 있는 훌륭한 사회 제도로 정착되는 동시에 소비 대중 사회의 대표적인 문화 권력으로 부상하고 있다. 현대 광고는 상품의 사회화 과정에 적극적으로 개입함으로써 소비 대중 사회의 대표적인 문화 양식으로 자리잡게 되었다. 그랜트 맥크래켄 Grant McCracken이 지적했듯이, 상품과 문화 구성체를 결합시켜 문화적 의미를 전달하는 현대 광고는 상품의 문화적 의미를 소비자의 가슴 속에 내면화시킴으로써 상품의 사회적 가치를 결정하는 중요한 기능을 수행하기도 한다. 특히, 생산자의 해석을 중시하는 전통적인 문화 양식과는 달리, 광고는 소비자의 해석을 중시하는 첨단 문화 양식인데, 광고와 문화는 언제나 상호 작용을 한다.

현대 광고의 배후에는 기호학이 존재한다. 기호학은 현대 광고를 이해하는 길잡이다. 기호학적 관점에서 광고란 다양한 문화 기호들로 짜여진 '인용의 직물'이며 의미하는 것과 의미되는 것의 통일체이다. 주디스 윌리엄슨에 의하면, 광고 텍스트에 활용되는 모든 기호는 상품의 이미지 형성에 꼭 필요한 것들이다.[36] 이 때 광고에 나타난 명시적인 기호 표현이 다른 의미를 창출하는 동안, 새로운 의미 형성의 가능성 여부가 핵심 쟁점으로 떠오르게 된다.

광고 텍스트에 이용된 기표가 다른 기표로 전이되기도 하고, 전이된 기호는 확정적 의미로 존재하기보다 수용자의 결합을 유도하는 방향에 따라 달라지게 마련이다. 현대 광고는 확정적 의미의 부재 *absence*를 수용자에게 채우도록 하는 '열린' 광고, 혹은 '참여' 광고의 모습을 띠게 된다. 이처럼 광고에 기본적인 의미를 제공하는 지시 대상 체계 *referent system*는 비록 이데올로기적 시스템이기는 하지만, 광고 주변의 여러 영역에서 그 의미를 차용함으로써 광고의 지평을 넓혀 나가고 대중 문화를 살찌우는 광고 기호론의 중요한 기반이 된다. 따라서 현대 사회의 소비인들은 광고에 참여해서 스스로 한 편의 광고를 완성한다.

따라서 소비자는 상품을 구매할 때 상품 그 자체만을 사는 것이 아니

---

36. Judith Williamson, *Decoding Advertisements: Ideology and Meaning in Advertising*, New York : Marion Boyars Publishers Ltd., 1978, pp.17~23.

라, 자신의 욕망과 일치하는 사회 문화적 상징을 동시에 구매한다고 할 수 있다. 이 때 사람들은 스스로 자신의 문화적 욕망을 실천하기 위해 문화의 창을 통해서 광고 메시지를 수용하게 된다. 결국, 현대 광고는 자발적으로 생성되는 대중 문화와 더불어 스스로 '문화 역학'을 창출해 나간다고 할 수 있다.

　　　'욕망의 삼각형'이라는 틀을 통해 우리의 광고를 바라볼 때, '한국 광고 100년'이라는 과장된 주장은 철회되어야 한다. 한국 광고사에서 광고와 문화의 교집합은 1950년대 후반에서 1990년대 후반에 이르기까지, 겨우 40여 년에 불과하다. 따라서 한국의 광고 문화사를 쓸 때는 아쉽더라도 우리 광고의 최근 40여 년만을 그 대상으로 삼아야 한다. 다만, 광고의 문화 역학이 '0'의 상태에서 상당한 수준까지 올라갔다는 점을 눈여겨보아 우리 광고의 앞날에 희망을 걸어도 좋을 듯싶다.

2

광고를 보는 새로운 지평 : '광고 비평' 서설

광고는 있었다. 그러나 비평은 없었다. 한 세기가 넘는 한국 광고사를 아무리 샅샅이 훑어봐도 광고에 대한 전문 비평은 거의 전무한 실정이다. 광고에 대한 관심과 인기가 증폭됨에 따라 광고 비평 비슷한 글들이 나오긴 하지만, 그런 글들을 과연 '광고 비평'이라고 할 수 있을까? 우리 광고 비평이 이렇게 된 데는 나름대로의 까닭이 있다.

　　광고 산업의 속성상 광고주가 광고비를 쓰지 않으면 광고물 자체가 생산되지 않는다. 이런 마당에 광고주의 귀한 돈을 가장 효율적으로 집행해야 하는 광고 전문가들이 어떤 광고에 대해 이러쿵저러쿵 비평하는 행위는 심히 불경스런 태도이리라. 이보다 조금 떨어진 곳에 광고학계가 있지만 광고업계와의 복잡한 관계, 다시 말해 이런저런 공생 관계 때문에 비평의 칼날을 쉽게 뽑아 들지는 못하는 것 같다. 광고와 관련된 그 동안의 글쓰기는 그것이 보도의 형식이건 비평의 옷을 입었건 관계 없이 업계의 이익에 봉사한 듯하며, 광고에 대한 홍보적 성격이 짙었다.

　　또한 문화 비평 차원에서 접근한 광고 비평을 보더라도, 텍스트의 언저리를 주관적인 관점에서 슬쩍슬쩍 건드린 인상 비평이거나, 광고 제작 현장의 뒷이야기를 흥미 위주로 전달하는 '매소賣笑 저널리즘'[1]이거나, 난삽한 의견을 마구잡이로 풀어헤치는 잡종 비평에 가까운 것들이 많았다. 그런 글들은 광고 제작의 뒷이야기이거나 광고의 주변 뉴스를 과대 포장한 것이라서 현상에 대해 기술하는 관찰 *review*에 가깝지, 정교한 방법론으로 무장한 비평 *criticism*이라고는 할 수 없다.

미디어 비평이란 '기자가 기자를 보도하기 *reporters reporting reporters*' 혹은 '언론인 죽이기 *killing the messengers*' [2]라고 할 수 있는데, 이 명제를 광고 비평에 적용하면 '광고인 죽이기'는 성립되지만 '광고인이 광고인을 보도하기'는 성립되지 않는다. 광고 비평가가 특정 광고물이나 광고 현상에 대해 비판의 총구를 겨눈 순간, 해당 광고물과 관련된 광고인들은 비평 행위를 광고인 죽이기로 받아들일 것이다. 때때로 광고인이 광고인을 보도하는 경우도 있겠지만, 그런 상황은 자주 발생하지 않는다.

지금까지 우리는 비평의 방법론을 도외시한 채, 광고 담론을 흥미롭게 포장하는 데만 주력함으로써 뉴스는 있되 전망은 없는 광고 비평의 원시림 속을 거닐고 있었다. 앞으로는 타당한 비평 방법론을 바탕으로 텍스트의 의미를 정교하게 해독하는 데서부터 광고 비평의 새로운 전망을 모색해야 한다. 또한 광고 비평의 활성화를 위해 광고 비평가 집단이 형성되어야 한다.

광고를 어떻게 볼 것인가? 심지어 광고 전문가들마저도 하나의 광고물에 대해 각각 다른 평가를 내린다. 하물며 일반 수용자들은 얼마나 다른 의견을 개진할 것인가. 현대 소비 대중 사회는 광고 텍스트에 대해 저마다 심경을 토로하는 백화제방 百花齊放의 시대이다. 하지만 광고 산업의 발달에도 불구하고 광고에 대한 평가만큼은 객관성을 확보하지 못한 채 주관적인 인상 비평에 머물러 있다. 다시, 광고를 어떻게 볼 것인가? 주관성에 빠지지 않고 객관성을 확보하기 위해서는 타당한 광고 비평 방법론이 전제되어야 한다. 이 때 비로소 우리의 광고 비평도 인상 비평에서 벗어나 과학의 수준에 이르게 된다.

---

1. 심재철, "미디어 비평과 언론 교육의 방향," 〈관훈 저널〉 제70호, 1999, p.193. 이 용어는 〈뉴욕 타임스〉를 매스 저널리즘의 전형이라고 비난한 업턴 싱클레어 Upton Singclaire 같은 추문 수집가 *muckraker*에게서 나왔다.

2. 심재철, 앞의 글, p.191.

광고 비평 방법론

광고 비평 방법론은 학자에 따라서 큰 차이를 나타낸다. 버거[3]는 텍스트 이론을 바탕으로 기호학적 방법론, 마르크스주의적 방법론, 정신 분석학적 방법론, 사회학적 방법론 등으로 정리했으며, 베트라[4]는 문예 비평 방법론을 그대로 적용하여 장르 비평적 방법론, 기호학적 방법론, 구조주의적 방법론, 마르크스주의적 방법론, 정신 분석학적 방법론, 사회학적 방법론 등으로 구분하였다.

앨런[5]은 전통 비평과의 단절을 선언하며 텍스트 분석에 초점을 맞추는 방향으로 기호학적 방법론, 서사 이론적 방법론, 장르적 방법론, 이데올로기적 방법론, 정신 분석학적 방법론, 페미니즘적 방법론 등을 수용자의 수용 행위에 초점을 맞추는 방향으로 수용자 반응 비평과 영국 문화 연구 학파의 연구 성과를 소개하였다.

버그와 웨너[6]는 문화 연구 방법론, 민속 기술지 방법론, 수용자 반응 비평 등으로 구분하며, 뉴콤[7]은 비평의 영역에 따라서 제작 컨텍스트적 방법론, 텍스트적 방법론, 수용 행위 컨텍스트적 방법론 등으로 구분한다.

최창섭과 문영숙[8]은 제도적 접근 방법, 마르크스주의적 방법론, 기호학적 방법론, 정신 분석학적 방법론, 사회학적 방법론 등 다섯 가지로 구분한다. 또한 서범석[9]은 기호학적 방법론, 서사 분석적 방법론, 페미니즘적 방법

---

3. Arther Asa Berger, *Media Analysis Techniques*, Beverly Hills: SAGE Publications, 1982, pp.15~121.

4. Narayan D. Batra, *The Hour of Television: Critical Approaches*, Metuchen, N. J. & London: Scarecrow Press, 1987, pp.2~21.

5. Robert C. Allen, "Talking about Television," in Robert C. Allen (ed.), *Channels of Discourse*, Chapel Hill & London: The University of North Carolina Press, 1987, pp.10~1.

6. Leah R. Vande Berg & Lawrence A. Wenner, *Television Criticism*, New York & London: Longman, 1991, pp.27~37.

7. Horace M. Newcomb, "Television and the Present Climate of Criticism," in Horace M. Newcomb (ed.), *Television : The Critical View*, 5th (ed.), N. Y. & Oxford: Oxford University Press, 1994, pp.10~1.

8. 최창섭 · 문영숙, "광고 비평에 대한 이론적, 방법론적 접근," 〈광고 연구〉 제15호, 1992, pp.207~9.

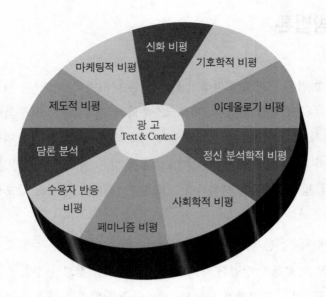

광고를 보는 열 가지 방법

론, 정신 분석학적 방법론, 이데올로기적 방법론 등으로 구분하고 있다.

위의 연구들을 바탕으로, 우리는 광고물에 대한 비평 방법론은 물론 광고 제도 비판에 이르기까지 광고를 보는 방법들을 보다 포괄적으로 구분하고자 한다. 정리하면, 광고 비평 방법론은 (1) 신화 비평, (2) 기호학적 비평, (3) 이데올로기 비평, (4) 정신 분석학적 비평, (5) 사회학적 비평, (6) 페미니즘 비평, (7) 수용자 반응 비평, (8) 담론 분석, (9) 제도적 비평, (10) 마케팅적 비평 등 열 가지로 구분할 수 있다.

---

9. 서범석, "현대적 광고 비평 통한 이론의 체계화, 전문가 양성이 절실," 〈한국 광고〉 창간호, 1993, pp.60~1.

신화 분석[10]

광고의 형식에 주목하는 방법인데, 특히 형식에 내재된 관념들을 추적하여 현대의 신화인 광고의 의사 소통의 체계를 규명하는 방법이다. 광고에서 포착할 수 있는 신화는 대상이나 개념이 아니며, 오히려 의미 작용 *signification* 의 한 양식이다. 신화 분석을 통하여 담론 형식의 하나인 광고의 메타 언어적 속성을 해부하고 신화소의 연결 관계를 바탕으로 광고의 의미 작용 형식을 알 수 있다.

기호학적 비평[11]

지시 대상 체계에 따라 광고 텍스트의 기호화 과정에 주목하는 방법이다. 광고의 의미는 메시지를 구성하는 기호 체계를 통하여 생성되는데, 광고 분석을 통해 카피, 영상 등 겉으로 드러난 기표 記表 와 그것의 의미를 함축하는 기의 記意 의 관계를 구조적으로 추적한다. 또한 외연적 카피 내용이나 형태에 초점을 맞추기보다는 기호, 상징, 이미지 분석을 통해 광고에 내포된 의미를 드러내는 데 비평의 목적이 있다.

---

10. 롤랑 바르트, 《신화론》, 정현 옮김, 현대미학사, 1995, pp.15~95. 바르트는 "현대의 신화는 곧 파롤 *parole* 이다"라고 했는데, 이에 따르면 신화 분석에서 신화의 의미는 이미 신비화된 신화 神話 라는 단어가 아니라 '신화적인 어떤 현실'을 뜻한다.

11. David Mick, "Consumer Research and Semiotics: Exploring the Morphology of Signs, Symbols and Significance," *Journal of Consumer Research*, 15, 1988, pp.196~213.

기호학적 방법으로 분석할 수 있는 SK텔레콤 TTL TV 광고 '사과나무' 편

이데올로기 비평[12]

광고가 사회 구성원들의 일상 생활을 통제하며 사회 관계를 지배한다고 전제한 후, 지배 계급의 체제 유지 수단이 되는 광고의 기능에 주목하는 방법이다. 이 때 광고의 단기적 목표는 소비자를 설득하여 상품을 판매하는 것이지만, 장기적 목표가 소비자의 태도, 가치, 관습 등을 변화시켜 지배 계급의 체제를 유지하는 것이라는 데 주목하며 지배 계급에 봉사하는 광고의 작동 방식을 비판적으로 고찰한다. 이 방법은 마르크스주의적 방법론과 거의 유사한 성격을 가진다.

12. Berger, 앞의 책, pp.45~67.

정신 분석학적 방법으로
분석할 수 있는
임마누엘 웅가로 잡지 광고

정신 분석학적 비평[13]

프로이트 심리학에서 제기한 인간의 동기나 성격에 관한 이론을 바탕으로 광고 심리와 소비자 심리의 기저 基底 를 분석하는 방법이다. 특히, 성, 방어 기제, 상상계, 상징계 등 프로이트나 라캉이 제시한 개념들을 바탕으로 광고 메시지에 숨어 있는 욕망의 실타래를 분석해 낸다. 이 방법으로 광고를 보면 수용자의 내면 풍경은 물론 욕망의 구조, 관음증, 물신주의 등 광고에 잠복해 있는 의식의 기반을 섬세하게 포착할 수 있다.

---

13. Wilson B. Key, *Media Sexploitation*, Englewood Cliffs, N.J.: Prentice – Hall, 1976, pp.27~96.

사회학적 비평[14]

광고의 사회적 역할이나 가치 등을 포괄적으로 해석하는 방법인데, 광고가 사회에 미치는 비의도적인 결과를 추적하기도 한다. 또한 사회 심리가 집단적으로 수용되는 과정에 주목하는 동시에 광고의 사회적 가치 창출 문제에 관심을 기울인다. 광고에 나타난 가치는 성, 정치, 교육 등 다양한 사회 환경에 영향을 미친다고 보기 때문에 광고 비평가는 광고에 나타난 가치와 사회 구성원의 가치 체계 사이의 함수 관계에 관심을 쏟게 마련이다.

페미니즘 비평[15]

여자를 단지 '남자가 아닌 존재 *non male*'로 보는 사회 통념에 반기를 들고, 여자에 대한 고정 관념을 인간학의 입장에서 극복하려는 방법이다. 따라서 광고에서의 여성성 *femininity* 문제가 비평의 핵심 과제로 떠오르게 된다. 이 방법은 여자의 여성성에 의문을 제기하면서 가부장적 사회 제도에 대한 비판 의식을 바탕으로 경제 주체로서의 여자의 본질을 환기시킨다. 그러나 남자에 대하여 맹목적으로 비판하거나 인간성을 왜곡하는 설익은 페미니스트의 입장은 철저히 경계한다.

---

14. Richard W. Pollay, "The Distorted Mirror: Reflections on the Unintended Consequences of Advertising," *Journal of Marketing*, 50, 1986, pp.18~36.

15. 김병희, 《광고 하나가 세상을 바꾼다》, 황금가지, 1997, pp.318~9.

페미니즘적 방법으로
분석할 수 있는
솔브 잡지 광고

수용자 반응 비평[16]

텍스트 분석보다 살아 움직이는 실체인 수용자의 반응에 관심을 기울이는 방법이다. 이 때 광고의 의미는 텍스트에 고정되지 않고 수용자의 광고 시청 행위 속에서 다양한 모습으로 재구성되는 것으로 본다. 광고는 수용자의 적극적인 참여를 통해 그 형식이 완결되는 열린 구조를 갖게 되는데, 비평가는 수용자에 대한 텍스트의 일방적 소통보다 수용자와 텍스트 사이의 상호 작용에 비평의 초점을 맞춘다. 이를테면 비평을 통해 텍스트와 수용자 사이에 '간격 메우기 *gap-filling*'가 실현되는 것이다. 이 때 비평가는 광고 창작자와 광고 수용자 사이에서 서로가 완벽하게 동의할 수 있는 해석의 공통 분모를 찾아 내야 한다.

---

16. 김병희, 앞의 책, p.340.

담론 분석[17]

러시아 형식주의자들의 민담 분석 이후 텍스트의 서사 *narrative* 구조를 밝혀 내기 위해 보다 정교하게 발전시킨 방법이다. 이 때 메시지 특성이나 이데올로기적 판단 등 텍스트의 내용에는 거의 주의를 기울이지 않는다. 반면에 광고를 구성하는 담론 구조 *discourse structure* 와 메시지 전달 형식에 대해 구체적인 분석 작업을 선행한 후, 각 구성 요소의 맥락 관계를 형성하는 내적인 구조를 탐색하게 된다.

제도적 비평[18]

광고가 사회적인 풍요를 가져온다고 전제한 후, 광고의 사회·경제적 기능을 부각시키는 데 비평의 초점을 맞추는 방법이다. 이 때 광고는 사회 제도로서의 광고 행위 *advertising* 와 제도 유지의 수단인 광고물 *advertisement* 로 각각 그 개념이 달라진다. 이러한 개념 정리를 바탕으로 광고 행위와 광고물이 사회의 풍요를 유지하는 데 얼마나 기여하는가에 주목하게 된다. 특히, 광고 텍스트보다 광고의 사회 제도적 맥락에 주목함으로써 광고 산업의 변화에 알맞게 대안적인 광고 제도를 제안할 수 있다는 점도 제도적 비평의 매력이다.

---

17. Robert C. Allen, 앞의 책, p.69~82

18. Charles H. Sandage (1972), "Some Institutional Aspects of Advertising"; James W. Carey (1960), "Advertising: An Institutional Approach," in Roxanne Hovland & Gary B. Wilcox (eds.), *Advertising in Society: Classic and Contemporary Readings on Advertising's Role in Society*, Chicago: NTC Business Books, 1989; 리대룡 옮김, 《광고와 사회》, 나남, 1994, pp.29~56.

마케팅적 비평

광고 텍스트의 내용이나 형식, 문화적인 영향력, 그리고 미학적 완결성 등에
대해서는 거의 주목하지 않는다. 오로지 '광고가 상품을 팔아 주었는가'라는
광고의 판매 기여도에 따라 광고 효과를 평가하는 비평 방법론이다. 문화 비
평의 입장에서는 무미건조한 방법으로 여길 수도 있겠지만, 광고의 기능에
대한 고전적인 입장에서 볼 때 결코 도외시할 수 없는 방법이다.

새로운 광고 비평의 길찾기

이제, 다양한 시각과 보다 깊이 있는 안목으로 광고 텍스트 text와 광고 환경
context을 바라볼 때이다. 광고가 대중 문화의 중심부에 진입한 지 이미 오래인
이상, 하루빨리 정확한 방법론으로 무장함으로써 인상 비평의 굴레에서 벗어
나야 한다. 앞으로 광고만 있고 비평은 없는 시대는 끝나야 한다. 광고가 있
는 곳이라면 어디든지 비평의 발길이 머물러야 한다. 강준만의 지적처럼 "광
고 비평은 광고가 그 어떤 대중 문화의 형식보다 더 '코드화'되어 있고 그 '문
법'이 정교하고 잠재적이라는 것만으로도 그 당위성을 인정"[19]받을 수 있다.

　　　광고의 '코드'와 '문법'을 해체하고 광고 속에 농축되어 있는 사회를
발견하고 이해하는 즐거움은 누구나 누릴 수 있겠지만, 주관적인 느낌과 생
각만으로 '좋다,' '나쁘다'를 평가하는 행위는 철저히 경계해야 한다. 그것은
비평이 아니라 소견이기 때문이다. 잣대가 없으면 어떤 기준으로 평가하겠는
가? 마케팅적 비평의 차원에서 바라볼 때 기립 박수를 받는 광고도 사회학적

---

19. 강준만, "현실 속의 광고, 광고 속의 현실,"《우리 대중 문화 길찾기》, 개마고원, 1998, p.120~1.
강준만은 광고 비평이 소비자 운동의 지표로 기능할 수 있다는 점에 특히 주목한다.

비평의 입장에서는 지탄의 대상이 될 수 있으며, 기호학적 분석의 틀로 보면 신선한 충격을 주는 광고도 페미니즘 비평의 입장에서는 경계의 대상이 될 수 있다. 누구든지 광고에 대해 말할 수는 있겠지만, 함부로 평가할 수는 없다. 바로 이 지점에 광고 비평의 운명이 놓이게 된다.

광고 비평은 대중 문화의 지형도에서 광고의 위치를 찾아 내는 작업이다. 대중 문화 지형도에서 경도와 위도를 어떻게 설정하느냐에 따라 광고 비평의 방향이 달라지게 된다.

광고의 대중 문화적인 속성에 특히 주목하는 광고 비평가라면 광고의 리얼리티를 해체시켜 그것의 함의를 포착하는 것을 비평의 목표로 삼아야 한다. 또한 대중 문화적인 차원에서 광고의 맥락을 재구성함으로써 광고 문화 비평의 새로운 지평을 열어 가야 한다. 현실의 리얼리티를 해체하고 재구성함으로써 대중에게 소비 대중 사회의 진정한 소비인이 되도록 하는 것이 현대 광고의 속성인 이상, 광고 비평은 소비 사회의 상품 미학을 정착시키는 밑거름이 되어야 한다.

지금 우리는 문화 비평의 홍수 속에서 광고 담론의 위기를 맞고 있다. 최근 들어 다행스럽게도 몇몇 광고 비평서 및 관련된 책들이 출간되었다.[20] 하지만 그 동안 우리는 광고에 대해 치열하게 고민하고 생각을 숙성시키기보다는 설익은 주장들을 성급하게 토해 내기에 급급해하지는 않았는지, 타당한 비평 방법론을 탐구하기보다 텍스트에 대한 주관적인 소견을 광고 문화 비평으로 착각하고 있지는 않았는지 등에 대해 반성해야 할 것이다.

앞으로의 광고 비평은 단순한 텍스트 분석이나 광고물 제작의 뒷이야기 제시에 머무르는 수준에서 탈피해야 한다. 광고 비평이 본격적인 문화 비평으로 자리잡을 수 있도록 인식의 '문화론적 전환'[21]을 바탕으로 소비 사회의 광고에 대한 포괄적인 틀을 짜 나가야 한다. 이런 작업들을 누적시켜 나가

---

20. 최근에 출간된 광고 비평서 및 관련된 책들은 다음과 같다. 김광수, 《광고 비평》, 한나래, 1994; 원용진, 《광고 문화 비평》, 한나래, 1997; 마정미, 《광고, 거짓말쟁이》, 살림, 1997; 우실하, 《오리엔탈리즘의 해체와 우리 문화 바로 읽기》, 소나무, 1997; 김병희, 《광고 하나가 세상을 바꾼다》, 황금가지, 1997; 엄창호, 《광고는 덫이다》, 두리, 1998; 김홍탁, 《광고, 대중 문화의 제1 원소》, 나남, 2000.

는 것이[22] 대중 문화의 지형도에 광고의 위치를 확실하게 자리잡게 할 수 있는 가장 타당한 실천 방안이다.

진정한 광고 비평가는 활활 타오르는 비평 정신을 곧추세운 채 정교하며 치밀한 방법론으로 무장해야 한다. 또한 광고에 대한 홍보적 글쓰기를 철저히 거부하면서 양심이 살아 있는 판관이 되어야 한다. 비평의 깊이와 범위가 광고 문화와 관련된 것이건, 지금의 광고 제도에 관련된 것이건, 아니면 끼리끼리 덮어 주며 통하는 음험한 불문율이건 관계 없이 광고 비평가는 그것들을 하나도 남김없이 숨이 턱턱 막히는 밀실에서 꺼내 햇빛 찬란한 넓은 광장으로 내보내야 한다. 그리하여 대중 문화의 지형도에서 광고의 길찾기를 하는 동시에, 목마른 광고 수용자들의 '알 권리'까지 시원하게 적셔 주어야 한다.

21. 사회학자 김성기는 20세기 초에 인문학과 철학에서 일어난 현대 사조의 변화를 서술하는 용어로 널리 쓰이는 '언어학적 전환 *linguistic turn*'을 패러디하여 문화 비평에 대한 인식론적 · 지적 맥락을 '문화론적 전환'으로 부른다. 그가 설정한 문화론적 전환의 범주에는 현대 세계의 리얼한 것의 소멸, 메타 이론, 미디어 문화, 공동 문화의 재인식 등이 포함된다. 김성기, "왜 문화 비평으로 가는가," 《패스트푸드점에 갇힌 문화 비평》, 민음사, 1996, p.87.

22. 한국 광고업계의 대표적 기관지인 〈광고 정보〉에서 21세기의 첫 연간 기획 시리즈로 "현대 광고, 어떻게 볼 것인가?"라는 주제를 선정한 것은 시사하는 바가 매우 크다. 보수적인 이 잡지의 성격으로 볼 때 '광고 비평'이라는 터부시된 주제를 선정한 것부터가 가히 파격적이다. 광고 비평 방법론 기획 시리즈는 2000년 1월부터 12월까지 강승구, 원용진, 김병회 3인이 돌아가면서 집필하고 있다.

3

창작과 비평 사이

신곡은 없는가: 노래체 광고

노래체 형식의 광고가 늘어나고 있다. 이런 광고들은 사람들에게 친숙한 음악을 광고의 배경 음악으로 선택함으로써 광고의 분위기를 한껏 고조시키는 그런 광고들과는 본질적으로 다르다. 판매 메시지나 광고의 구성을 아예 우리에게 친숙한 노래에 실어 보냄으로써 상품에 대한 인지도나 선호도를 높이기 위한 목적으로 만드는 모든 광고가 노래체 형식의 광고들이다.

　　우리가 노래체 형식의 광고에 새삼스레 주목하는 까닭은 무엇일까? 그 동안 광고의 표현 영역을 확장시키기 위한 다양한 시도가 있었는데, 이 노래체 형식도 다양한 시행 착오를 거친 끝에 주변부에서 벗어나 중심부 표현 양식으로 진입하고 있기 때문이다. 소비 대중 사회를 살아가는 현대인들에게 색다른 영상미와 생경한 언어 기호를 제공함으로써 설득하는 방식을 택해야 하며, 이미 알고 있는 노랫말에 광고 메시지를 슬쩍슬쩍 얹히는 방법으로는 설득력이 약하다고 반문할 수도 있겠다. 하지만 민요조 서정시의 전통에 익숙한 우리네 정서를 생각해 보면,[1] 광고에서의 노래체 형식은 나름대로 독특한 표현 영역을 구축할 수 있다.

우리는 틈만 나면 노래를 부른다. 학교에서, 사무실에서, 술집에서, 노래방에서, 집에서, 차 안에서! 굳이 노래 실력이 가수 뺨치는 정도는 아니라도 익숙한 멜로디가 들려 오면 자연스럽게 콧노래를 부른다. 3·4·5 음절로 된 3음보에 바탕을 둔[2] 김소월의 민요조 서정시가 지금도 애송되고 있는 까닭은 노래하기를 즐기는 우리 민족의 정서 때문일 것이다. 이런 점에서 김소월의 시편들이 시보다 노래에 가깝다는 지적은 텍스트의 본질을 정확히 꿰뚫는 탁견이라 아니할 수 없다.

요즘 유행하고 있는 노래체 형식의 광고들이 영상 시대의 표현 기법에서 한 발짝 후퇴한 다소 진부한 스타일처럼 보이지만 사실은 그렇지 않다. 광고 수용자들에게 친숙한 노래들을 차용하여 원래의 의미를 상업적으로 변조시킴으로써 소비자의 마음을 붙잡기 위한 '노래의 그물'을 던지고 있는 것이다.

광고 음악이 대중을 '소비 중독자'로 만들 수 있듯이, 마르크스가 광고 멜로디를 '아편'[3]이라고 했듯이, 노래체 스타일은 언어 이미지의 중독 현상을 일으킨다. 보이지도 않고 느낄 수도 없지만, 노래체 형식의 광고 이미지가 누적되어 자신도 모르는 사이에 노래의 자장에 포섭되는 상황, 다시 말해 노래를 흥얼거리는 게 아니라 광고 메시지를 흥얼거리는 상황이 벌어질 수 있다. 광고 제작자들은 이런 효과를 기대하면서 노래체 형식의 광고를 즐겨 만든다.

LG 싱싱냉장고 앞에서 뒤에서 광고 '냉기' 편을 살펴보면 냉장고 앞뒤 쪽에서 싱싱한 냉기가 나온다는 상품의 장점을 군가 〈진짜 사나이〉의 곡조

---

1. 정한모,《한국 현대시의 정수》, 서울대학교 출판부, 1980, pp.31~42. 민요의 가락을 줄기 삼아 민요조 서정시로 승화시킨 사례 몇 가지를 제시하고자 한다.

"임도 보구요 술도 먹구요 몽금포 규암포 들렸다 가게나" (서북 민요, 〈몽금포 타령〉)

"가시는 걸음걸음 / 놓인 그 꽃을 / 사뿐히 즈려밟고 가시옵소서" (김소월, 〈진달래꽃〉)

"내 마음 속 우리 님의 고운 눈썹을 / 즈믄밤의 꿈으로 맑게 씻어서" (서정주, 〈冬天〉)

"3월을 건너가는 / 햇살 아씨" (박목월, 〈山桃花 2〉)

2. 정한모, 앞의 책, pp.34~5.

3. 크리스 모스델,《광고, 그리고 문화》, 한상필 옮김, 커뮤니케이션북스, 1999, p.60.

LG 싱싱냉장고 TV 광고 '냉기' 편

에 맞춰 활기차게 풀어 나간다. "냉기로 태어났다. 앞에서 뒤에서"(사나이로 태어나서 할 일도 많다만) 하는 가요의 박자에 맞춰, 싱싱돌이 마스코트가 발걸음도 당당하게 행진을 시작한다. 노랫가락 사이사이에 앞뒤 쪽이 싱싱하다는 직접적인 판매 메시지가 끼여드는 순간, "싱싱돌이 앞뒤에서 싱싱함 지킨다!" (부모 형제 나를 믿고 단잠을 이룬다)라는 결론을 제시하며 광고가 끝난다. 다시 말해, LG 싱싱냉장고 앞에서 뒤에서가 오랫동안 싱싱함을 지켜 준다는 소비자 편익을 빠른 템포의 노래체 형식으로 풀어 나가고 있는 것이다.

이 광고의 가장 큰 미덕은 냉장고 광고 표현의 주류를 형성하던 증언식 광고 기법 *testimonial*[4]에서 탈피해 싱싱돌이 캐릭터가 〈진짜 사나이〉의 곡조에 맞춰 판매 메시지를 전달하고 있다는 점이다. 그러나 요란스럽게 시작해

---

4. Kenneth Roman & Jane Maas, *The New How to Advertise*, New York, N. Y.: St. Martin's Press, 1992, p.21. 증언식 광고란 빅 모델이 아닌 보통 사람들이 나와서 상품에 대한 편익을 보증하는 텔레비전 광고의 표현 기법이다. 상품을 사용해 본 일반인들이 나와서 "이것은 진실입니다 *This is the truth*"라고 증언하기 때문에 시청자들이 보기에 더 믿음이 갈 수도 있다. 신당동 떡볶이집 할머니가 출연해서 "며느리도 몰라," "아무도 몰라" 하고 증언한 태양초 고추장 광고가 대표적인 사례이다.

온세통신 008 TV 광고 '홍도야 울지 마라' 편

서 역시 요란스럽게 끝내는 일방적인 주장에 머물고 있어 소비자의 공감을 과연 얼마만큼 얻을 수 있을지 의문스럽다. 더구나 냉장고의 구매 결정은 보통 여성들이 하는데, 여성보다는 남성에게 더 친숙한 군가 스타일이 여성들에게 어떻게 받아들여질지도 궁금하다. 기왕이면 여성들에게 친숙한 노래를 이용했더라면 광고 효과가 더 커지지 않았을까?

온세통신 008 광고 '홍도야 울지 마라' 편은 첨단 기법과 감각적인 스타일로 승부를 거는 통신 광고 시장에서 '신파극'이라는 시대에 역행하는 소재를 활용하여 눈길을 끈다. 학사복을 입은 최종원이 홍도 역을 맡은 김지영에게 "나, 유학 가. 전화 자주 해!" 하며 변사의 신파조로 말하자, 김지영은 몸을 옆으로 꼬면서 "국제 전화비가 너무 비싸!" 하고 대꾸한다. 이 때 유성기에서는 "사랑을 팔고 사는 꽃바람 속에~" 하는 〈홍도야 울지 마라〉가 흘러나오는데, 최종원은 걱정 말라는 투로 "홍도야 울지 마라. 008이 있잖니!" 하며 해법을 알려 준다. 1930년대 전국을 휩쓸었던 악극 〈사랑에 속고 돈에 울고〉의 주제가를 해체시켜 새로운 노래체 형식으로 바꾼 광고이다.

이 광고는 가정용 국제 전화 선택에서 실질적인 구매 결정력을 갖는

기아자동차 카렌스 TV 광고 '순풍 산부인과' 편

40~50대 주부층을 공략하기 위한 전략에 바탕을 두고 있다. 요금 고지서를 받아 보고 놀라는 김지영의 표정 연기가 인상적인 마지막 장면에서 알 수 있듯이 목표 소비자에게 호소력 있게 다가갈 수 있는 광고이다. 노래체 형식의 핵심 미학이라 할 수 있는 '친숙하게 하기'[5]를 통해 008이 싸다는 점을 자연스럽게 전달한다. 그러나 무대 위의 연기 장면이라는 점을 전제한다 하더라도 조명 조절에 실패함으로써 모델의 표정 변화를 전혀 알 수 없게 만들었다. 모델의 몸 동작만으로 감정 표현이 다 된다고 믿는다면 큰 오산이다.

기아자동차 카렌스 광고 '순풍 산부인과' 편은 인기 시트콤 〈순풍 산부인과〉의 출연자들을 광고에 그대로 등장시킴으로써 시트콤의 후광 효과를

---

5. J. Fiske & J. Hartley, *Reading Television*, London: Methuen, 1978, pp.52~98. 친숙하게 하기 *familiarization* 란 예술 표현 양식의 하나인데, 낯설게 하기 *defamiliarization / estrangement* 의 상대적인 개념이다. 러시아 형식주의자 쉬클로프스키 Shklovsky 가 예술을 다른 표현 양식으로부터 구분하기 위해 처음으로 쓴 개념이 '낯설게 하기'인데, 이것은 예술 표현에 있어서 일상의 친근하고 낯익은 대상을 일부러 새롭고 부자연스럽게 처리하는 예술의 특성을 말한다. 브레히트의 '소격 효과' 이후, 피스크 등에 의해 텔레비전 메시지의 낯설게 하기 가능성이 제기되기도 했다. 이는 광고 표현 기법에도 자주 원용되고 있으며, 노래체 광고에서는 특이하게도 낯설게 하기가 아닌 '친숙하게 하기'가 시도되고 있다.

노린다. 이 광고 역시 노래체 형식을 쓰고 있는데 몇 개의 노래에서 필요한 부분을 편의적으로 차용한 점이 다르다. 또한 광고물의 운용 방법도 각각의 5초 광고와 그것들을 합친 30초 광고의 멀티 스폿 *multi spot* 형태로 다양화시킨다. 혼자 있게 된 오지명이 의사 가운을 입은 채 트롯 〈다 함께 차차차〉에 맞춰 앞뒤로 몸을 비틀며 "근심을 털어놓고 다 함께 카렌스"(근심을 털어놓고 다 함께 차차차)라고 운을 떼자, 곧바로 상황이 바뀌어 아이들과 함께 오락실에서 운전 경주를 하고 있던 박영규는 〈뛰뛰빵빵〉의 가락에 맞춰 "카렌스 타고 신나게 달려 보자"(버스를 타고 고속 도로를 신나게 달려 보자)고 한다.

다시 집 안으로 상황이 바뀌면 거실에서 놀던 아이들은 "어젯밤엔 우리 아빠가"로 시작되는 〈아빠와 크레파스〉를 부른다. 순간 부엌에 있던 박미선은 소파 쪽으로 달려와 아이들의 노래가 끝나기가 무섭게 "카렌스를 타고 왔어요(사 가지고 오셨어요)" 하며 한껏 목청을 높인다. 집 같은 자동차 카렌스가 나온다는 기대감을 표현하기에 전혀 손색이 없는 광고이다. '몇 월 몇 일 무슨 차 탄생 예정' 하던 식의 일반적인 자동차 런칭 예비 광고에 비해 주목률이 높다. 하지만 많은 제작비에 비해 한시적으로밖에 쓸 수 없다는 점을 광고 제작비의 효율성 측면에서 따져 보아야 할 것이다.

대우전자 수피아에어컨 광고 '숲' 편 역시 동요 〈산 위에서 부는 바

대우전자 수피아
에어컨 TV 광고
'숲' 편

람〉을 그대로 차용한 노래체 형식이다. "산 위에서 부는 바람 시원한 바람, 그 바람은 좋은 바람 고마운 바람"하는 친숙한 동요가 울려 퍼지는데 엄마와 어린이는 숲 속을 거닌다. 때묻지 않은 깨끗한 어린이의 표정이 부각되는 순간, "숲은 사람이 되고 사람은 숲이 된다"라는 짧지만 강한 멘트가 흐른다. 이 광고에서도 노래체 형식은 수피아(숲이야)가 깨끗하고 신선한 바람을 제공하는 에어컨이라는 상표 이미지를 구축할 수 있는 중요한 단서로 작용한다.

동아제약 박카스 신문 광고 '내일의 희망' 편에서는 구전 가요〈사노라면〉을 있는 그대로 차용하되 노랫말을 바꾸지 않고 그대로 카피로 쓰고 있다. 가요의 노랫말을 누런 마분지에 얹어서 그대로 제시할 뿐이다. "사노라면 언젠가는 좋은 날이 오겠지 / 궂은 날도 날이 새면 해가 뜨지 않더냐 / 새파랗게 젊다는 게 한밑천인데 / 쩨쩨하게 굴지 말고 가슴을 쫙 펴라 / 내일은 해가 뜬다. 내일은 해가 뜬다~" 노랫말이 통째로 카피가 되는 노래체 스타일의 광고이다. 상품과 직접 관련된 내용은 "내일의 희망을 향해! 박카스"라는 마지막 한 줄뿐이지만 어려운 시대를 살아가는 서민들에게 보내는 희망의 메시지이다.

이 광고에서는 우리 주변에 가까이 있지만 아무도 생각하지 못했던 소재를 차용하여 광고 아이디어로 발전시킨 점을 높이 살 만하다. 이 광고에 대한 평가는 사람마다 다르겠지만 광고 제작자들이 선택한 노랫말의 전용을

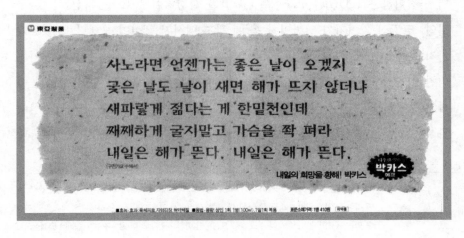

동아제약 박카스 신문 광고 '내일의 희망' 편

후지필름 오토오토 신문 광고 '금강산 찍어 오자' 편

무책임하다고 비판하기보다는 치밀하게 계산된 광고 표현의 잠재력에 점수를 주어야 하지 않을까. 그 정도 아이디어라면 누구나 낼 수 있다며 반문할 수도 있겠지만 마치 콜롬버스의 달걀처럼 누가 먼저 시도하느냐가 문제이다. 아무도 거들떠보지 않고 무심코 흥얼거리기만 하던 것을 노래체 형식의 광고로 과감하게 차용하는 새로운 시도에 박수를 보내야 한다.

후지필름 오토오토 광고 '금강산 찍어 오자' 편은 금강산 관광과 기념 사진이라는 TPO(*Time, Place, Occasion*)[6]를 설정하여 동요 〈금강산〉의 첫 구절인 "금강산 찾아가자 일만이천 봉"에 광고 메시지를 실어 보낸다. 오랫동안 가지 못해 꿈에도 그리워하던 금강산에 갈 수 있게 되었다니 이 얼마나 가슴 벅찬 일인가? 금강산 관광객들은 그 신비의 명산을 눈으로만 보고 오기가 아까워 누구라도 기념 사진을 찍어 오고 싶어할 것이다. "꿈에 그리던 금강산에 가시는 날, 흐리고 비가 올지도 모릅니다. 안개가 끼고 눈이 올지도 모릅니

---

6. 어떤 상품을 사용하는 시간 *Time*에 따라, 장소 *Place*에 따라, 그 상품을 쓰는 어떠한 경우 *Occasion*에 따라, 거기에 알맞게 소구하는 광고의 표현 기법이다. 이를테면 주스는 하루 종일 언제라도 마실 수 있는 음료이지만, '아침에 주스'라고 표현하면 아침 시간대에 마시는 횟수가 늘어나 결과적으로 주스 판매량이 늘어나게 된다.

다. 평생 다시 보기 힘든 금강산의 모습 — 언제 어디서나 누가 찍어도 잘 나오는 후지 오토오토로 담아 오십시오." 솜씨가 돋보이는 바디카피이다. 바디카피까지 읽게 하는 헤드라인의 힘은 어디에서 나오는가? "금강산 찍어 오자 일만이천 봉~"이라는 헤드라인을 읽으면 금방이라도 콧노래가 나올 것 같다. 원래의 '찾아가자'를 '찍어 오자'로 바꿈으로써 상품의 속성을 노래체 형식으로 풀어 내는 재치 있는 헤드라인이다. 이 광고에서는 금강산을 찾아갈 때 기왕이면 후지필름 오토오토를 준비하고 싶게 만든다.

하지만 이 광고의 가장 큰 약점인 레이아웃 문제를 지적하지 않을 수 없다. 금강산 하면 웅장한 자태를 연상하는 게 보통인데 광고에 표현된 금강산은 초라하기 짝이 없다. 금강산 봉우리들을 지면 위쪽으로 더 끌어올려 장관을 연출했으면 더 좋았을 것이다. 또한 금강산과 맞닿는 하늘 부분을·날리기보다는 하늘 바탕에 헤드라인과 바디카피를 얹히는 방식으로 표현했어야 한다. 더구나 이홍렬의 얼굴 사진을 펜 일러스트레이션으로 된 몸과 합체시키고 있는데 상품 제시의 단순화 기법이라는 의도에도 불구하고 부자연스럽다. 차라리 정밀 일러스트레이션을 사용했더라면 광고의 완성도가 더 높았을 것이다.

벽산건설 관악산 벽산타운 광고 '관악산에 살렵니다' 편은 아파트 분양 광고의 새로운 스타일을 창조한 작품이다. 수많은 분양 광고들을 살펴보라! 광고 가운데 아파트 분양 광고처럼 단조로운 광고도 없을 것이다. 광고 창작자들은 고관여 상품이라는 아파트의 속성상 분양 광고는 꼭 알려야 할 기본적인 정보 내용이 많은 탓에 창의력의 꽃을 피울 여지가 없다고 생각하는 것 같다. 그 때문인지 "천혜의 자연 환경과 사통팔달四通八達의 교통 요지가 행복하게 만났다"는 식의 카피가 허구한 날 판을 친다. 그러나 벽산건설 광고는 다르다. 단지 주변의 자연 환경을 판매 메시지로 내세우면서도 독창적인 기법으로 설득한다. 그 독창성이란 다름 아닌 한 차원 높은 노래체 스타일이다.

지면을 보면 노래방의 모니터 앞에서 아빠 박영규와 딸 김성은이 함께 〈서울의 찬가〉를 부르고 있다. 그들은 이사 갈 생각에 벌써부터 마음이 들

벽산건설 관악산 벽산타운 신문 광고 '관악산에 살렵니다' 편

떠 "아름다운 관악산에 살렵니다~"(아름다운 서울에서 살렵니다~) 하는 구절을 합창하는 것 같다. 〈서울의 찬가〉의 한 구절을 헤드라인으로 차용한 다음 노래방 모니터로 연결시키는 기발함! 자칫 평면적인 노래체 형식에 그칠 수도 있었던 헤드라인을 노래방 모니터 위에 배치함으로써 입체적인 노래체 형식으로 발전시켰다. 이를테면 "금강산 찍어 오자 일만이천 봉~"이 노래하는 사람은 없는데 노래만 남아 있는 '활자화된 악보' 수준에 머물렀다면, 노래방 모니터라는 주변 단서로 포장한 "아름다운 관악산에 살렵니다~"는 광고 수용자들에게 '노래하는 현장감'을 생생하게 느끼도록 한다. 더구나 관악산의 시원한 전망 속에 아파트가 즐비하게 늘어선 모습이 신문 10단 양면 크기의 모니터 화면으로 처리되고, 거기에 "종이 울리네 꽃이 피네 새들의 노래 정든 그 얼굴 [……] 아름다운 관악산에 벽산에서 살렵니다"라는 바디카피까지 덧붙여지면 천혜의 자연 환경 어쩌고저쩌고 하는 설명을 굳이 하지 않더라도 광고의 설득력은 커질 수밖에 없다.

그러나 지금까지 살펴본 노래체 형식의 광고들도 J&B 스카치 위스키 광고 '크리스마스' 편의 경지를 크게 넘어서지는 못했다. 외국 광고라면 무조건 훌륭하다는 사대주의적 발상에서가 아니라, 우리의 노래체 광고는 메시지 전달력의 향상에도 불구하고 광고에 대한 수용자의 적극적인 참여와 개입을 유인하지 못하고 있기 때문이다.

J&B 스카치 위스키 잡지 광고
'크리스마스' 편

　　수용자를 광고에 참여시켜 광고 메시지를 스스로 구성하도록 함으로
써 광고 생산자와 광고 수용자 사이의 거리를 좁히는 구성주의적 접근법
*constructionist approach*을 참고하면 큰 도움이 될 것이다. 구성주의적 관점에 의
하면, 사회적 현실은 세계의 단순한 반영이 아니라 사회적·역사적 맥락 속
에 인간의 지속적인 해석 과정을 통해 구성된다. 따라서 구성주의적 접근에
서는 사회 문화적 수준에서 결정되는 미디어의 담론에 주목하고, 또 그것이
개인적 수준에서 현실적 의미로 재구성되는 과정을 중시하기 때문에[7] 수용자
의 참여를 유도하여 개인의 의식으로 내면화시키는 광고는 그렇지 못한 광고
에 비해 수용자에게 미치는 영향력이 더 크게 나타날 것이다. J&B 광고를 보
면 전체적인 배경을 녹색으로 처리하고 그 위에 "ingle ells, ingle ells"라는 헤드
라인을 흰색 글자로 크게 뽑았다. 지면의 절반을 차지한 헤드라인은 사람들
의 주목을 끌기에 충분하다. 그런데 이게 무슨 말인가. 이런 영어도 있나? 고
개를 갸웃거리며 아래쪽의 바디카피를 보는 순간 저절로 무릎을 치게 된다.

---

7. 양승목, "언론과 여론: 구성주의적 접근," 〈언론과 사회〉, 17호, 성곡언론문화재단, 1997, pp.6～39.

"J&B 없는 휴일은 (J&B 있는 휴일과) 같을 수 없습니다 *The holidays aren't the same without J&B.*" 특히 압축된 한 줄의 바디카피에서 J&B만을 빨간색으로 처리함으로써 헤드라인에서 J&B라는 알파벳을 일부러 뺀 것을 알 수 있게 한다. 이쯤 되면 수용자들은 빠져 있던 J자 B자를 헤드라인에 채워 넣으며 자연스럽게 "*Jingle Bells, Jingle Bells*"을 흥얼거리게 된다.

디자이너와 카피라이터의 재치가 돋보이는 이 광고는 노래체 형식을 쓰되 수용자의 참여까지 유도하는 수작이다. 녹색 바탕, 흰색 헤드라인, 그리고 빨간색 상표명! 이 세 가지가 어우러져 크리스마스 연휴에는 J&B를 마시며 즐겁게 보내라는 이 광고는 노래체 형식의 또 다른 가능성을 열어 주고 있다. 과연 이 광고가 상품 판매에 얼마나 기여했는지는 알 수 없으나, 수용자의 참여 과정을 통해 J&B에 대한 호감도를 높였음은 분명하다.

노래체 형식은 광고 표현과 광고 수용자가 가장 친밀하게 만나는 순간 비로소 의미망을 확보한다. 자칫 잘못하면 상품과의 상관성은 도외시한 채 노래는 노래대로 따로 놀고, 판매 메시지는 실어 나르지 못하는 결과를 초래하기 쉽다. 또한 아무리 머리를 쥐어짜도 아이디어가 나오지 않자 궁리 끝에 쉽게 가는 방법으로 오인될 수도 있다. 상품과의 상관성이나 상품 미학에 관계 없이 노래에 내재된 전파력에 판매 메시지를 일방적으로 실어 보내기만 하면 된다는 생각은 위험하기 짝이 없다. 평범한 노래체 형식의 광고들은 상표 자산을 구축하지 못할뿐더러 노래만 기억시키고 상품 메시지는 온데간데 없는 공허한 메아리가 되기도 한다.

모든 창작 행위가 다 그렇듯이 어떤 형식이 창궐한다고 해서 무조건 따라하기만 한다면 광고 크리에이티브의 새로운 지평은 열리지 않을 것이다. 접근 방법이나 표현 의도가 비슷비슷한 노래체 형식의 광고들은 이미 나올 만큼 나왔다. 아무리 효과적인 형식이라 하더라고 어떤 스타일을 있는 그대로 답습한다면 어느 누구라도 만들 수 있는 아류만을 생산할 것이다. 이제, 노래체 스타일 광고의 새로운 출구를 모색할 때이다. J&B 광고에서 알 수 있듯이 수용자의 참여를 유도함으로써 노래체 형식의 새로운 영역을 확장해 나가도 좋고, 라디오 광고에서의 사운드 디자인 *sound design* 개념을 도입함으로써 평면적인 인쇄 광고에서 노래가 보이고, 느껴지고, 만져지도록 표현해도 좋다.

지금 우리 앞에 놓여 있는 당면 과제는 노래체 형식을 창조적으로 배반하는 일이다. 이미 맛본 장맛을 다시 맛보려 하면 실패한다. 이미 포화 상태에 이른 노래체 형식의 일반적인 표현 범주에서 벗어나 이전 스타일을 낯설게 하거나 도발적인 형식 실험을 시도하는 등 노래체 형식의 새로운 이종 교배를 감행해야 한다. 창조적 모험 정신과 도발적 실험 정신이 뒷받침되었을 때, 비로소 노래체 형식은 우리 광고의 비옥한 표현 장르로 자리잡게 될 것이다.

광고인가 홍보인가: 광고 PR 광고

"달을 가리키면 달을 봐야지, 손은 왜 쳐다보는 거지?"

요즘 유행하는 '텔레비전 광고를 PR하는' 인쇄 광고를 보며 가장 먼저 떠오른 생각은 선승의 법어였다. 이른바 소비 대중 사회로 진입하면서 광고 텍스트가 주목할 만한 문화 장르로 떠오르고는 있지만 방송 중인 텔레비전 광고 내용을 인쇄 광고에서 다시 설명해야 할 만큼 관심의 상한가를 치고 있지는 않다. 내용을 별도로 알려야 할 만큼 텔레비전 광고의 중요성이 커지고 있다면 아예 광고비를 늘려 노출 빈도를 높이거나, 텔레비전 광고와 연계된 인쇄 광고를 집행함으로써 직접적인 상품 판매를 모색하는 것이 더 적절한 방법일 텐데, 어찌된 영문인지 텔레비전 광고를 PR하는 인쇄 광고가 갈수록 늘고 있다. 이런 광고는 PR의 중요 부분을 차지하는 퍼블리시티 *publicity* 같은 기능을 수행하게 된다.

선승의 법어를 광고 커뮤니케이션 문법에 대응시키면 '달'은 상품이,

나홀로 보면 안타깝고,
둘만이 보기에는 아까운...
그 광고가 내곁에 있다

때묻지 않았다, 하이트 맥주 – 맥주의 格을 한차원 높이는 계기가 돼

한여름의 꿈같은 CF 한편

하이트맥주가 99년 여름을 겨냥한 수재화같은 CF한편을 선보이고 있다.

여름, 그리고 맥주하면 왠지 요란할 것같은 전형적인 맥주광고의 틀을 '꽃길편'에 이어 다시한번 과감하게 깨뜨리는 시도를 하고 있다.

새벽안개가 호수끝에 절묘하게 걸린 이른 새벽 - 그 안개사이 나무교각위로 조용한 남녀의 산책이 시작된다. 교각끝에 앉아 때묻지 않은 사람의 감정을 나누는 순수교감, 때뭍 여자의 손을 살포시 잡으려 하는 남자의 적극적인 구애.

이전의 꽃길편에 비해 한층 더 청량감을 더해주는 화면,

더욱 더 짜임새 있는 스토리 구성등, 성수기엔 제품광고에 주력해야 한다는 과거의 통설을 완벽하게 뒤집은 1위 브랜드의 자신있는 광고라 할만 하다.

하이트의 소리없는 외침

하이트는 "꽃길편, 호수편"의 소위 순수시리즈를 통해 소비자들의 맥주 음용욕구의 틀을 완전히 바꿔 놓았다.

기존의 시끌벅적하고 과장된 맥주광고에 길들여져 있던 다수의 소비자들조차 "소리없이 외치는" 하이트CF가 더욱 더 자극적이라는데 인식을 같이하고 있다.

경쟁사 광고와의 차별화된 커뮤니케이션 전략으로 무장한 하이트 광고는 특히 젊은층에게 크게 어필하는 것으로 나타났다.

"너무 이뻐서 좋아요" "일단 다른 맥주광고하고 달라서 좋아요" "순수한 하이트의 맛이 화면 가득히 느껴지는 걸요" 요즘 방영되고 있는 하이트CF에 잔뜩 빠져있다는 대학생 오지영양(이화여대 전자공학과 3년)의 이야기에서 보듯 대부분의 젊은층에게 금번 하이트광고는 "조용한 충

가슴에 얼굴을 기대면,
그늘이 되는 사람이 있다.

때묻지 않았다

'손'은 광고가 된다. 따라서 선승의 법어에 빗대어 "상품을 가리키면 상품을 봐야지, 광고만 쳐다보면 어떡하지?" 정도로 바꿀 수 있다. 그 비싼 제작비와 매체 비용을 쏟아부으며 텔레비전 광고를 집행하는 가장 큰 목적은 결국 상품 판매로 귀결된다. 자칫하면 광고만 알려지고 상품 판매는 영 시원찮은 결과가 나올 수도 있다. 입장에 따라 광고 PR 광고를 거품을 물며 비판하는 쪽도 있고 적극적으로 옹호하는 쪽도 있지만, 섣불리 어느 한쪽 손을 들어 주기는 어렵다. 하지만 광고와 PR의 효과 측면을 살펴보면 합리적인 대안이 나올 수도 있다. 그러나 과도한 퍼블리시티는 허구적 기대감이나 인상을 형성함으로써 예상과는 반대되는 결과를 얻을 수 있다는 점[8]을 먼저 지적하고 싶다.

　　하이트맥주 TV 광고 '호수' 편에 대해 구구절절이 설명하고 있는 신

---

8. 최윤희, 《현대 PR론》, 나남, 1992, p.245.

하이트맥주 신문 광고 '그 광고가 내 곁에 있다' 편

문 광고를 보자. 이 광고에서는 "사랑한다 말하면 무겁고, 좋아한다 말하면 가볍다"라는 감성적인 카피와 한 폭의 수채화 같은 영상으로 하이트맥주 캠페인의 새로운 테마를 제시한 '꽃길' 편에 이어 두 번째로 제작한 '호수' 편에서는 "맥주의 격을 한 차원 높이는 계기"를 만들었다며 스스로 축배를 든다. 그런 주장을 뒷받침하려는 듯이 "나 홀로 보면 안타깝고 둘만이 보기에는 아까운…… 그 광고가 내 곁에 있다"는 헤드라인 아래 독자로 하여금 '아, 그 광고!' 하는 느낌을 갖도록 하기 위해 광고 장면 여덟 컷을 친절하게 제시한다.

이 광고를 보면 마치 신문 기자가 쓴 기사처럼 보이게 하기 위해 객관적으로 '보도'하려고 애쓴 흔적을 구석구석에서 찾을 수 있다. 신문 기사 투의 문장과 5W 1H의 기사 작성 원칙에 따른 역삼각형 모양의 메시지 구성 형식은 영락없는 신문 기사이지만, 객관성을 유지하려는 노력에 비해 넘치는 자기 자랑을 절제하지 못함으로써 광고의 한계를 드러내기도 한다. 여대생을 내세워 "너무 이뻐서 좋아요," "일단 다른 맥주 광고하고 달라서 좋아요," "순수한 하이트의 맛이 화면 가득히 느껴지는 걸요" 하는 식으로 광고에 대한 소비자의 관심이 대단하다는 점을 내세우려 했으나, 광고 PR 광고에 나오는 인터뷰 내용 때문에 취재원에 대해 의문을 품을 수밖에 없다. 다시 말해, 인쇄 광고에 나오는 오지영의 의견은 대학생을 대표하는 표본적 진술이 아니라 카피라이터가 책상머리에 앉아서 떠오르는 대로 작문한 내용일 수도 있다는 말이다.

그러나 이 광고는 주목받는 문화 장르로 떠오르고 있는 광고 담론을 확산시키는 데 적잖은 영향을 미칠 것으로 보인다. 광고 비평이 수용자의 광고 태도에 미치는 영향에 대해 알아본 연구 결과에 의하면, 긍정적인 광고 비평은 광고 선호도에는 영향을 미치지 않았으나 광고 신뢰도에는 긍정적인 (+) 영향을 미쳤으며, 부정적인 광고 비평은 광고 선호도와 광고 신뢰도 모두에 부정적인(−) 영향을 미치는 것으로 나타나고 있다.[9] 정도의 차이는 있지만 광고 비평이 수용자의 광고 태도에 일정한 영향을 미치고 있다는 것이다. 이 광고는 본격적인 광고 비평은 아니지만 신문에 나오는 광고 관련 기사처럼 보이게 하는 광고 리뷰의 성격을 갖춤으로써 "가슴에 얼굴을 기대면, 그늘이 되는 사람이 있다," "때묻지 않았다"를 핵심 광고 주장으로 삼는 하이트맥주 '호수' 편에 대한 호감 형성에 어느 정도는 영향을 미칠 것이다.

이 광고에는 탤런트 한고은의 때묻지 않은 아름다움을 때로는 순수하게 때로는 고혹적으로 표현함으로써 수채화를 감상하는 듯한 느낌을 주는 원작 광고에 대해 이처럼 광고 PR 방법을 채택함으로써 '호수' 편에 대한 지지자를 확산시키려는 의도가 숨어 있다. 이런 전략은 원작의 완성도와 광고 PR 광고의 위장술이 맞물려 광고의 영향력을 넓혀 나가는 데 어느 정도 성공한 듯 보이지만, 광고 메시지가 한고은의 이미지에 포섭되는 상황이 벌어질 수도 있어 걱정스럽다. 그리고 이 광고의 옥에 티 하나를 지적하지 않을 수 없

9. 김병희, "광고 비평이 광고에 대한 태도(Aad)에 미치는 영향," 〈광고 홍보 연구〉, 6권 2호, 1999, pp.227~43.

태평양 쥬비스
잡지 광고
'웃자, 30대 피부!' 편

다. 의도적인 일인지 디자이너의 착각인지 알 수는 없지만 광고 컷을 제시하는 과정에서 순서를 뒤바꾸는 실수를 범하고 있다. 원작 광고에는 한고은이 발로 물장구를 치는 순간 그녀의 치마가 바람에 날리자 한고은이 부끄러운 표정을 짓는 순서로 되어 있는데, 광고 PR 광고에서는 세 번째 컷과 네 번째 컷의 순서가 바뀌어 제시된다. 완벽한 위장술은 어느 것 하나 빈틈없이 처리되었을 때 먹힐 수 있지 않을까?

역시 위장술을 쓰면서도 마치 잡지의 한 꼭지처럼 "화제의 광고"라는 부제를 달고 있는 광고 PR 광고가 있다. 태평양 쥬비스 텔레비전 광고 'Problem' 편과 'Solution' 편에 대한 잡지 광고에는 역시 좋은 반응을 얻은 광고를 다시 한 번 환기시키려는 의도가 녹아 있다. 원작 광고는 서정희의 웃는 표정을 통해 30대 피부도 다시 웃음을 되찾을 수 있다는 소비자 편익을 내세운 다음, "웃자, 30대 피부!"라는 광고 수사학으로 포장한 작품이다. 이 광고에 대한 PR 광고는 지면 구성을 기사처럼 처리하지 않고 광고처럼 처리하는 동시에, 광고에 대한 이런저런 이야기들을 시시콜콜하게 전달하지 않고 핵심적인 내용만을 단순화시켜 제시함으로써 원작 광고의 분위기를 그대로 이어간다.

헤드라인 역시 "피부가 웃는다 / 이제 30대가 웃는다"라고 함으로써 광고 메시지의 확산을 노리고 있다. 그 동안 집행된 정사각형 모양의 신문 광고도 함께 제시한 점이 이채롭기는 하지만, 광고 PR 광고의 효과가 일반적인 상품 광고의 효과보다 높다고 단언하기는 어렵다. 서정희의 웃음을 통해 30대 여성들이 쥬비스로 피부의 웃음을 되찾자는 믿음을 갖게 된다면 더할 나위 없겠지만 자칫하면 광고의 뒷이야기를 즐기는 정도에서 끝나 버릴 수도 있다. 이미 앞에서 언급했듯이 상품 자체의 외양이 상품의 제1의 피부라면 광고는 거기에 이미지의 옷을 입히는 상품의 제2의 피부가 된다. 그렇다면 광고 PR 광고는 제2의 피부를 더욱 빛나게 해 주는 제3의 피부가 될까? 아니다. 오히려 욕망의 모호한 대상을 파헤침으로써 오히려 제2의 피부를 자극하는 장애 요인으로 작용할 것이다.

헤드라인부터 광고 제목을 크게 내세워 텔레비전 광고를 노골적으로 판매하는 인쇄 광고도 있다. 꽃을 든 남자 스킨 샤워 클렌징 광고 '애니메이션 캐릭터' 편에 대한 PR 광고에서는 원작의 제목을 아예 PR 광고의 헤드라인으로 삼고 있다. 누가 보더라도 이 광고는 상품 판매를 위한 광고가 아니라 광고 판매를 위한 광고이다. 그러나 광고주의 목적이 광고 판매 그 자체에만 머무를 수 있겠는가. 노골적으로 드러내지는 않지만 광고의 후광 효과를 누적시킨 다음, 그 영향력을 상품 판매로 연결시키려는 의도가 숨어 있는 광고이다.

1편에서 잠자는 미녀 김혜수를 내세워 "스틸 사진 같은 깨끗한 화면과 간결한 메시지로 호평"을 받았다는 내용을 언급한 다음, 2편에서는 "복잡한 클렌징을 한 번에"라는 상품 컨셉을 지속적으로 알리는 동시에 꽃을 든 남자 브랜드 파워를 지속적으로 높이기 위해 꽃을 든 남자 캐릭터가 직접 등장

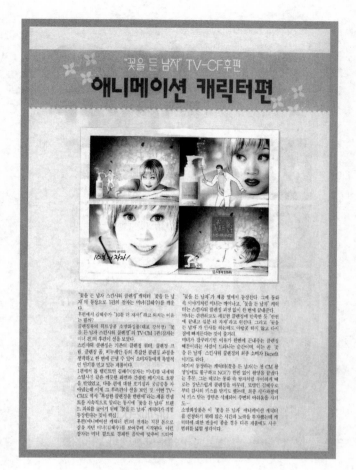

소망화장품
꽃을 든 남자 잡지 광고
'애니메이션 캐릭터' 편

한다는 후속편의 내용을 낱낱이 풀어 헤친다. 특히 광고의 파급 효과를 높이기 위해 이 캐릭터에 대한 반응이 좋을 경우 다른 상품에도 사용 범위를 넓혀 가겠다는 광고주의 의지를 천명함으로써 독자들의 관심과 참여를 권유하기도 한다.

원작 자체가 만화적인 느낌을 주기 때문에 그런 결과가 나타났겠지만, 원작에 대한 PR 광고 역시 만화적인 느낌에서 벗어나지 않는다. 그렇지만 억지로 멋을 부리지 않고 만화 한 편 보는 것처럼 가볍게 읽게 함으로써 광고 수용자에게 광고 텍스트 읽는 즐거움을 주는 광고이다. 그러나 광고 소재를 제시하는 방법은 너무 난삽해 보인다. 원작 광고를 고작 네 컷 보여 주면서 세련된 레이아웃이나 특별한 멋을 부리지 않고 비디오 프린터에서 출력한 4화

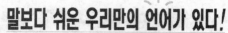

LG 인터넷 잡지 광고
'채널아이 CF,
그 뒷 이야기' 편

면 영상물을 그대로 제시하는 수준에 머무르고 있다는 것이다. 광고 창작자들의 성의 부족으로 이런 결과를 초래했다고 하겠다. 각각의 화면을 별도로 따내서 모서리 부분을 곡선으로 다듬은 다음, 한 컷 한 컷씩 따로 떨어지는 형태로 제시했더라면 광고의 분위기도 좋아지고 레이아웃의 세련미도 살릴 수 있었을 것이다.

　　LG 인터넷의 채널아이 잡지 광고는 명세빈과 류시원의 인터넷 통신 장면으로 유명한 텔레비전 광고 '지하철' 편에 대한 자세한 설명서이다. 하이트맥주 '호수' 편에 대한 인쇄 광고가 정통적인 신문 기사 문법을 따랐다면, 채널아이 광고 PR 광고는 제작 스케치라고 할 수 있을 만큼 광고 제작 과정에 얽혀 있는 여러 가지 이야기들을 하나에서 열까지 모두 펼쳐 보인다. 마치 스포츠 신문이나 대중 잡지에서 광고 제작의 뒷이야기를 흥미 위주로 전달하는 스타일에서 크게 벗어나지 않는다. 이 광고에서는 아예 텔레비전 광고의 핵심 메시지인 "말보다 쉬운 우리만의 언어가 있다!"를 아예 인쇄 광고의 헤드라인으로 쓰고 있다. 어차피 광고에 대한 광고이기 때문에 광고 주장을 약간만 패러디해서 "말보다 재미있는 우리만의 광고가 있다!"로 했으면 더 낫지 않았을까 싶다.

어쨌든 이 광고에서는 광고의 스토리 라인을 자세히 설명하는 것은 기본이고, 광고의 배경 음악으로 켈리 첸의 〈사랑의 협주곡 A Lover's Concerto〉이 쓰였다는 점은 물론, 4호선 당고개 역에서 촬영이 이루어졌으며, 2량의 지하철 모형을 통째로 제작했는데, 스토리 전개상 "모조 지하철 바닥에 레일을 깔아서 움직여야 했기 때문에 쉬고 있는 엑스트라와 조감독, 광고주의 실무자는 물론, 류시원과 명세빈의 팬클럽까지 합세하여 밀고 당겼다"는 시시콜콜한 내용까지 마치 세밀화 그리듯이 묘사해 나간다. 그리하여 이 광고는 시대적 상황, 상품의 특성, 모델 캐스팅, 그리고 기획, 연출, 촬영, 편집, 녹음 등 광고 제작의 모든 요소들이 수놓은 '비단 옷감처럼 잘 짜여진' 텔레비전 광고라는 것이다.

어차피 광고에 대한 관심을 유도함으로써 결국에는 상품의 인지도나 호감도를 높여 나간다는 믿음에서 시작된 광고 PR 광고이기 때문에 한편으로는 이해하지 못할 것도 없겠으나 자랑이 너무 지나친 광고이다. 이 광고는 대개의 광고 관련 에피소드를 전달하는 글들에서 나타나는 공통적인 허풍으로 가득 차 있다. 다시 말해, 무조건 재미있었고, 모든 제작진들이 고생깨나 했으며, 그리하여 이 광고는 많은 소비자들이 잠시도 눈을 뗄 수 없을 정도로 대단한 반응을 불러일으키고 있다는 식이다. 결국, 다음 광고는 언제쯤 나오느냐는 소비자의 전화가 빗발치고 있어서 제작자들의 업무가 마비될 지경에 이르렀지만, 광고 창작자들은 지금 행복한 고민에 빠져 있다는 식의 상투적인 수법을 이 광고에서는 이용하고 있다.

원작 광고 '지하철' 편은 메시지 전달력이나 광고의 완성도 면에서 상당히 수작이라고 할 수 있다. 청춘 스타 명세빈과 류시원의 교감 장면을 통해 인터넷 세대 사이에서 끼리끼리 통하는 '끼리 의식'을 돋우는 효과까지 기대할 수 있었다. 그러나 광고 PR 광고에서는 원작을 더 많은 사람들의 입에서 오르내리게 하기 위해 포장에 포장을 거듭한 끝에 원작만이 가지는 독특한 분위기를 산산이 부숴 버린 것은 아닐까? 수용자들은 광고 제작 과정에 대해 자세히 알게 되어 한 순간 재미는 느낄 수 있겠지만 호기심 어린 대상에 대해 다 알아 버렸을 때는 다른 곳으로 눈길을 돌리지 않을까 싶다. 특히 무조건 내용만 많이 전달하려고 카피를 빽빽이 채우다 보니 인쇄 광고의 미덕인 깔끔한 레이아웃은 완전히 무시되었다. 원작의 깔끔한 느낌을 아주 복잡하게 만들어 버린 광고 PR 광고가 과연 얼마나 동조자를 규합할 수 있을지 의문이다. 오로지 광고 PR 광고의 효과만을 놓고 볼 때 그렇다는 말이다.

　　　광고 PR 광고가 갈수록 늘고 있는 가장 큰 까닭은 무엇일까? 광고에 대한 수용자들의 관심이 증폭되는 지점에서 그 원인을 찾을 수 있다. 이제, 수용자들은 광고에서 보는 즐거움과 노는 즐거움을 함께 누린다. 우리 주변에서는 수용자들이 광고 속에서 광고와 함께 즐겁게 생활하는 상황을 쉽게 발견할 수 있다. 광고는 수용자들의 일상 생활과 밀접히 접목되면서 즐거움을 발생시키는 요소로 작용한다. 수용자들은 자신의 삶에 맞추어 메시지 규칙을 수용하고 재구성함으로써 즐거움을 경험하게 되는데,[10] 소비 대중 사회에 출연한 광고 PR 광고는 수용자들에게 힘이 되고 기쁨이 될 수 있다. 광고의 내용들을 속속들이 파악하고 광고 텍스트에서는 알 수 없는 내용들을 인지하고 광고의 의미 구성에 자발적으로 참여함으로써 수용자 스스로 또 다른 가치를 발견하고 자아 정체성을 다시 한 번 확인하게 된다.

---

10. 박명진, 〈TV 드라마가 생산하는 '즐거움 PLEASURE'의 다원적 기능에 관한 연구〉, 방송문화진흥회, 1992, p.25. 프랑크푸르트학파 등 마르크스주의 진영에서는 즐거움 pleasure을 지배 이념에 순응하는 수용자에게 부여하는 일종의 보상으로 간주했는데, 즐거움이 이런 기능만 수행하는 것이 아니라 진보적인 기능도 할 수 있다. 이런 입장은 수용자들의 대중 매체 접촉시 일탈적이고 대안적인 해독이 발생할 수 있다는 연구들을 통해 대두되었다. 또한 드라마 〈댈러스 Dallas〉가 미국은 물론 해외에서도 인기 있는 이유를 이엔 앙 Ien Ang의 연구 결과에서 살펴보면, 즐거움의 원천은 텍스트에서 얻는 경우도 있지만 수용자의 일상 생활에서 경험하는 정서 구조를 드라마 속에서 확인할 때 발생하는데 이러한 감정적 리얼리즘 emotional realism이 즐거움의 주요 원천이 된다는 것이다(Ien Ang, *Watching Dallas*, London: Methuen, 1982, pp.72~8).

또한 상품 판매의 한 수단이라는 광고의 기본적인 기능을 넘어 광고 텍스트가 문화 담론의 기능을 확장하는 데서 그 원인을 찾을 수 있겠다. 문화란 의미를 생산하는 다양한 텍스트들이 지속적으로 누적되어 어떤 경향을 만들어 내는 사회적 현상이다. 문화 장르의 하나인 광고는 문화 권력의 중심부로 진입하기 시작했으며 그 결과 사회적 정체성을 생성하기도 하였다. 만일 광고주들이 광고의 문화 파급력, 다시 말해 광고의 '문화 역학'에 주목하지 않았다면 광고 PR 광고는 애초부터 태어나지도 않았을 것이다.

하지만 광고의 영향력이 아무리 신장되고, 광고에 대한 수용자의 기대가 아무리 높아진다 하더라도 광고 PR 광고가 양산되는 것은 바람직하지 못하다. 시위를 떠난 화살이 포수의 몫이 아니듯 창작자의 손을 떠난 광고는 이미 창작자의 몫이 아니다. 모든 광고는 '기호의 덩어리'인데 광고 창작자가 원작 광고를 만들면서 설정한 갖가지 광고 기호들은 방송되는 순간 다양한 의미망을 형성하면서 수용자에게 다가간다. 광고의 기표를 설명하지 않고 덩어리째 방출하는 것은 광고에 대한 다양한 해독 가능성을 열어 놓음으로써 수용자의 참여를 유도하기 위해서이다. 그런데 광고 PR 광고까지 만들어서 별도의 광고까지 집행하는 것은 주변 기호의 폭발로 인해 원작 광고에서 의도한 텍스트의 의미를 훼손할 가능성이 크다.

광고 PR 광고를 읽고 나서 원작 광고를 다시 보면, 수용자들이 단순한 입장에서 그 광고를 보는 것이 아니라 광고 PR 광고에 소개된 모델의 이미지와 분위기에 편향되어 원작 광고를 받아들이는 수직적 상호 텍스트성 *vertical intertextuality*[11] 현상이 발생할 수도 있다. 자칫 잘못하면 광고 모델만 기억하고 광고 메시지는 놓치는 결과를 불러 오게 된다. 수용자에게 있어서 원작 광고를 다가오는 대로 느껴지는 대로 바라보게 해야지, 자꾸 편향된 자극을 제공하면 결국 '달'은 쳐다보지 않고, '손'만 바라보는 결과를 초래할 수도 있다. 특히, 대상에 대해 너무 시시콜콜히 알아 버리면 오히려 효과가 반감되

---

11. John Fiske, "Television: Polysemy and Popularity," *Critical Studies in Mass Communication*, 3, 1986, pp.391~408. 피스크는 '기호학적 과잉 *semiotic excess*'이라는 개념을 통해 주변 기호의 폭발로 인해 창작자가 의도한 선호적 의미를 상실할 수 있음을 지적하였다.

는 우리네 정서에 비추어 봐도 광고 텍스트는 다양한 해독 가능성을 열어 놓은 채 담론의 영역을 확장해 나가야 할 것이다.

　　광고를 띄운 다음 상품까지 더 띄우기 위해 애써 광고 PR 광고를 만들려 하지 말고 차라리 그 비용으로 광고의 PR에 치중하면 더 큰 효과를 기대할 수 있을 것이다. 우리는 광고 현상을 뉴스로 취급하는 시대에서 살아간다. 주변의 많은 매체를 자세히 돌아보라! 매체들마다 별도의 광고 기사 지면을 늘려 가고 있다.[12] 어설픈 광고 PR 광고로 광고도 아니고 기사도 아닌 상태로 어정쩡하게 기사처럼 위장하기보다는 차라리 적극적인 광고 PR 전략을 구사해야 한다.

　　그래야 원작 광고가 별다른 왜곡 과정 없이 광고 수용자들에게 있는 그대로 전달된다. 광고가 제시하는 기호 체계를 개성이 다른 수용자들이 자기 방식으로 해독함으로써 스스로 소비의 이상향을 구축해 나갈 수 있게 된다. 광고 PR 광고에 들어가는 광고비를 광고의 PR 비용으로 투자한다면 보다 사실적이며 직접적인 효과를 기대할 수 있음은 물론, 광고가 아닌 광고 상품에 대한 수용자들의 관심의 폭을 더욱 넓혀 나갈 수 있을 것이다.

　　광고는 광고, PR은 PR이다! 따로 똑같이 하나의 목적을 향해 제 역할을 다하면 상품은 저절로 팔리게 된다. 다시, 광고의 기본으로 돌아갈 때이다.

---

12. 광고 관련 기사나 광고 비평이 게재되는 매체별 면 제목을 살펴보면 다음과 같다. (1) 일간지: 〈조선일보〉 "광고 세상," "굿모닝 디지털 – 글로벌 CF," 〈동아일보〉 "광고／마케팅," 〈중앙일보〉 "광고／마케팅," 〈한국일보〉 "광고," 〈한겨레〉 "광고," 〈경향신문〉 "광고 이야기," 〈세계일보〉 "케이블 TV／광고," 〈문화일보〉 "광고," 〈대한매일〉 "광고" 등; (2) 경제지: 〈매일경제신문〉 "애드 & 마케팅," 〈한국경제신문〉 "광고／마케팅," 〈서울경제신문〉 "광고," 〈내외경제신문〉 "이코노플라자" 등; (3) 스포츠지: 〈스포츠서울〉 "애드," 〈일간스포츠〉 "광고 화제," 〈스포츠조선〉 "광고 화제," 〈스포츠투데이〉 "광고 이야기" 등; (4) 주간지: 〈씨네 21〉 "영상 문화 읽기 – 국내 광고 비평" 등; (5) 월간지: 〈샘이 깊은 물〉 "세상 형편 – 광고," 〈Ad.com〉 "이 달의 우수 광고," "화제의 CF," 〈월간 디자인〉 "광고 칵테일," 〈월간 에세이〉 "대중 문화 – 광고" 등; (6) 계간지: 〈상상〉 "상상의 선택 – 광고" 등; (7) 사보 및 사외보: 〈MBC 가이드〉 "광고," 〈SBS 매거진〉 "세상 엿보기 – 광고," 〈금호문화〉 "문화의 창 – 광고" 등; (8) 케이블 TV: 〈HBS〉 "히트 예감 광고 시대" 등; (9) PC 통신: 천리안, 나우누리, 하이텔 "광고 동아리" 등; (10) 인터넷: www.yahoo.co.kr, www.lycos.co.kr, www.daum.co.kr, www.naver.com, www.netsgo.com 등의 포털 사이트 "광고 코너"; (11) 기타 광고 전문 사이트나 기업의 홈 페이지: www.adic.co.kr, www.adyah.co.kr 등의 광고 코너나 광고주가 개설한 자사 광고 홍보용 광고 코너 등이 있다. 특히, 중앙일보 미디어 연구소에서는 광고 관련 기사를 모아서 월간지 〈J – AD 뉴스 파일〉을 발행하고 있다.

셋방 내주고 주인집 짐 넣기: 슬립 광고

텔레비전 프로그램이 시작되기 전에는 늘 그 프로그램의 안내 자막이 화면 오른쪽 상단에 뜬다. 시청자들이야 어떤 프로그램의 예고 정도로 가볍게 받아들일 수 있겠지만, 엄청난 광고료를 지불하고 그 시간대를 산 광고주의 입장에서는 터무니없는 방송국 처사에 기가 막힐 때가 많을 것이다. 엄밀히 말해서 프로그램 앞뒤에 붙는 광고 방송은 방송국 소유가 아니라 광고주의 몫이다. 그런데 방송국에서 이미 판매한 광고 방송 시간에 아무렇게나 개입하여 광고물을 이상하게 망쳐 놓는다. 더구나 작은 글씨체로 자막을 넣는 것은 그렇다 치더라도 프로그램 안내를 빙글빙글 돌아가게 하거나 위아래로 움직이도록 처리하기도 한다.

이처럼 텔레비전 광고의 오른쪽 위쪽에 방송국의 프로그램 안내 자막이 끼여든 광고물을 '슬립 *slip* 광고'라고 한다. 텔레비전 광고는 프로그램 앞쪽에 붙는 '앞 광고'(전 CM), 프로그램이 끝난 뒤에 붙는 '뒤 광고'(후 CM), 그리고 프로그램과 프로그램 사이에 별도로 들어가는 '스폿 *spot* 광고'로 나누어진다. 또한 미국이나 영국에서는 이미 허용하는 프로그램 중간에 나가는 '중간 광고'(중 CM)를 우리 나라에서는 아직 허용하지 않고 있으나 이에 대한 허용 여부가 끊임없이 논란거리로 등장하고 있다.

방송사 입장을 들어 보면, 시청자의 알 권리를 충족시킨다는 명목으로 슬립 광고에 대한 광고계의 반발을 애써 외면하고 있지만, 그게 어디 그럴 듯한 명분만으로 납득될 수 있을 만큼 사소한 문제이겠는가. 한 마디로 말해 방송국에서 일방적으로 끼여드는 슬립 광고는 돈을 받고 셋방을 내준 다음 그 방 한쪽에 다시 주인집 세간을 들여 놓는 꼴이나 다름없는 왜곡된 광고 형태이다. 셋방살이 하는 입장에서는 주인집의 그런 불공정한 처사에 분개하면서도 마음대로 방을 뺄 수도 없는 일이 아니겠는가. 슬립 광고는 한국적 특수성에 의해 발생되는 광고물 주변의 노이즈 *noise* 현상이다.

태평양의 라네즈 칼라 파워 립스틱 광고 '사라지는 입술은 싫다' 편

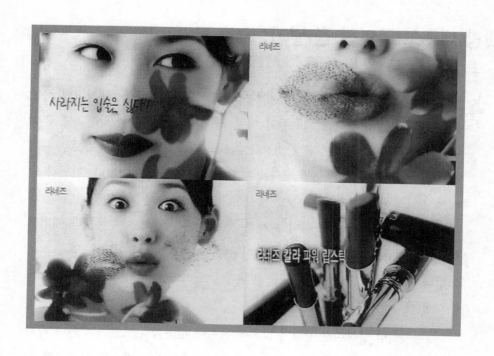

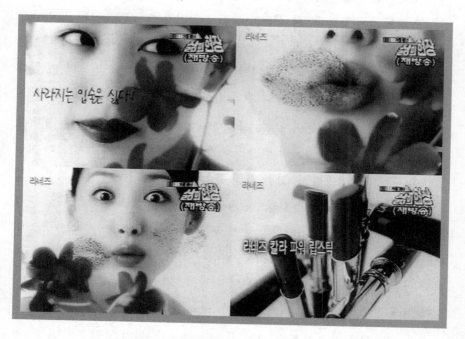

태평양 라네즈 칼라 파워 립스틱 TV 광고 '사라지는 입술은 싫다' 편
위는 원작 광고, 아래는 슬립 광고

을 보자. 알다시피 화장품 광고에서는 모델의 표정 연기와 감각적인 카피가 그 광고의 성패를 결정한다. 이 광고에서도 모델 신주리의 표정 연기와 "사라지는 입술은 싫다"라는 카피가 광고 표현의 노른자이다. 그런데 같은 광고를 슬립 광고로 볼 때와 비슬립 광고로 볼 때는 상상할 수 없을 정도의 큰 차이가 난다. 프로그램 안내 자막이 전혀 끼여들지 않은 원작 광고를 보면 신주리의 각각 다른 표정 하나하나가 있는 그대로 생생하게 살아 있다. 특히, 립스틱이 입에서 떨어져 나가는 장면은 광고 수용자에게 설득력 있게 다가온다.

하지만 슬립 광고를 보면 말문이 막혀 버린다. '체험 삶의 현장(재방송)'이라는 자막이 오른쪽 위쪽에 힘차게 끼여드는 것만으로 모자라서 그랬는지 아니면 정말 꼭 보아야 할 만큼 중요한 프로그램이어서 그랬는지 아예 '체험' 부분은 화살표 속에 넣어서 강조까지 하고 있다. 원작의 분위기는 이상하게 달라지고 메시지는 맥없이 무너져 버린다. 모델의 속눈썹 부분에 화살표를 박아 버리면 시청자의 시선은 모델의 눈에 머물겠는가, 아니면 자막 부분에 머물겠는가. 광고를 보려고 애써 노력하는 소비자는 없기 때문에 그 결과는 불을 보듯 뻔하다. 그렇게 되면 촬영장에서 발바닥에 땀 나도록 뛰어다닌 메이크업 담당자의 노고는 흔적도 없이 사라진다. 그리고 짧게는 석 달, 길게는 1년 간의 고심 끝에 선택한 그 모델만의 독특한 이미지는 어느 구석에서도 찾아보기 어렵다. 그런 상태에서 어떻게 "선명하게 오래오래, 나의 색은 오래간다"라는 핵심 광고 주장이 제대로 받아들여질 수 있겠는가.

사정은 소망화장품의 꽃을 든 남자 광고 '김승우와 명세빈' 편을 보아도 마찬가지다. 복잡한 클렌징을 한 번에 끝낸다는 핵심 광고 주장이 슬립 광고에서는 아주 복잡하고 부산스럽게 느껴진다. "한 번에 끝내고 10분 더 자자!"라는 소비자의 편익도 꽃을 든 남자가 왜 그런 가치를 제공하는지 알 수 없도록 한다. 더구나 광고 모델 김승우는 프로그램 안내 자막에 뜨는 드라마에도 등장한다. 그렇게 되면 프로그램 안내 자막이 광고 메시지를 흡수하는 현상도 나타나게 되는 것이다.

센추리의 센추리에어컨 광고 '세균까지 잡아 준대' 편은 일반 시민 모델이 땀띠 때문에 아이 기저귀를 갈아 주다가, 문득 텔레비전 광고를 보게

소망화장품 꽃을 든 남자 TV 광고 '김승우와 명세빈' 편의 슬립 광고

센추리 센추리에어컨 TV 광고 '세균까지 잡아 준대' 편의 슬립 광고

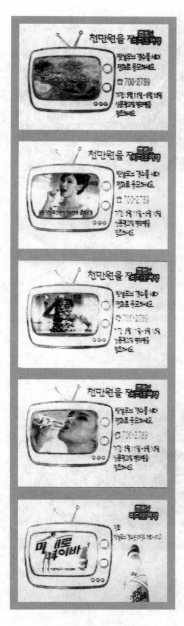

현대약품 미에로화이바 TV 광고
'천만 원을 잡아라' 편의 슬립 광고

되고 거기에서 유명 모델이 보증하는 상품이니까 아내가 남편에게 에어컨 한 대 사자고 제안하는 내용이다. 이를테면 광고 안에 또 다른 광고를 등장시킨 셈이다. 텔레비전 화면에는 영화 배우 문성근이 출연한, 그 이전 광고가 그대로 나오고 있는데, 슬립 광고에서는 이런 새로운 광고 형식이 전혀 새롭게 다가오지 않는다. 프로그램 안내 자막으로 인해 광고 안의 광고 *Ad. in Ad.* 쪽으로 소비자의 시선을 끌기가 어렵다. 프로그램 안내 자막 쪽으로 눈길이 쏠린 만큼 광고 효과 역시 그만큼 줄어들게 마련이다. 텔레비전이 소품으로 등장하는 광고에까지 방송 프로그램의 안내 자막을 넣다니……

더구나 현대약품의 미에로화이바 광고 '천만 원을 잡아라' 편에서는 광고 내용이 자막 위주로 구성되어 있는데도 오른쪽 위쪽에 '출발 비디오 여행'이라는 프로그램 안내 자막을 집어넣고 있다. 자막에 가려서 '천만 원을 잡아라'라는 판촉 행사의 제목조차 보이지 않는다. 이런 광고를 지켜 볼 수밖에 없는 광고주의 마음은 얼마나 답답하겠는가.

칠성사이다의 '콜라와 사이다의 비교' 편에 이르면 슬립 광고의 비상 사태를 보는 것 같아 앞이 캄캄해진다. 화면 오른쪽 위쪽의 '다시 보는 98 월드컵 —

롯데칠성 칠성사이다 TV 광고 '콜라와 사이다의 비교' 편
위는 원작 광고, 아래는 슬립 광고

아시아 지역 최종 예선'이라는 자막이 들어간 것은 일반 자막 형태와 크게 다를 바 없으나, 화면 아래쪽을 보면 광역 단체장 선거 결과를 나타내는 이동 자막이 셋방에 들여 놓은 주인집 장롱만큼 큼직하게 차지하고 있다. 원작 광고는 "어떤 음료를 마실 것인가?"라는 문제 제기형 카피를 바탕으로 수용자의 현명한 판단을 유도하는 비교 광고이다. 함부로 자신의 상품이 좋다고 우기다가는 허위 과장 광고가 되기 쉽기 때문에 비교 광고에서는 보통 일방적인 메시지 전달은 피하고 있다. 그래서 카페인도 없고, 색소도 없고, 로열티도 지불하지 않는 칠성사이다이니 과연 어떤 음료를 마시겠느냐 하며 소비자의 동의를 구하고 있는 것이다.

소비자의 객관적인 판단에 맡기는 비교 광고라서 영상에서도 군더더기는 다 없애고 콜라와 사이다를 따르는 장면만 간결하고 깔끔하게 처리한다. 여기에 다른 것이 끼여들면 원작 광고에 흠집이 나게 마련이고, 결과적으로 광고 효과에 치명적인 악영향을 미칠 수밖에 없다. 칠성사이다의 슬립 광고를 보라. 오른쪽 위쪽의 프로그램 안내 자막은 힘들게 찍어 놓은 사이다 병을 가로막는 것은 물론이요, 사이다 선택을 상징하는 모델의 손까지 덮어 버린다. 아래쪽의 움직이는 개표 상황 자막은 콜라 컵과 사이다 컵 앞을 과감하게 지나감으로써 원작의 느낌을 크게 왜곡시킨다. 더구나 부가적 정보인 '공병 보증금 50원 신고처 전화 번호'까지 아예 가로막아 버린다. 이것이야말로 이를 받아들이는 시청자의 알 권리를 박탈하는 절름발이 광고 만들기가 아닌가. 본 방송에 비해 턱없이 짧은 광고 방송 시간에까지 자막 처리를 해야 할 만큼 개표 과정이 그렇게 중요한 것이었을까. 1분만 쉬었다가 내보내면 선거 결과가 뒤바뀌기라도 하나? 그렇게 될 줄 알았더라면 광고주는 아예 그 시간대의 광고 청약을 시도하지 않았을 것이다.

슬립 광고는 저작권법에서 말하는 원작의 '동일성 유지권 침해'[13] 행위에 해당된다. 방송사들은 그 동안 원작 광고만이 갖는 독특한 분위기를 마음대로 훼손했다는 말이 된다. 슬립 광고의 현황과 텔레비전 광고의 간섭 효과 *interference effect*에 대한 서범석의 연구 결과에 의하면, 슬립 광고는 광고 회상 *recall*과 광고 재인 *recognition*에 있어서는 간섭 효과가 입증되었으나, 광고 태도 *attitude*에는 간섭 효과가 없는 것으로 나타났다.[14] 이 연구 결과는 슬립 광고가 비슬립 광고에 비해 수용자들의 정보 처리를 방해하는 간섭 효과를 더 크게 유발하고 있음을 의미한다.

방송사들은 수익의 상당 부분을 광고료에 의존하면서도 슬립 광고를 줄이기는커녕 오히려 새로운 형태의 자막 개발에 많은 노력을 기울여 왔다. 시청률 향상을 꾀한 결과, 일반 자막 형태에서 이동 자막 형태와 회전 자막 형태 같은 요란한 것들로 바뀌고 있는 것이다. 전체 광고 물량의 절반 이상이 슬립 광고인 상황에서 형태까지 복잡해지면 슬립 광고의 간섭 효과도 갈수록 커질 수밖에 없다.

광고 창작자들도 언제부터인가 새로운 광고물을 만들 때 광고주 표시 자막은 늘 왼쪽 위쪽에 집어넣고 있다. 오른쪽 위쪽이 주목률이 더 높다는 것을 몰라서 그랬을까? 아니다. 그렇게 길들여진 것이다. 아무리 시도해 봐야 큼직한 주인집 세간이 어김없이 그 앞을 가로막을 테니까 할 수 없이 그렇게 처리할 수밖에 없었던 것이다.

방송사 측에서는 여러 광고주들이 어떤 프로그램의 광고 시간대를 같은 값에 사들이면 프로그램이 나갈 때마다 앞 광고(전 CM)에서 뒤 광고(후 CM) 쪽으로 차례대로 돌아가기 때문에 아무런 문제가 없다고 항변할지도 모르나 그건 그렇지가 않다. 프로그램이 끝나면 시청자들은 습관적으로 리모컨을 누르기 때문이다. 따라서 뒤 광고는 시청자의 눈에서 벗어날 가능성이 더 크다. 결론적으로 말해, 슬립 광고가 사라지면 이러저러한 모든 문제는 말끔히 해소될 수 있다. 그러나 방송사와 광고업계의 입장 차이가 너무도 큰 지금의 시점에서는 슬

---

13. 동일성 유지권 침해란 저작권법에서 말하는 원작의 원래 형태나 내용을 임의로 훼손하는 것을 말한다. 이를테면 어떤 가수의 3분짜리 음악 가운데 15초 정도만을 원작자의 동의 없이 광고 음악으로 사용하면 원작만이 가지고 있는 전체적인 맥락, 다시 말해 원작의 동일성을 해치는 결과를 초래하게 되는데 이런 경우가 모두 동일성 유지권 침해에 해당된다. 정치인의 연설 내용을 전체적인 맥락은 고려하지 않은 채 거두절미하고 일부분만을 방송함으로써 문제를 야기하는 경우와 마찬가지다. 인터넷을 통해 세계 지적 소유권 기구(www.wipo.org)에 접속하면 보다 자세한 내용을 알 수 있다.

14. 서범석, "슬립 광고의 텔레비전 커머셜 간섭 효과에 관한 연구," 〈한국 언론 학보〉 제42-2호, 1997, pp.201~25.

립 광고가 태풍처럼 한꺼번에 빠져 나가는 것을 기대하기는 어렵다.

그렇다면 지금 이 시점에서 가능한 차선책은 없을까? 먼저, 같은 광고 시간대라 하더라도 슬립 광고의 광고비를 비슬립 광고에 비해 싸게 정하는 방법이 있겠다. 이 방법은 광고의 동일성 유지권 침해에 대한 의미 있는 보상으로 작용할 것이다. 그 다음, 방송사와 광고업계의 대표단이 함께 모여 프로그램 안내 자막의 크기와 형태에 대해 현실적인 합의를 이끌어 내는 것이다. 지금과 같은 무분별한 크기와 형태를 어느 수준까지 제한하는 쪽으로 의견이 모아져야 한다. 마지막으로, 방송사에서는 화면 오른쪽 위쪽에 프로그램 안내 자막을 획일적으로 집어넣는 관행에서 벗어나 광고의 분위기를 덜 해치는 쪽으로 자막을 처리하는 방안을 모색해야 한다. 그렇게 되면 겁먹은 듯 무조건 왼쪽 위쪽에 들어가던 광고주 표시 자막도 광고 표현에 어울리는 쪽으로 자연스럽게 처리할 수 있을 것이다.

그러나 언젠가는, 빠를수록 좋겠지만 결국 슬립 광고는 아예 없어져야 한다. 광고업계만 좋은 일 보게 하자고 해서 하는 말이 아니라, 이렇게 바뀌는 것이 가장 이상적인 대안이기 때문이다. 광고비에 대한 대가를 제대로 지불하고 반드시 보호하기! 이렇게 하는 것이 합리적인 사고요, 균형적인 판단이 아니겠는가?

게릴라전의 전사들: 5초 광고

"독자 여러분! 5초 동안 얼마나 많은 말을 할 수 있을까요?"

5초, 5초를 잡아라. 꼭 할 말만 짧고 간단하게!

그 동안 텔레비전 광고는 15초, 20초, 30초가 기본 형식이었다. 이는 몇십 년 간 깨지지 않고 지켜져 온 광고계의 불문율이었다. 그러나 요즘 들어

5초 광고가 유행하면서 이런 형식이 깨지고 있다. 번개처럼 나타났다가 바람처럼 사라지는 5초 광고. 5초 광고는 마치 게릴라처럼 예상치 않은 상황에서 불쑥불쑥 튀어나왔다가 '메시지'라는 강펀치 한 방을 날리고 언제 없어졌는지조차 모르게 화면 속으로 사라져 버린다. 5초 만에 승부를 가리는 '게릴라' 광고들!

게릴라 광고가 나오게 된 배경은 무엇일까. 이러한 형식 파괴는 광고계 내부의 노력보다는 방송사의 영업 활성화 측면에서 마련된 자구책에서 비롯되었다. 우리 나라가 국제 통화 기금(IMF)의 관리 체제에 들어간 다음부터 방송사의 광고 수익이 크게 줄어들자 각 방송사에서는 기존의 초 수 제한을 허물 수 있다는 전제 아래 5초, 10초 광고들처럼 닫혀 있던 광고 형식의 문을 활짝 열었다. 어찌 보면 지독한 불황이 독창적인 광고의 지평을 넓혀 준 것과 같은, 불행 가운데 다행스런 일이 벌어진 것이다. 외국에서는 오래 전에 활성화된 5초 광고. 이런 광고들이 세계 유명 광고제에서 상을 타는 일도 숱하지 않았던가.

어쨌든 제도적 필요성 때문에 얻게 된 소득이기는 하지만, 많은 광고인들은 5초의 게릴라 광고를 앞으로 개척해야 할 표현의 새로운 영토로 받아들인다. 이러한 형식 파괴는 '미디어 크리에이티브 *media creative*'라 할 수 있다. 광고 제작자들은 15초짜리 광고를 두세 편 다른 버전으로 만들어 동시에 내보내는 '멀티 스폿' 형식이 구태의연한 방식이라고 비판하며, 앞으로는 15초의 중심 광고 한 편과 그 주변에서 게릴라전을 펼치는 5초 광고 여러 편이면 최고의 광고 효과를 보장받을 수 있다고 믿는 것 같다. 국제 전화 001과 하이트맥주는 15초의 중심 광고와 5초의 게릴라 광고를 동시에 내보냄으로써 새로운 형식 실험을 시도한다.

한국통신 국제 전화 001의 중심 광고는 탤런트 류시원이 외국에 있는 여자 친구와 통화를 하면서 마음 속의 사랑까지 전하기 위해 쿵쿵 뛰는 심장 소리를 들려 준다는 내용이다. 여자 친구와 통화를 하다가 "얼마나 보고 싶냐고?" 하며 반문하던 남자는 "들어 봐!"라고 말한 다음, 수화기를 가슴에 대고 쿵쿵거리는 박동 소리를 들려 주는데, 이 때 짤막한 카피 한 줄이 흐른다. "말

한국통신 국제 전화 001 중심 광고 '류시원' 편

로 다 할 수 없는 사랑까지 전합니다." 결국, 국제 전화 001은 사랑의 메신저 라는 내용의 이미지 광고인 셈이다.

이 중심 광고를 주변에서 지원하는 5초의 게릴라 광고에는 탤런트 최 진실이 나온다. '월드컵 16강 기원' 편, '평일 할인' 편, '요금 설계사' 편, '휴일 보너스' 편 해서 모두 네 편이 제작되었는데, 소비자의 성향에 맞춰 각 각 다른 요일과 시간대에 방영되었다. 이것은 국제 전화 사용자들의 취향과 생활 세계에 더 가깝게 다가가도록 하려는 의도였다.

'월드컵 16강 기원' 편은 빨강 바탕에 001이 쓰인 티셔츠를 입은 최진 실이 아주 유연하게 몸을 움직이다가 축구 공이 굴러 오자 겨드랑이에 공을 끼 고 "1승," "1승," "001" 하며 외치는 매우 단순한 구성이다. 그도 그럴 수밖에, 하나의 영상에 하나의 메시지를 전달하는 것이 5초 광고의 기본 문법이 아니 겠는가. 월드컵 16강을 기원하는 온 국민의 여망에 편승한 게릴라 광고이다.

'평일 할인' 편에서는 평일 저녁 8시부터 다음날 오전 8시까지 통화

한국통신 국제 전화 001
5초 광고
'월드컵 16강 기원' 편

한국통신 국제 전화 001
5초 광고
'평일 할인' 편

한국통신 국제 전화 001
5초 광고
'요금 설계사' 편

요금 30%가 할인된다는 내용을 뻐꾸기 시계에 빗대어 표현한다. 대형 뻐꾸기 시계가 8시를 알리면 뻐꾸기가 툭 튀어 나와 뻐꾹뻐꾹 하며 여덟 번을 울어야 하는데, 엉뚱하게도 뻐꾸기를 타고 시계 속에서 튀어 나온 최진실은 "001 할인 시간이네!" 하는 짤막한 한 마디만을 외치고 다시 뻐꾸기 집 안으로 들어간다. 참신한 발상이다.

'요금 설계사' 편에서는 최진실의 배트맨 익살 연기가 돋보인다. 요금 설계사에 대한 진지한 설명보다 소비자의 가슴 속에 인상적인 장면 하나만을 남기려고 했다. 우스꽝스런 배트맨 모습을 흉내내던 최진실은 "국제 전화 싸게 거는 법 — 공공이일(001을 길게 늘여서 발음)" 하다가 스스로 웃음을 참지 못하며 고개를 숙여 버린다. 마치 일부러 NG 장면처럼 연출함으로써 주목률을 높이려 했다. 001의 맞춤 서비스를 이렇게 풀고 있는데, 그 의도를 다 전달하기에는 아무래도 무리가 따르는 듯하다.

'휴일 보너스' 편을 보자. 등산복 차림으로 도봉산 정상에 오른 최진실이 "001" 하고 외치자 맞은편에서 "무료"라는 소리가 메아리로 되돌아온다. 그러자 "어머머머~" 하며 놀라는 그녀의 표정이 재미있다. 이 때 "공휴일 추가 10분 무료"라는 자막이 서서히 그녀 쪽으로 다가오도록 처리함으로써 소비자에 대한 편익이 가깝게 느껴지도록 했다. 작아 보이지만 마지막을 어떻게 처리하느냐에 따라 광고의 완성도에도 차이가 있게 마련이다.

하이트맥주
중심 광고
'김수미' 편

하이트맥주 또한 15초짜리 중심 광고를 내세워 다섯 편의 게릴라 광고를 내보내고 있다. 하이트맥주의 중심 광고 '김수미' 편에서는 젊은이와 노인의 암벽 타기가 광고의 핵심 소재이다. 광고 보는 즐거움을 이끄는 주역은 〈전원일기〉에서의 일용 엄니로 우리에게 친숙한 김수미이다. 복고풍이 유행한 탓도 있겠지만 하이트맥주 광고에서의 일용 엄니는 가히 파격적인 모델 전략이다. 보조 모델로 출연한 남자는 탤런트 차승원, 여자는 이미 미스 하이티에 뽑힌 김지은이다. 차승원과 김지은이 자일에 매달려 낑낑대며 고생한 끝에 암벽 타기에 성공해 정상에서 두 팔을 활짝 벌리고 환호성을 내지르는데, 잠시 후 할머니 한 분이 호미로 바위를 찍으며 정상에 도착한다.

아니, 이럴 수가? 젊은이들도 그렇게 낑낑대며 올라왔는데 달랑 호미 하나만을 든 할머니가 정상까지 올라오다니. 정상에 오른 김수미는 일용 엄니의 목소리로 "아이고, 이거 실례했습니다" 하며 젊은이의 기를 죽인다. 직접 말하지는 않지만 하이트맥주 한 잔의 기력으로 올라왔다는 말이 된다. 그 후 두 사람은 "아! 목 탄다"라는 표정 연기로 자연스럽게 '기氣차게 시원한' 하이트맥주를 환기시킨다. 젊은이와 노인의 기력을 맥주의 힘에 견주는 그 생각이 참신하고 재미있다.

5초의 게릴라 광고는 "~할 때 생각나는 맥주는?" 하는 물음에 "하이

하이트맥주
5초 광고
'속 터질 땐' 편

트"라고 답하는 일문일답식의 구성이다. 마치 영화 〈맥주가 애인보다 좋은 7가지 이유〉에서처럼 맥주를 마시고 싶은 까닭을 찾은 다음, 짤막하게 결론을 내린다. '아무 생각 없을 땐,' '황당할 땐,' '속 터질 땐,' '더 시원하고 싶을 땐,' '엄청 더울 땐' 해서 다섯 가지 테마를 정해 그 때마다 하이트를 마시자는 것이다.

'아무 생각 없을 땐' 편은 정상에 오른 김수미가 하이트 병을 향해 속삭이듯이 "역시 나의 동반자여!" 하고 말하는 것이 전부이다. 광고 카피로 어울리지 않는 '동반자' 같은 단어를 일용 엄니 스타일로 말함으로써 광고가 재미있게 되는 것이다. 마지막의 "기차게 시원하다. 따자! 하이트"라는 자막 스타일은 다섯 편 모두 같은 방식으로 처리했다.

'황당할 땐' 편에서는 윙윙거리는 모기 소리가 아이디어의 싹이다. 모기 소리에 신경이 쓰인 김수미는 모기를 잡으려고 눈을 부라리다가 신문지로 탁 내려친다. 그러자 유리창에 금이 가 버린다. 참으로 황당한 일, 이거야말로 태산명동 泰山鳴動에 서일필 鼠—匹이 아니겠는가. 이렇게 황당한 경우에도 하이트맥주를 마시라는 것이다.

'속 터질 땐' 편을 보면, 겉으로 활짝 웃는 김지은이 무슨 속 터지는 일이 있는지 맥주 캔을 딴다. 그러자 맥주 거품이 얼굴 쪽으로 확 터져 나오

하이트맥주 5초 광고 '더 시원하고 싶을 땐' 편

며 모델은 망신스러운 일을 당하고 만다. "따자!"를 사운드 디자인 작업을 거쳐 일부러 "따단"으로 들리게끔 처리한 점 역시 높이 사줄 만하다. 그러나 속 터지는 일이 있다면 모델이 찡그려야 할 텐데 웃고 있는 것은 이해할 수 없다. 아마 모델의 연기력이 모자란 탓이리라.

'더 시원하고 싶을 땐' 편에서는 탤런트 차승원이 목욕을 마쳤는지 목에 수건을 걸고 거울 앞에 서 있다. 그러나 덜 시원한 표정이다. 막 목욕을 마치고 나왔는데도 도무지 시원함을 모르겠다는 것일까? 하이트맥주를 거울 앞에 놓고서야 비로소 얼굴에 스킨을 바른다.

'엄청 더울 땐' 편을 보자. 광고가 시작되면 자막이 뜨고 그 아래에 빨랫줄에 널려 있는 사각 팬티 하나가 보인다. 잠시 뒤, 바람이 불기 때문인지 사각 팬티가 거꾸로 나풀거리며 올라간다. 물구나무를 서는 사각 팬티. 마지막에 "따단!"으로 들리는 소리와 함께 "기차게 시원하다. 따자! 하이트"라는 자막이 같은 모양으로 나오는 재미있는 광고이지만 외국 광고를 모방한 흔적이 짙다.

이렇게 5초의 게릴라 광고를 집행하면 미디어 크리에이티브를 통해 소비자의 눈길을 확 끌어당길 수 있고, 상품에 대한 소비자 편익을 다각도로

하이트맥주 5초 광고 '엄청 더울 땐' 편

알릴 수 있다. 또한 한 편에 500만 원에서 1000만 원 가량인 저렴한 제작비로 광고의 신선도를 지킬 수 있다는 장점이 있다. 만일 15초 광고에 그 많은 내용을 다 담으려 했다가는 결국 아무 얘기도 담지 못하는 보잘것 없는 작품을 낳았을 것이다. 하나의 화면에 하나의 메시지만을 강하게 전달하기! 지금으로서는 아주 매력적인 방법이다. 생각보다 재미있게 만들 수 있는 까닭에 앞으로도 많은 5초 광고가 나올 것으로 예상된다.

하지만 번갯불에 콩 볶아 먹듯 너무 짧게 지나가므로 줄거리를 이끌어 가기도 어려울 뿐만 아니라 상표 개성 *brand personality*을 구축하기에도 어렵다는 문제가 따른다. 이른바 일당백이나 단기필마 單騎匹馬 격으로 '한 칼' 휘두를 수는 있겠지만, 치고 빠지는 게릴라 광고만으로는 상표의 혁명 과업을 끝까지 차질 없이 이루어 내기는 어려워 보이기 때문이다. 한국통신이나 하이트맥주에서 중심 광고와 게릴라 광고를 함께 내보내는 방식을 택한 것은 그래서 현명한 선택이라 할 수 있다. 약점을 보완하는 동시에 강점을 강화시키고 있으니 말이다.

특히, 5초 광고가 효과적이기 위해서는 충분한 반복 노출이 필요한

데, 너무 자주 변형시키는 것은 오히려 효과가 떨어진다는 연구 결과[15]에 주목할 필요가 있다. 5초 광고의 효과는 그 자체의 효과보다는 노출, 기회, 강화, 변형 등 5초 광고에 알맞는 광고 표현 방법에 따라서 그 효과가 달라진다는 것이다. 따라서 5초의 '길이 효과'에만 의지하기보다 독창적인 표현 기법으로 승부를 걸어야 한다.

5초. 생각보다 긴 시간이다. 우리는 안다, 수영이나 달리기 등 각종 기록 경기에서 1초를 앞당기기가 얼마나 힘든 일인가를. 마찬가지로 5초는 그 1초보다 무려 다섯 배나 긴 시간이다. 더구나 행복할 때나 절박할 때 우리 몸으로 느끼는 체감 시간으로 따져 보면 5초가 50초처럼 길게 느껴지기도 할 것이다. 그 '긴' 5초는 광고 표현의 보물 창고가 될 것이다. 어떻게 만드느냐에 따라 달라지겠지만 그 5초 속에 웃기고, 썰렁하고, 즐겁고, 슬프고, 아프고, 건강하고, 사랑하고, 미워하고, 날카롭고, 무디고, 똑똑하고, 미련하고, 예쁘고, 밉고, 아름답고, 추하고, 강하고, 약한, 우리네 삶의 표정들을 다 담아 낼 수 있을 것이다. 5초 안에 짧고 강하게!

"독자 여러분! 5초 동안 할 수 있는 말이 생각보다 많지요?"

단기필마의 정치학: 멀티 스폿 광고

"호인이지!"

"아냐, 사기꾼이야."

"지독한 왕자병 환자이지!"

"법 없이도 살 사람이야!"

---

15. 부경희, "5초 광고 효과와 전략에 관한 이론적 고찰: 부분 노출, 기회, 강화, 변형 가설을 중심으로," 〈광고학 연구〉, 제10권 4호, 1999, pp.120~2.

이처럼 여러 가지 인상을 주는 한 사람에 대해 모두들 주관적인 느낌만으로 그 사람이 어떻다며 단정해 버린다. 그 사람의 전체는 보지 못하고 일부만을 보고 평가한 탓이다. 사람의 성격이란 얼마나 다양하고 변하기 쉬운가. 명랑하게 웃다가 어느 순간 슬퍼지기도 하고, 새침데기도 맘에 드는 사람이 나타나면 수다쟁이로 변하고, 무서운 인상을 주는 사람도 때로는 솜처럼 부드러운 사람으로 변한다. 따라서 사람에 대한 평가는 언제나 상대적일 수밖에 없다.

상품에 대한 평가도 이와 비슷하다. 모든 상품은 고유한 생명과 성격을 가지고 있지만[16] 소비자들의 반응에 따라 상품에 대한 평가가 달라지게 된다. 어떤 사람이 좋아하는 상품을 다른 사람은 싫어한다. 또한 그 반대의 경우도 있을 수 있다.

이런 위험을 막는 방법은 없을까? 더구나 광고는 상품 이미지 구축에 큰 영향을 미치는 강력한 커뮤니케이션 수단이 아닌가. 사실 지금까지는 광고 한 편으로 상품에 대한 모든 것을 다 말하려고 했다. 아직까지도 이런 방법은 진리에 가까운데, 이런 방법적 한계를 극복하는 보완적인 수단으로 등장한 멀티 스폿 *multi spot* 광고는 메시지의 침투 범위를 넓힐 수 있는 새로운 스타일이다. 멀티 스폿 광고는 같은 광고 컨셉에 테마를 다르게 하거나 모델을 다르게 써서 만든 여러 편의 광고를 한꺼번에 내보내는 형식이다. 또한 다양한 내용으로 구성돼 시청자들의 흥미를 유발함으로써 상품의 인지도를 보다 쉽게 높일 수 있다는 장점이 있다.[17]

이렇게 되면 같은 상품에 대한 각기 다른 15초 광고 여러 편을 동시에 보여 줄 수 있을 뿐만 아니라 특정 상품에 대한 소비자의 편견을 누그러뜨릴

---

16. 모든 상품에는 사람과 마찬가지로 탄생기 – 성장기 – 성숙기 – 쇠퇴기와 같은 상품 수명 주기(PLC: *Product Life Cycle*)가 있으며, 또한 상품마다 나름대로의 고유한 상표 개성 *brand personality*이 있다. 옷, 음료, 자동차 등 상품을 만드는 재료로만 보자면 회사마다 큰 차이는 없다. 그러나 소비자들은 같은 재료로 만든 상품인데도 브랜드에 따라 상품력에 큰 차이가 나는 것으로 인지한다. 이를테면 음료 회사에서 소비자의 눈을 가리고 맛의 차이를 알아보는 블라인드 테스트 *blind test*를 실시하는데, 이는 결국 브랜드 파워의 차이를 확인하기 위함이다.

17. http://www.hairline.co.kr/main/HairNews19991105.html

수도 있다. 반면에 동시에 여러 모델을 쓰기 때문에 한꺼번에 많은 제작비가 들어가는 단점도 있다. 그리고 멀티 스폿 광고를 내보낸 6개월쯤 후에도 계속해서 멀티 스폿 광고를 이어 가야 하는지의 반론을 펼 수도 있다. 몇 가지 문제점에도 불구하고 이런 스타일은 광고에 대한 표현 영역을 넓히는 새로운 창작 방법론이다.

크라운제과의 죠리퐁 광고를 보자. 크라운제과는 '어떤 상황에서도 맛있는 과자'라는 컨셉을 바탕으로 '웃기는 죠리퐁,' '슬픈 죠리퐁,' '무서운 죠리퐁' 등 세 편의 광고를 동시에 내보냈다. 세 편 모두 상품의 친근함을 세련미 넘치게 끌고 가면서도 판매 메시지를 담으려고 무리하게 애쓰지 않음으로써 모든 상황을 자연스럽게 소비자 편익으로 연결시킨다.

'웃기는 죠리퐁' 편에서는 영화 배우 문성근이 만화책을 잔뜩 쌓아 놓고 혼자서 킥킥거리며 만화책을 본다. 만화 내용이 웃기는 건지, 모델이 키득거리며 웃자 먹고 있던 죠리퐁이 입에서 튀어 나온다. "하하하 푸푸하, 죠리퐁 넌 있어야겠다!" 문성근은 과자가 튀어 나와도 개의치 않고 다시 키득거리며 맛있게 먹을 수 있는 죠리퐁을 자

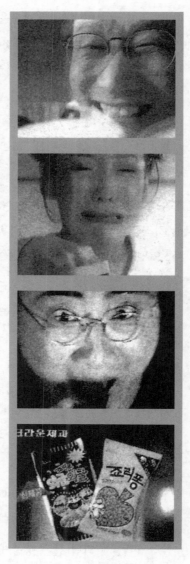

크라운제과 죠리퐁 멀티 스폿 TV 광고
'웃기는 죠리퐁,' '슬픈 죠리퐁,'
'무서운 죠리퐁' 편

연스럽게 알리고 있다.

'슬픈 죠리퐁' 편에서는 탤런트 김정은이 마치 실연이라도 당한 듯 계속해서 눈물을 흘린다. 그녀가 이 광고에서 한 역할은 세상에서 가장 슬프게 우는 장면을 사실적으로 제시하는 것이었다. 눈에서 흘러내리는 눈물이 광고 수용자로 하여금 안타까운 마음을 불러일으키게 한다. 계속 울면서도 죠리퐁을 열심히 먹어대는 김정은. 결국 그녀는 "죠리퐁, 슬퍼도 너만 있으면 돼!"라고 말함으로써 마음이 아플 때도 맛있게 먹을 수 있는 죠리퐁의 또 다른 면을 알리고 있다.

'무서운 죠리퐁' 편에서는 영화 배우 유태호가 어두컴컴한 방 안에서 공포 영화를 보면서 죠리퐁을 맛있게 먹는 상황을 설정함으로써 자연스럽게 소비자 편익으로 연결시킨다. 우리는 영화를 보면서 주전부리하는 것에 익숙해져 있다. 이 광고에서는 소비자의 영화 시청 행태에 초점을 맞춰 무서워하면서도 아주 맛있게 먹을 수 있는 죠리퐁의 장점을 그려 내고 있다.

하이트맥주의 하이트 광고 역시 이전의 맥주 광고 스타일과는 전혀 다른 형식을 보여 주고 있다. 소비자들은 배용준이 나온 '제트스키' 편과 너무나 다른 형식에 놀라게 될 것이다. 하이트맥주는 시원한 맥주라는 광고 컨셉을 바탕으로 영화 배우 명계남, 박철, 정선경을 한 사람씩 등장시켜 '나를 시원하게 하는 맥주'라는 테마를 전개하고 있다. 하이트의 멀티 스폿 광고는 동일한 광고 컨셉을 유지하되 세 편의 광고를 각각 다른 상황 속의 이야기로 풀어 감으로써 광고 수용자에게 광고 보는 또 다른 즐거움을 더해 준다.

명계남이 등장하는 '간 큰 주방장' 편은 하루 일이 끝날 무렵의 일식집 상황을 설정해서 광고 메시지를 재미있게 풀어 나간다. 마지막 손님이 빨리 나가 줘야 쉴 수 있으련만 손님은 눈치도 없이 하이트맥주를 주문한다. 주방장은 빨리 일을 끝내고 하이트맥주를 마실 생각이었는데, 이게 웬일? 손님의 주문이 달갑지 않아 순간적으로 미적거리며 떨떠름한 표정을 짓지만 언제나 손님은 왕이다. 그래서 주방장 명계남은 하이트를 가리키며 "저건 내 건데……" 하고 안타까운 표정을 짓는다.

박철이 출연한 '겁 없는 남편' 편은 보면 아내의 바가지를 자장가쯤으로 여기는 모델의 연기력이 돋보인다. 아내의 바가지는 정말 귀찮은 것이지만 그렇다고 피해 갈 수도 없다. 대충 들어 주는 체하며 하이트 한 잔을 마셔 버린다. 그 시원한 느낌을 무엇에 비할 것인가. 모델은 하이트의 시원함을 온몸으로 느끼는 듯한 표정을 지으며 "너 땜에 산다"라고 외친다. 하이트의 시원함이 아내의 바가지도 말끔히 씻어 버릴 수 있다는 점을 재미있게 표현한 작품이다.

'엉덩이가 시원한 여자' 편에서는 영화에서 예쁜 엉덩이 덕을 톡톡히 본 정선경의 캐릭터를 그대로 활용한다. 사우나를 막 끝내고 나오는 정선경. 그 때는 한창 목이 마르는 순간이다. 그녀는 목을 축이기 위해 하이트를 마신다. 목을 시원하게 적시는 것도 잠깐, 잠시 후에 등골이 오싹해진다. 하이트의 시원한 맛에 취해 버린 모델은 자신도 모르게 몸에 두른 타월이 흘러내리자 "뭐 이렇게 시원한 게 다 있냐?"라며 겸연쩍어한다. 다시 말해, 몸에 두른 타월이 흘러내리는 것도 모를 정도로 하이트맥주가 시원하다는 것이다. 이 광고에서도 정선경의 엉덩이는 하이트의 시원함을 소비자의 머릿속에 각인시키는 역할을 해낸다.

또한 LG정유에서도 멀티 스폿

하이트맥주 멀티 스폿 TV 광고
'간 큰 주방장,' '겁 없는 남편,'
'엉덩이가 시원한 여자' 편

을 활용한다. 휘발유 브랜드 'SIGMA 6'를 선보인 LG정유는 최불암, 송윤아, 클론 등 인기 연예인을 기용해서 '호언 장담 시리즈' 광고 세 편을 내보냈다. 20대 초반의 고객은 '클론' 편, 20대 중반에서 30대 초반은 '송윤아' 편, 30대 중반부터는 '최불암' 편으로 고객들을 동시에 공략하는 멀티 스폿 광고 전략을 운용한 것이다.

　　'최불암' 편에서 최불암은 "LG SIGMA 6로 휘발유를 바꾸면 차가 절을 해? 정말 그렇다면 성을 갑니다"라고 말한다. 그러나 자동차가 정말로 절을 하자 최씨가 문패를 안불암으로 바꿈으로써 광고 보는 재미를 더해 주는 동시에 SIGMA 6의 인지도를 보다 쉬운 방법으로 올리고 있는 것이다. 같은 식으로 '송윤아' 편에서는 송윤아가 "손에 장을 지지겠다"고 큰소리를 쳤다가 손에 장을 지지고, '클론' 편에서는 클론의 구준엽이 머리를 기르고 강원래는 머리를 밀게 됨으로써 멀티 스폿만이 기대할 수 있는 시너지 효과를 누리게 된다.

　　결국 멀티 스폿 광고는 상품에 특정 이미지를 부여하기보다는 다양한 취향을 갖는 소비자 심리에 초점을 맞춘 광고 기법이라 할 수 있다. 이렇게 광고를 하면 각각의 광고끼리 시너지 효과를 일으킨다. 광고에 나타난 어떤 테마를 싫어하는 소비자는 곧바로 이어지는 다른 광고 표현을 보며 즐거워할 수 있으며, 그 반대의 상황이 발생할 수도 있다. 또한 이런 광고 스타일은 반복을 싫어하는 소비자의 취향을 다각도로 건드려 줄 수 있기 때문에 좋은 현상으로 받아들일 수 있다.

　　하지만 무리하게 제작비를 늘려 가면서 너도 나도 멀티 스폿 광고를 만들게 된다면 뾰족한 한 편으로 승부를 거는 단기필마의 장엄한 모습이 사라지지 않을까 싶다. 차별적인 광고 메시지를 개발하기보다 무조건 여러 편으로 승부를 걸겠다는 심리가 만연한다면 이는 크게 우려할 만한 일이다. 잘 만든 멀티 스폿 광고는 대단한 시너지 효과를 일으키겠지만, 광고 기법 그 자체를 목적으로 한 멀티 스폿 광고는 자칫하면 유행에 편승하는 악성 바이러스가 될 수도 있다. 결국, 멀티 스폿 광고를 만들 때는 단기필마로 일어서는 정신을 바탕으로 각각의 광고가 하나의 메시지를 향해 나아가도록 해야 한다. 이것이 단기필마 광고의 정치학이다.

그 많은 광고는 다 어디 갔을까: 단발성 광고들

하루에도 수십 편씩 새로운 광고가 등장한다. 방송 광고, 인쇄 광고 할 것 없이 부지기수로 쏟아져 나오는 광고의 홍수 속에서 소비자에게 기억되는 것은 어떤 광고이며, 나아가 소비자의 지갑까지 여는 광고들은 어떤 것인지 알 수 없다. 그러나 광고 효과를 측정해 보면 그 결과가 금방 나타난다. 대부분의 광고들은 애초의 기대와는 달리 형편 없는 처지에 빠지기도 한다. 최저 유효 빈도 *Minimum Effective Frequency*[18]에도 미치지 못하는 미미한 매체 물량이나, 광고 표현을 제대로 뒷받침하지 못하는 조악한 상품력 때문에 그런 초라한 결과가 나타날 수도 있지만, 대개는 일관성 없는 광고 전략에서 비롯되는 경우가 많다.

들쭉날쭉. 조변석개 朝變夕改. 자고 나면 바뀌는 광고 메시지를 과연 누가 기억해 주겠는가. 광고 카피나 표현물을 자세히 분석해 보면 어떤 방향도 없이 메시지가 죽 끓듯이 바뀌는 광고들이 너무나 많다. 길어야 여섯 달, 심할 때는 석 달 만에 바뀔 때도 있다. 심지어 상표 슬로건까지 수시로 바뀌고 있으니 더 말해서 무엇하랴.

소비자들에게 기억나는 광고 카피를 말해 보라고 했을 때 그래도 두세 가지 정도는 말하는 데 비해, 잘된 광고 캠페인을 들어 보라고 하면 응답하지 않는 경우가 많다. 광고 전략과 표현 테마를 수시로 바꾸기 때문에 광고 메시지가 누적되어 장기적인 캠페인으로 승화되지 못한 탓이다.

"고객이 OK할 때까지 — OK! SK!"(SK그룹), "우리 강산 푸르게 푸르게!"(유한킴벌리), "때와 장소를 가리지 않습니다"(스피드 011), "고향의 맛!"(제일제당 다시다), "Just do it!"(나이키). 그나마 이 광고들을 기억하는 것은 단발성 광고에 그치지 않고 지속적인 캠페인성 광고를 해 왔기 때문이다. 이 밖에도 수많은 광고가 등장했지만 광고 캠페인으로 부를 만한 것은 그리

---

18. J. D. Leckenby & H. Kim, "How Media Directors View Reach/Frequency Estimation: Now and a Decade ago," *Journal of Advertising Research*, 34, 1994, pp.9~21. 광고가 효과를 나타내기 위해서는 어느 정도의 노출이 필요한데 이를 최저 유효 빈도라고 한다. 이는 과학적인 매체 기획을 통해 그 빈도 *frequency*를 산출할 수 있다.

SK그룹 기업 PR TV 광고 '고객이 OK할 때까지' 편

많지 않다. 그 많은 광고들은 다 어디로 사라졌을까? '산산이 부서진 이름'이 되었을까, '허공중에 헤어진 이름'이 되었을까.

만일, SK그룹에서 후속편 광고의 핵심 메시지를 '새천년을 선도하는 SK그룹'으로 바꾸고, 제일제당에서 다시다의 광고 메시지를 '과학이 만든 맛있는 세상'으로 바꿨더라면, 지금 같은 누적 효과를 기대하기 어려웠을 것이며, 광고 상기율은 상대적으로 반감되었을 것이다. 광고 창작자의 기대와는 달리, 소비자들은 광고를 정말, 아주 정말, 그냥 슬쩍슬쩍 스쳐볼 뿐이며, 광고 메시지를 기억하려고 애써 노력하지도 않기 때문이다.

최근 들어, 몇몇 광고가 장기 캠페인을 염두에 두고 제작된 것 같아 그나마 다행스럽다. 광고 창작자라면 누구나 메시지가 누적되는 캠페인성 광고를 하고 싶어한다. 그러나 여러 가지 외적 요인 때문에 단발성 광고에 그치고 만다. 광고 창작자들은 광고주의 변덕이나 부족한 매체 비용 탓으로 돌리고 싶겠지만, 광고에 대한 '저작 재산권'은 광고주에게 있고 '저작 인격권'은 광고 회사에 있음을 상기해 볼 때 결코 내 탓이 아니라 네 탓으로만 돌리고 수수방관할 일만은 아니다. 광고 창작물의 승인 과정에 어떤 우여곡절이 있었다 하더라도 광고 표현에 대한 최종적인 책임은 광고 회사에 있기 때문이다. 장기 캠페인 가능성이 있는 광고를 만든 광고 창작자들은 무엇보다 먼저 광고주의 변덕스러움에 대응할 저지선을 구축해야 할 것이다.

중앙종합금융의 텔레비전 광고 '희망의 통장' 편은 앞선 정보력과 치밀한 분석력이 뒷받침되기 때문에 일단 맡기기만 하면 더 많은 돈을 벌 수 있다는 일반적인 금융 광고 스타일에서 벗어나 다른 방법으로 설득하는 광고이다. 광고가 시작되면 평범한 주부가 밝은 표정으로 자전거를 타고 온다. 자전거 앞쪽 짐 칸에는 쇼핑한 물건들이 실려 있다. 이 때, 차분하고 따뜻한 목소리로 다음과 같은 내용이 들려 온다. "살림이 조금 피었다고 장바구니를 가득 채우지 않겠습니다." 얼마나 가슴을 울리는 내용인가. 조금 살 만해졌다며 벌써부터 흥청망청 해대는 소비자들에게 경각심을 불러일으키고 있다.

그 다음 장면은 준비해 온 찬거리로 온 가족이 즐겁게 식사를 한 후의

중앙종합금융 TV 광고 '희망의 통장' 편

모습이다. 아버지와 아들이 팔씨름을 하고 주부는 팔씨름을 통한 부자지간의 교감을 흐뭇한 표정으로 바라본다. 다시 장면이 바뀌면 남편은 절약이 몸에 배인 아내를 가볍게 안아 주며 서로 행복해한다는 내용이다. 특히 한가족의 사랑과 교감을 배경으로 "새 옷으로 옷장을 채우는 대신 희망으로 통장을 채우겠습니다"라는 카피가 잔잔하게 흐르면 우리네 생활에서 절약이 얼마나 큰 미덕인지 잔잔하게 다가온다.

비록 마지막 장면에서 금융 경쟁력이 미래를 좌우한다며 중앙종합금융이야말로 "우리 금융의 밝은 미래"라고 일방적으로 단정하고 있지만, 사실 이것은 광고의 구성상 별로 어울리지 않는 군더더기일 뿐이다. 오히려 서민의 꿈을 키워 주는 곳이라는 식으로 전개했더라면 메시지가 더 명확해지지 않았을까 싶다. 그럼에도 불구하고 이 광고는 일방적인 자기 주장을 하느라 혈안이 되어 있는 여느 금융 회사 광고와는 달리 소비자의 공감을 불러일으키기에 충분하다. 특히 '옷장'과 '통장'의 음운 비교와 메시지 대비를 통하여 메시지 전달력을 크게 높였다.

이 광고에 이어지는 다음 편 역시 메시지만 약간 바꾸고 전편과 비슷한 분위기로 광고 표현 방법을 유지함으로써 장기 캠페인의 가능성을 엿보게 한다. 툭 하면 성우가 맘에 들지 않는다며 목소리만이라도 바꿔 보려고 시도하는 우리네 풍토에서 사운드 디자인까지 그대로 유지한 점도 이 광고가 갖는 특별한 매력이다.

그러나 벼룩시장의 텔레비전 광고 '가족 앨범' 편은 이 광고에 나타난 '잘 말해진 진실 *the truth well – told*'[19]에도 불구하고 캠페인의 앞날을 어둡게 한다. 먼저 이 광고의 세련된 완결 구조 속으로 들어가 보자. 절약하며 살아온 우리네 보통 사람들의 정서를 바탕으로 새롭게 도약하려는 기업의 의지를 표방하는 광고이다.

공감을 유도하기 위한 장치로 쓰인 것은 사진 속에 담긴 어느 부부의

---

19. Guy Cook, *The Discourse of Advertising*, New York, NY: Routledge, 1992, pp.5~15. 광고 회사 McCann – Erickson에서 지향하는 광고의 창조 철학이다.

벼룩시장 TV 광고 '가족 앨범' 편

일대기이다. 1990년부터 1999년에 이르기까지 10년에 걸친 가족의 변천사가
스틸 사진 속에 담겨 있다. 다섯 장의 사진에는 각각 "우리 첫 차와 함께,"
"현민이 다섯 살 생일 선물," "남편을 위한 노트북 구입," "남편의 재취업,"
"10년 만에 아파트 장만까지"라는 소제목이 붙어 있지만 기실 그것은 자동차
매매, 어린이 용품 매매, 컴퓨터 매매, 구직 구인, 부동산 매매 같은 벼룩시장
의 매매 정보를 제시한 것이나 다름없다. 하지만 '구인은 물론 부동산에서 자
동차 매매까지'라는 식으로 밋밋한 정보만을 전달하지 않고 어느 부부의 가족
이야기로 풀어 나감으로써 소비자 곁으로 더 가깝게 다가간다.

　　더구나 "지난 10년 간 아껴 쓰고 나눠 쓰는 따뜻한 마음들을 이어 온
벼룩시장"이라며 여자 성우가 차분한 목소리로 전달하고 있어서 벼룩시장이
서민 생활 정보의 다리 역할을 해 왔다는 점을 알리는 데는 손색이 없다. 하
지만 마지막 부분에서 갑자기 "21세기엔 더 빠르고 믿음직한 종합 정보 뉴 미
디어를 향해 나아가겠습니다. 종합 정보 뉴 미디어 — 벼룩시장"이라고 하는
메시지가 나와서 혼란스럽기 짝이 없다. 앞으로도 계속해서 그 따뜻한 마음

들을 이어 가겠다는 식으로 구성했더라면 메시지의 완결성이 한결 뛰어났을 텐데, 종합 정보 뉴 미디어를 지향한다는 식으로 처리를 해, 서민과의 결별을 선언하는 것 같아 안타깝다.

지역 정보 신문이란 무가지로 발행되는 스트리트 페이퍼가 아니었던 가. 바야흐로 다매체, 다채널 시대가 도래하면서 매체간 융합이 이루어지고 있는 마당에,[20] 더구나 인터넷상에서 와와(www.waawaa.com) 같은 인터넷 중고품 매장이 뜨고 있는 마당에, 종합 정보 뉴 미디어라는 성급한 주장이 얼마나 설득력 있게 다가갈지 의문이다. 차라리 사이버 벼룩시장을 곧 열겠다는 정도로만 전달하는 것이 더 낫지 않았을까? 21세기를 뉴 미디어로 열어 가겠다는 기업의 의지를 표방한 것이겠지만 오히려 메시지의 집중력이 약해져 버렸다.

기업의 향후 지향점에 대해 뭐라 할 말은 없지만 한 광고에서 두 가지 메시지를 전달한 점이 안타깝다. 무엇보다 우리를 슬프게 하는 것은 벼룩시장의 기업 PR 광고로 어디 내놔도 손색없는 '가족 앨범' 편이 단발성 광고로 끝나 버릴 것 같다는 점이다.

세기말 교육의 위기와 새로운 가능성을 다시 한 번 생각하게 하는 두루넷의 텔레비전 광고 '진짜 인터넷' 편을 보자. 광고가 시작되면 어린이들이 학교로 몰려가는 장면이 나오고, 곧바로 수업이 시작된다. 소년 합창단이 부르는 슈베르트의 〈들장미〉가 잔잔하게 울려 퍼지는 가운데 수업을 시작하는 선생님. 그런데 이 때 "인터넷 때문에 학교가 사라질 거라고 합니다"라고 우려하는 목소리가 진지하게 들려 온다. "저요! 저요!" 하며 손을 드는 아이들. 교사는 지구본을 가리키며 무엇인가 설명하고, 다시 그 지구본이 컴퓨터 화면에 나타나는가 싶더니 학교 교육에 대한 인터넷의 수혜가 희망차게 울려 퍼진다. "그러나 두루넷은 인터넷 때문에 학교가 더 즐거워져야 한다고 생각합니다. 그것이 진짜 인터넷입니다."

광고 사이사이에 어린이들의 웃는 얼굴이 부각되기도 하고, 통학 버스에서 내리기도 하다가 맨 마지막에 "트루 인터넷, 두루넷"으로 끝나는 재미

---

20. 강상현, 《정보 통신 혁명과 한국 사회》, 한나래, 1996, pp.20~45.

두루넷 TV 광고 '진짜 인터넷' 편

없는 광고. 마치 다큐멘터리 필름을 편집한 듯한 평면적인 영상을 보라! 애드
트루기 *adtrugy*[21] 자체만을 놓고 보면 새로울 것도 파격적일 것도 없는 평범한,
너무나 평범한 광고이다. 보는 이에 따라서 그저 그런 내용을 굳이 광고로 만
들 필요가 있었을까라고 생각할 수도 있겠다. 하지만 이 광고는 교육의 위기
만을 부르짖거나 그런 생각에 막연히 동조하는 사람들에게 많은 것을 생각하
게 하는 이상한 힘이 숨어 있다.

교육의 위기를 환기시킨 다음, 아니다, 그렇지 않다, 인터넷이 있어서
학교가 더 즐거워질 수 있다며 반전을 시도하는 핵심 광고 주장은 인터넷의
폐해에 대해 우려하는 사람들을 설득할 수 있는 강력한 메시지로 작용할 수
있다. 검정 바탕의 'ㄱ'자 형태 속에 제시되는 동영상은 화면 분할 형식의 새

---

21. 트루기 *trugy*란 어떤 예술 작품이 되도록 하는 예술적 시도의 구성 원리를 말하는 것인데, 어떤 예
술적 시도는 나름대로의 내적 완결 구조를 확보함으로써 명작이 되는 데 비해 그렇지 못한 예술적 시도
는 졸작으로 끝나게 된다. 이 때 트루기는 내적 완결 구조를 판단하는 근거가 된다. 드라마에는 나름대
로의 드라마트루기 *dramatrugy*가 있고, 광고물에는 광고 창작의 내적 완결 구조인 애드트루기가 있다.

로운 스타일인데, 이런 구도는 핵심 광고 주장에 대한 메시지 관여도를 높일 수 있는 효율적인 장치이다.

이 광고는 영국의 서머힐이나 독일의 발도르프 같은 울타리 없는 학교를 생각하게 한다. 학생의 자유를 존중하며 창의력을 길러 줌으로써 학생 스스로 자아를 발견해 나가는 열린 교육 시스템. 일찍이 20세기 초에 설립된 대안 학교들의 철학은 오늘날 '참' 교육이나 '열린' 교육을 지지하는 교사들의 건강한 주장과 궤를 같이한다. 두루넷 광고는 비록 그 이면에 상업적인 코드를 숨기고는 있지만, 교육의 밝은 미래상에 대한 열망의 반영이다. 특히 인터넷이 교사의 역할을 넘보기보다는 전폭적으로 지지하는 든든한 파트너임을 환기시키고자 했다.

이 광고의 후속편 역시 비슷한 포맷을 바탕으로 카피 메시지를 전자 상거래 쪽으로 변화시키고 있다. '세상을 더 이롭게 하는 것'이 진짜 인터넷의 사명이라는 캠페인의 기둥만 흔들리지 않는다면, 그 안에 들어갈 광고 주장은 아무리 변화무쌍해도 괜찮다. 결국에는 성공한 캠페인으로 기억되지 않을까 싶다. 이 광고에 대한 사소한 비판이 있더라도 캠페인의 기둥을 너무 쉽게 옮기는 것은 경계해야 한다.

라이코스의 텔레비전 광고 '엄정화' 편 역시 장기 캠페인의 가능성이 있는 광고이다. 일찍이 마이크로소프트사의 빌 게이츠 회장이 "인터넷을 통하면 안 되는 게 없다"고 말했듯이, 모름지기 인터넷 서비스라면 사람이 원하는 모든 것을 해결해 주는 가장 똑똑한 커뮤니케이션 수단이 되어야 한다. 야후, 다음, 심마니, 알타비스타 등 여러 인터넷 기업에서는 나름대로의 마케팅 커뮤니케이션 기법으로 자기만의 독특한 이미지를 구축하느라 여념이 없었다. 이 때, 야후가 땅 짚고 헤엄치기 식으로 사이버 영토의 제왕으로 군림하려 하자 라이코스는 가장 먼저 광고로 도전장을 내던졌다.

광고의 핵심 코드는 레브라토 리트리브라는 개를 라이코스만의 독특한 상징물로 자리잡게 하기. 주인이 "라이코스!" 하고 부르면 충직한 개는 스포츠카든, 공룡 뼈든 가져오지 못하는 게 없다는 내용이다. 원하는 걸 가져오면 주인은 개에게 "잘 했어, 라이코스!"라고 말한다. 다시 말해 검색 기능이

라이코스 TV 광고 '엄정화' 편

강한 라이코스를 통하면 네티즌이 원하는 모든 것을 가장 빨리 검색한다는 내용을 이렇게 전달한 것이다.

그런데 사물을 찾으라는 명령이 아니라 사람을 찾아오라고 하면 어떻게 될까? 이것을 기막히게 풀어 내는 데 이 광고의 핵심 문법이 있다. 특히 스타 시스템을 통해 정교하게 만들어진 가수 엄정화를 검색해 오라고 한다면?

검색 창에 '엄정화'라고 치면 엄정화의 개인 신상이나, 그녀의 히트 가요, 그리고 팬클럽 소식들이 나오게 될 것이다. 여기까지는 상상력이 동원되기 이전의 평범한 발상일 뿐이다. 엄정화가 목욕하는 장면은 광고 창작자들이 숱한 아이디어 사냥을 한 끝에 얻은 결론이 아니었을까? 이를테면 '엄정화'라는 검색어를 치면 엄정화가 나체로 들어 있는 욕조를 레브라토 리트리브가 쏜살같이 끌어온다는 것이다. 이 반전 장면이 이 광고의 핵심 코드이자 순금 부분이다. 검색 기능이 강하다는 것을 단순히 일방적으로 떠들기보다 스타의 사생활 엿보기라는 흥미로운 소재를 써서 강력한 검색 기능을 부각시킨 것이다. 광고의 끝 부분에 엄정화가 내던지는 "왜 불렀는데요?"라는 멘트는 광고 메시지를 일부러 약간 엉뚱하게 처리함으로써 수용자의 관심을 더 끌 수 있는 자이가닉 *zeigarnik*[22] 효과를 기대할 수도 있다.

이어지는 다음 광고 역시 "잘 했어, 라이코스!"라는 캠페인 테마를 그대로 유지하면서 남자들의 샤워실에서 벌어지는 해프닝을 핵심 아이디어로 채택하고 있으니 장기 캠페인을 기대해도 좋을 듯싶다. "잘 했어, 라이코스!"라는 카피를 버리지 말고 캠페인의 기둥으로 삼되, 그 상황만큼은 재미있는 내용으로 가득 채운다면 라이코스의 브랜드 파워 역시 비약적으로 신장할 것이다.

그런데 어찌된 영문인가? 광고 회사를 바꾼 후에 나온 라이코스 광고는 캠페인성 광고와는 동떨어진 엉뚱한 방향으로 흘러가고 있다. "즐겁지 않으면 인터넷이 아닙니다! 넥스트 엔터테이먼트 — 라이코스" 모든 인터넷 포털 사이트들이 엔터테인먼트를 기본으로 깔고 가는 마당에 재미가 없으면 인터넷이 아니라니? 라이코스만의 소비자 편익을 제공하지 못할뿐더러 두고두고 기억되는 핵심 메시지도 없다. 광고 회사가 달라졌다고 해서 이전의 광고 표현을 모조리 부정하고 완전히 새집 단장하듯이 한다면 라이코스의 브랜드 자산은 어떻게 되겠는가? "잘 했어, 라이코스!"를 섣불리 바꾸지 말 일이다! 첫째도 캠페인, 둘째도 캠페인, 셋째도 캠페인이다.

단발성 광고는 언제나 한계에 부딪힌다. 혹 모르겠다. 단기적인 매출 신장을 위해서 단발성 광고를 만들 수는 있겠다. 그렇지만 번뜩이는 아이디어를 바탕으로 매출액을 신장시키는 단발성 광고를 만들었다 해도, 소비자들은 쉽게 그 상품을 사지는 않을 것이다. 광고의 반복적인 노출에 힘입어 상품

22. J. MacLachlan, "Making a message memorable and persuasive," *Journal of Advertising Research*, 23(6), 1983/4, pp51~9. 조각 그림 퍼즐 맞추기를 할 때 사람들은 조각 그림 퍼즐을 모두 맞출 때보다 한두 조각을 맞추지 못한 상태, 다시 말해 퍼즐을 완성하기 직전에 도중의 경과를 가장 잘 기억하고 있다. 일단 완성한 후에는 그 기억력을 상실하게 되는데, 이것을 자이가닉 효과라고 한다. 광고 창작자들은 광고를 만들 때 일부러 특정 부분을 어색하고 불완전하게 표현하는데, 이것은 불완전한 광고 표현을 완성하고 싶어하는 수용자의 호기심을 자극하고 '부담감'을 유발함으로써 광고 메시지를 더욱 오랫동안 기억시키기 위한 고의적인 왜곡이다. 결국, 광고 메시지에 대한 정보 처리의 심화 과정이라 해석할 수 있다.

이미지가 누적되었을 때에만 광고가 상품 판매에 기여하기 때문이다.

설령 순간적으로 매출이 늘었다고 하자. 하지만 그 다음에는 어떻게 할 것인가? 상품에 대하여 지속적으로 이미지를 구축하는 작업은 무엇보다 중요한 일이다. 오랫동안 광고를 했는데도 브랜드 자산은 거의 없는 상품들이 우리 주변에는 얼마나 많은가? 수시로 상표 슬로건을 바꾸고, 마음 내키는 대로 광고 표현을 바꾸는 카멜레온 같은 광고 전략을 구사했기 때문이다. 이런 식으로 광고를 하면 100년을 광고해도 브랜드 자산 *brand equity* 은 생기지 않는다.

외국의 경우, 저 유명한 "말보로의 세계로 오십시오 *Come to Marlboro Country*"라는 캠페인 슬로건은 이미 현대 광고의 고전이 되었으며, "영어에서 이런 실수를 하시겠습니까? *Do you make these mistakes in English?*"라는 헤드라인은 40년 이상 쓰이고 있다.

지금, 우리 광고계에 가장 절실한 것은 캠페인성 광고이다. 힘없는 광고에서 힘있는 광고로 바꿔 주고, 허공중에 헤어지는 상품 이름을 머릿속에 새겨지는 상품 이름으로 바꿔 주는 것이 캠페인성 광고이다. 그냥 느낌 좋은 단발성 광고보다 기본기에 충실한 캠페인성 광고가 결국 강력한 힘을 발휘하는 것이다.

모든 광고 메시지는 캠페인성 메시지로 발전되어야 한다. 캠페인이 없으면 광고도 없다. 약골의 광고는 시름시름 앓다가 흔적도 없이 사라져 갈 뿐이다. 바꿔, 바꿔, 다 바꾸자고? 아니다, 섣부른 교체가 상품을 죽인다. 강골의 캠페인성 광고가 정말 절실한 때이다.

4

예술과 광고 장르

새로운 예술로서의 광고: 광고의 예술화

지식 정보 산업의 발달에 따라 정통 예술의 경계가 무너지고 예술 장르의 분화가 다양하고 복합적인 양상으로 전개되고 있다. 광고가 분명 예술은 아닐 터인데, 광고의 표현 기법에 정통 예술 장르의 장점들이 선택적으로 차용되면서 현대 광고는 보다 대중적인 면모를 띠게 된다.

소비 대중 사회의 광고는 정보 혁명에 따른 기술 문명의 발전에 따른 예술의 생산, 유통, 소비의 변화 속에서 새롭게 나타난 비디오 아트, 컴퓨터 아트, 사이버 스페이스 아트, 뉴 미디어 아트, 애니메이션 아트, 디지털 아트 등 '문화 산업으로서의 예술'과 복합 예술, 퍼포먼스, 토털 아트, 설치 미술, 바디 페인팅 등 정통 예술 장르 안에서의 탈장르화 혹은 장르간 통합으로 나타나고 있는 새로운 범주로서의 예술을 모두 포괄하는 장르 통합 예술의 성격을 갖는다.

특히, 소비 대중 사회의 성숙을 바탕으로 '새로운 예술' 개념이 등장하고 있어서 광고 표현 장르는 급격하게 세포 분열을 할 것으로 보인다. 새로

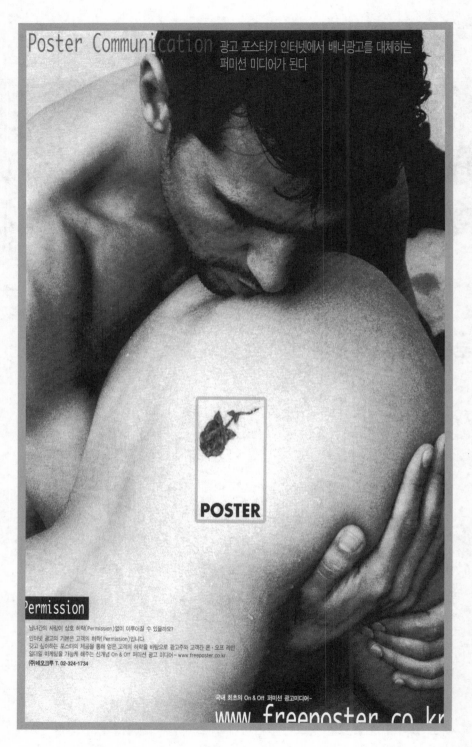

네오크루 freeposter 잡지 광고 '퍼미션 미디어'편

운 예술이란 기존의 각 예술 장르 안에서 새롭게 시도되는 실험적이고 독창적인 예술, 기존의 예술 장르 내에서 이루어지는 탈장르화 혹은 장르간 통합으로 나타나고 있는 새로운 범주로서의 예술, 예술 표현 수단의 변화와 함께 생산되고 있는 새로운 형식의 예술, 우리 나라의 전통적 예술 장르나 표현을 현대적인 감수성에 맞게 표현하기 위한 진취적이고 도전적인 실험을 하고 있는 예술을 포함하는 열린 개념이다.[1]

새로운 예술은 기본적으로 멀티미디어 양식을 띠는 동시에, 다양한 예술 장르들이 복잡하게 혼합된 잡종 *hybrid*의 성격을 갖게 된다. 멀티미디어는 우리 시대의 대표적인 담론의 하나이며, 네트워크와 더불어 미래 문화를 엿볼 수 있는 핵심 키워드이다. 예술 장르에 나타나고 있는 최근 추세는 '멀티미디어 효과'로 명명할 수 있는 장르간 수렴과 통합, 그리고 중첩 현상들로 가득 차 있다. 이 때 광고는 '새로운 예술' 장르를 편의적으로 해체하고 봉합하는 과정을 거치면서 광고의 예술화 가능성을 끊임없이 모색하게 된다.

이를테면, 비디오 아트의 창시자 백남준이 비디오와 텔레비전, 컴퓨터 매체까지 이용해서 시각 예술의 영역을 확대시킨 경우나, 일본의 미술 감독 아베 마사트르가 한 백화점의 완벽한 이미지를 포착하려고 한 젊은 모델에게 다리에서 바다로 200번이 넘게 다이빙하게 하여 광고를 제작한 경우[2]에는 본질적으로 아무런 차이가 없다. 광고가 점점 더 예술적으로 바뀜에 따라 예술도 점점 더 상업성을 띠게 되는 현실만이 존재할 뿐이다. 이전의 예술 양식은 이제 그 경계를 넘어 장르간 결합과 해체, 그리고 탈구의 과정을 거치면서 낯선 시공간 속으로 떠나게 된다.

매체 환경의 변화와 예술 장르의 해체 과정 속에서 예술과 광고 장르 사이에 상관 관계가 있다는 전제 아래, 광고 크리에이티브의 앞날을 진지하게 모색하고 있는 제일기획의 다음 좌담회 내용을 살펴보자.[3]

---

1. "The Year of New Arts." http://www.arts21.org/menu1.asp

2. 크리스 모스델, 《광고, 그리고 문화》, 한상필 옮김, 커뮤니케이션북스, 1999, p.94.

3. http://www.cheil.co.kr/korean/columns/200002/columns_200002f–2.html

이현우: 키워드로 말해 보자면 이성적인 것보다는 감성적인 것에 지배되는 광고, 합리적인 것에 염증을 느끼고 비합리적이고 비상식적인 광고가 증가하고 있어요. 또 분석에 의한 마케팅에 기반을 둔 것보다는 직관이라든가 통찰 같은 것들이 많이 어필하는 것 같고, 설명이 딱 부러지는 것보다는 스스로 상상하고 추측하게 하는 난해한 광고, 장르와 스타일의 벽을 허무는 규격 파괴 · 경계 파괴의 광고들이 점점 늘어나는 것 같아요. 그리고 이제는 금기들도 과감히 사라지는 것 같고, 악마 같은 엽기적인 것, 표절과 모방 시비가 일고 있는 패러디 광고도 늘어나고 있는 추세죠. 역시 전체적인 주조인 디지털 신드롬, 비트와 스피드가 느껴지는 인쇄 광고들도 증가하고 있습니다.

사회자: 큰 줄기는 키워드별로 다 짚어 주셨는데, 매체의 변화는 어떻습니까? 매체 변화는 사람의 인식까지 변화시키지 않습니까? 구텐베르크의 인쇄술 발명 이후로 TV, 인터넷이란 새로운 매체를 접하면서 사람들이 세상을 바라보는 인식도 많이 달라지고 있습니다. 지금도 변화의 조짐이 보이기는 하지만 광고도 이젠 자연스럽게 달라지지 않을까요? 그런 의미에서 우리 광고의 현실과 앞으로 나아갈 방향에 대해서도 말씀해 주세요.

남경호: 타임워너와 아메리카 온라인의 합병으로 이제 매체 시대가 가고 미디어 시대가 왔다고 하지 않습니까? 4대 매체에서 만든 광고 회사에서 크리에이티브를 배우고 키워 왔던 우리이지만 앞으로는 광고 매체의 큰 조류 안에서 크리에이터로서 보아야 할 시각들을 살펴보고 끊임없이 연구해야 할 것 같습니다.

이상오: 전, 새로운 매체가 세상을 변화시킬 때마다 항상 과거로 돌아가 봅니다. 지금의 인터넷 시대까지 온 과정을 살펴보면 구텐베르크의 인쇄술로 인쇄 매체에 큰 변화가 왔고, 포스트모더니즘의 대두로 아트 쪽에서도 엄청난 변화가 왔으며, 또 카메라에 이어서 컴퓨터의 등장과 발달로 상상을 초월하는 합성 사진 기술이 생겼습니다. 글로 읽어야 할 것을 빛과 같은 속도로 비주얼을 읽게 만드는 비주얼 시대에서 인터넷 시대로 넘어가는 과정을 거친 것이죠. 이런 속도라면 앞으로 어떻게 어디로 튈지 감을 잡을 수가 없을 정도예요. 이제, 시대의 흐름과 변화의 물결을 타지 못하면 노후할 수밖에 없다고 생각해요. 저도 한때 그렇게 느꼈었는데 과거의 역사와 내가 걸어온 길을 회고해 보니까 아무리 속도가 빨라도 바로 따라잡을 수 있는 계기가 생기더군요.

이현우 : 예술은 하나의 시대 정신이라고 생각해요. 모든 미디어들이 실리는 컨텐츠들이 네트워크가 되어서 그 시대의 예술과 같은 어떤 주류의 트렌

드에 잇닿아 있기 때문에 예술과 과학, 판매를 따로따로 구분해서 생각할 수 없는 것 같습니다.

　이상의 좌담회 내용을 종합해 보면, 앞으로의 광고 표현은 결국 특정 예술 장르를 고집하기보다 장르간의 소통을 추구하며, 궁극적으로는 장르 개념을 타파한 종합 예술의 위치를 확보하는 쪽으로 나아가게 될 것이다. 미디어 환경 변화에 따라 당분간 다양한 광고 표현 장르의 창조를 위해 암중모색하는 현상이 지속될 것이다. 피상적인 담론들만 무성한 현실에서 광고 창작자들은 동시대인과의 연대감 속에서 예술의 형식을 빌려 구체적이고 대안적인 광고 담론들을 생산하게 된다.

　20세기 말에서 21세기 초에 이르는 기간은 예술과 광고가 만나 '새로운 예술'을 잉태한 시기로 기록될 것이다. 그러나 단지 여러 장르를 복합시켰다는 것만으로 새로운 예술의 지위를 확보할 수는 없다. 디지털 미디어 형태는 아니었지만 장르간 교차나 혼합 현상은 이미 오래 전부터 있어 왔으며, 정도의 차이는 있겠지만 영화나 연극, 건축 같은 예술은 이미 그 자체로 복합

SONY Xplod 잡지 광고 '내 여자 친구 아빠는 내 음악을 싫어해' 편

장르적인 예술 양식이기 때문이다. 보다 엄밀하게 말하자면, 멀티미디어가 장르의 복합 경향을 촉진시키는 것은 틀림없지만 이런 경향이 멀티미디어에 의해 초래된 것은 아니다.[4]

　　무엇을 어떻게 할 것인가? 우리의 관심사는 멀티미디어나 장르의 해체와 통합 또는 예술과 광고 장르 간의 접합과 탈구 과정 그 자체가 아니라, 미디어 환경 변화에 따라 예술과 광고 장르가 어떠한 내적 변모를 겪고 있으며, 무엇이 새로운 예술로서의 광고의 특성인지를 밝혀 내는 일이다. 결국 광고의 내적인 변화는 상호 작용성 *interactivity*을 확장하는 쪽으로 나아가게 될 것이며, 예술 장르로서의 광고의 특징은 메시지 구성에 있어서 비선형성 *non-linearity*을 추구하게 될 것이다. 이러한 변화와 특징은 새로운 예술 정신과도 일치한다.

　　광고는 20세기의 가장 위대한 예술 형식[5]이었듯이, 21세기에도 가장 위대한 예술 형식의 지위를 확보하게 될 것이다.

짬뽕도 만들기 나름: 옴니버스 광고

옴니버스 광고. 우리 나라가 IMF의 관리 체제로 들어간 다음부터 새롭게 등장한 광고 형식이다. 옴니버스 스타일이란 여러 가지 텍스트 가운데 동일 주제의 작품만을 뽑아 또 다른 형식을 창조하는 데 그 의의가 있다. 따라서 내용보다는 텍스트의 형식미에 눈길을 주게 마련이다. 그러나 내용의 구조는

---

4. 이유남, "인터랙티브 이야기 구조의 유형학," 1996. http://www.howow.co.kr/howpc/199611/digital/01.html

5. Marshall McLuhan (1976), *The Routledge Dictionary of Quotations*, in Robert Andrews (ed.), London: Routledge & Kegan Paul, 1987, p.5.

약하기만 한데 이런저런 형식을 얼키설키 엮기만 했다면 옴니버스 스타일이 살아남을 수 있었겠는가. 이 스타일은 경제성만을 지나치게 추구한다는 비판에도 불구하고 수작들만 뽑아 내 새로운 형식에 담아 냄으로써 생명력을 키워 갔으며, 시대가 어려워지면 어김없이 등장해서 수용자의 주머니를 가볍게 해 준 경제적인 표현 기법이다.

광고에서 옴니버스 스타일이 등장한 것은 극히 최근의 일이다. 광고는 옴니버스 형식에 담아 내기 어려운 텍스트이다. 15초 안에 메시지를 짧고 강하게 전달해야 하는데, 어떻게 여러 텍스트를 하나의 의미 그물로 엮어 낼 수 있겠는가. 두 개 이상의 메시지가 담긴 광고를 잘못된 광고로 간주하는 이유는 시간 제약이 많다는 점과 광고를 보려고 애쓰는 사람이 그리 많지 않다는 점 때문이다. 마찬가지로 인쇄 광고에서도 한정된 지면에 꼭 할 말만 해야 광고 효과가 배가된다. 어떻게 옴니버스 소설이나 옴니버스 영화처럼 여러 메시지를 한 그릇에 포장할 수 있겠는가?

그러나 콤비콜라의 신문 광고는 옴니버스 광고의 가능성을 엿보게 한다. 두 번에 걸쳐 집행된 이 광고는 내용 면에서 보자면 영화 광고를 패러디했다. 언뜻 보면 주말마다 신문에 나오는 영화 광고처럼 보인다. 그렇지만 자세히 보면 뭔가 이상하다. 조각 광고 세 편이 모여 또 다른 7단 광고 한 편이 되었는데, 개별 광고 자체만으로도 의미 있지만 그것들이 다 모여서 보다 힘 있는 상승 효과를 연출한다.

콤비콜라 신문 광고 '영화 포스터 패러디 1' 편은 영화 메시지를 그대로 빌려 오되 순식간에 광고 메시지로 바꿔 버린다. 조각 광고의 헤드라인은 크게 히트한 영화 제목들이다. 영화 〈이보다 더 좋을 순 없다〉는 "콤비콜라보다 더 좋을 순 없다"로, 〈아이언 마스크〉는 "콤비 마스크"로, 그리고 〈타이타닉〉은 "콤비타닉"이 된다. 또한 오른쪽에 상품을 보여 주며 "콜라는 하나만 편식하는 게 좋습니다"라며 판매 메시지를 전달하는 방법도 신선하게 다가온다. 영화업계에서 그토록 애써 만든 영화 제목을 그대로 베껴먹다니, 콤비콜라를 담당한 카피라이터는 참 부도덕한 사람이라고 생각할 수도 있으련만, 오히려 재기가 번뜩이는 카피라이터라는 생각이 드는 것은 무슨 까닭일

콤비콜라 신문 광고 '영화 포스터 패러디-1' 편

콤비콜라 신문 광고 '영화 포스터 패러디-2' 편

까? 바로 새로운 광고 형식, 다시 말해 옴니버스 광고라는 새로운 형식 실험이 설득력 있게 다가오기 때문이다. 재기가 번뜩이는 카피는 광고의 형식 실험에 날개를 달아 주는 지렛대 역할을 한다.

두 번째 광고에서도 형식은 내용으로, 내용은 형식으로 상호 작용을 일으키며 옴니버스 형식을 정착시키는 데 크게 기여한다. 영화 〈나는 네가 지난 여름에 한 일을 알고 있다〉를 그대로 패러디해서 "나는 네가 지난 여름에 마신 콜라를 알고 있다"로, 〈여고괴담〉을 "콤비괴담"으로, 그리고 〈록키 호러 픽쳐 쇼〉를 "콤비 호러 픽쳐 쇼"로 바꿨는데, 소비자의 마음을 크게 움직일 것 같다. 영화 광고에 나오는 '전미 박스 오피스 연속 3주 1위'를 "전한국 콜라 오피스 연속 3주 1위"로 바꾸고 모델 배치도 그대로 흉내내되 고릴라에게 콜라를 들게 한 다음, "전국 어느 해수욕장에서나 드실 수 있습니다"라는 카피를 덧붙임으로써 계절성까지 고려한다. 또한 '콤비괴담'에서는 세간의 화제를 모았던 "지금도 내가 네 친구로 보이니?"라는 영화 대사를 그대로 따서 "지금도 내가 콜라로 보이니?" 하는 식으로 가차 없이 바꿔 버린다. 더욱 재미있는 것은 광고 아래쪽에 나오는 극장 이름의 처리 방법이다. 극장 이름을 '허리위로 극장(허리우드 극장),' '단송사(단성사),' '맹보(명보),' '씨네 지옥(씨네마 천국),' 'TGV 강둑(CGV 강변)' 하는 식으로 처리함으로써 광고 보는 재미를 한껏 높여 주고 있다.

또한 건영식품의 '네 편의 광고를 하나에' 편은 15초의 텔레비전 광고에서도 옴니버스 형식이 가능하다는 점을 환기시킨다. "가야 당근 농장, 토마토 농장, 포도 농장, 복숭아 농장" 하는 내레이션에 맞춰 그 때 그 때 개별 상품을 아주 깔끔하게 처리하여 한 컷씩 보여 주다가 "네 편의 광고를 이 하나에 담았습니다" 할 때는 상품 넷을 모두 모아서 보여 준다. 너무 당연한 처리 방법이다. 광고가 여기에서 끝나 버렸다면 상품 넷의 소개에 그쳤을 뿐 옴니버스 광고의 절묘한 형식미를 확보하기는 어려웠을 것이다. 그런데 그 다음에 이어지는 카피 한 줄이 상황을 완전히 뒤집어 버린다. "광고에 들어가는 돈까지 아껴 세계 제1의 우리 마실 거리를 만들기 위하여!" 눈치 빠른 시청자라면 그게 광고비를 아껴서 광고 한 편에 다 처리하려는 의도라는 점을 간파

건영식품 TV 광고 '네 편의 광고를 하나에' 편

할 수도 있겠지만 무슨 상관이랴. 광고비까지 아껴 세계 최고의 마실 거리를 만들겠다는데. 건영식품은 네 개의 상품을 따로따로 광고했다면 제작비와 매체비 모두 네 배로 늘어났을 텐데 옴니버스 형식을 도입함으로써 슬쩍 피해 갔다. 바로 여기에서 옴니버스 광고의 가능성을 엿볼 수 있다.

옴니버스 광고는 시대 상황이 낳은 새로운 표현 형식이다. 방법적으로는 광고 정보를 점점 더 많이 노출함으로써 사람들의 호기심을 높여 가는 티저 광고나, 광고의 느낌을 그대로 유지함으로써 광고의 연결성을 강조하는 시리즈 광고가 그나마 옴니버스 광고에 근접한 형식이었으나 본격적인 옴니버스 광고는 아니었다. 경제가 어려워지자 어떻게 하면 광고비를 적게 쓰면서 광고 효과는 높일 수 있을까 하는 방안을 궁리한 끝에 등장한 것이 본격적인 옴니버스 형식이다.

새로운 형식 그 자체만으로는 아무런 의미가 없다. 이 새로운 형식이 제대로 정착하려면 부분과 전체가 자연스럽게 녹아드는 승화된 형식미를 확보해야 한다. 얼키설키 대충대충 엮어 낸 것이 아니라, 각각의 조각들이 모여 전체적으로 상승 효과를 나타낼 수 있는 그 무엇이어야 한다. 옴니버스 광고의 창조성은 여기에서부터 시작된다.

강한 것은 오래 간다: 오마쥬 광고

광고에 대한 경배, 절대 있을 수 없는 일이다. 시리즈 광고물의 후속편이라면 모르되, 얼마나 아이디어가 궁했으면 앞서의 광고 표현을 그대로 흉내낸단 말인가. 잘 해야 본전을 건질까 말까, 자칫 잘못하면 비싼 광고비만 낭비하게 된다. 소비자는 늘 현명한 판단을 하니까. 그렇다 하더라도, 좋은 광고를 경배하고 추모해서는 안 되는 것일까? 박태원의 《소설가 구보 씨의 하루》에 대한 최인훈과 주인석의 경배[6]나, 메탈리카의 음악에 대한 테크노로의 경배처럼······.

아, 있다. 그 이름 오마쥬 *hommage*[7] 광고! 벌써 수십 년 전에 나왔던

---

6. 최인훈과 주인석은 박태원의 소설을 경배하는 동시에 창조적으로 배반하는 글들을 발표했다. 최인훈, 《소설가 구보 씨의 1일》, 문학과지성사, 1975; 주인석, "소설가 구보 씨의 하루," 〈문학과 사회〉 제13호, 문학과지성사, 1991; 주인석, 《소설가 구보 씨의 영화 구경》, 리뷰앤리뷰, 1997. 특히, 주인석은 1996년부터 1999년까지 영화 잡지 〈씨네 21〉에 "소설가 구보 씨의 영화 구경"이라는 영화 평론을 연재했는데, 영화 텍스트를 바탕으로 하는 박태원에 대한 주인석의 경배는 21세기에 들어와서도 엔터테인먼트 허브 사이트 스폰지(www.sponge.co.kr)에 계속 이어지고 있다.

7. http://myhome.netsgo.com/piterfan/left/filmabout/장르/omaju.htm. 오마쥬란 프랑스 어 'hommage'에서 왔는데, '경의의 표시'나 '경의의 표시로 바치는 것'을 의미한다. 예술 작품의 경우, 어떤 작품이 다른 작품에 대한 존경의 표시로 일부러 모방하거나 다른 형태로 인용하는 행위를 지칭하는데, 몰래 베끼는 표절과는 달리 창작자와 수용자 모두가 의식적으로 인용 행위를 인정하는 창작 방법론이다. 히치콕에 대한 열성 팬이었던 브라이언 드 팔마 감독은 히치콕 영화에 대한 오마쥬라고 할 만한 작품들을 다수 제작했다. 그의 〈옵세션 *Obsession*〉은 히치콕의 〈현기증 *Vertigo*〉을, 〈드레스드 투 킬 *Dressed To Kill*〉은 히치콕의 〈사이코 *Psycho*〉를 경배한 작품이다. 이 밖에도 드 팔마 감독은 〈자매들 *Sisters*〉, 〈보디 더블 *Body Double*〉 같은 영화에서도 주제나 스타일 면에서 늘 히치콕을 의식했으므로 이 시기(1970년대 말~1980년대 초)를 '드 팔마의 히치콕 시대'라고 부르기도 한다.

광고를 리메이크하되 복고풍 광고와는 본질적으로 다른 광고이다. '포스트모던한 현대 소비 사회에서 옛날 광고라니?' 하며 반문할 수 있겠지만 경배 대상 광고의 그림자가 두고두고 영향을 미칠 만큼 강력하다면 우리는 그 광고를 얼마든지 다시 추억할 수 있다. 더구나 총알이 빗발치는 마케팅 전쟁터에서 누가 함부로 오마쥬 광고를 만들겠는가.

진로 소주 광고 '진로 파라다이스 극장' 편을 보자. 이 광고는 1959년에 나온 진로의 '선원' 편에 대한 오마쥬 광고이다. 뽀빠이 모양을 한 선원들, 선원을 반기는 술집 아가씨, 술병을 받아 챙기는 사람들 등 흑백 만화 애니메이션으로 구성된 1950년대 풍경화가 보는 이를 즐겁게 한다.

진로 소주 극장 광고
'진로 파라다이스 극장' 편

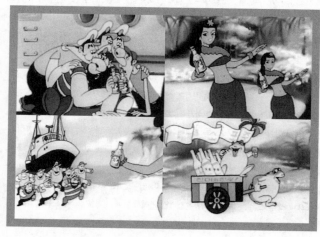

진로 소주 TV 광고
'선원' 편(1959)

'진로 파라다이스 극장' 편은 원작의 영상과 배경 음악을 그대로 쓰되, 영화 관객들의 모습을 컬러로 처리하여 덧붙임으로써 원작을 새로운 그릇에 담아 낸다. 전국의 78개 개봉관에서 상영한 이 광고는 광고에서의 상황을 영화를 보기 위해 극장에 왔다가 영화 시작 전에 광고를 보게 되는 관객들의 실제 상황과 비슷하게 처리함으로써 공감의 폭을 넓히고 있다. 옛날 광고에서 "너도 진로," "나도 진로" 하니까 그 광고를 보던 관객들도 흥에 겨워 "너도 진로!" "나도 진로!" 하며 따라 부르고, 역시 옛날 광고에서 "진로 한 잔 하면" 하니까 관객들은 자리에 앉아 스크럼을 짜며 "진로 한잔 하면" 하고 어깨를 들썩거린다. 40년이라는 시간의 강을 광고에서는 이렇게 건너고 있는 것이다.

40여 년이 지난 지금에 와서 '선원' 편을 경배하는 까닭은 무엇일까? 전후의 잿더미 속에서 다시 나라를 일으켜 세워야 했던 그 때와 IMF 관리 체제 이후 '제2의 건국'을 해야 하는 상황이 너무 흡사했기 때문이리라. 특히, 히트한 배경 음악을 그대로 사용해서 주로 10~30대인 영화 관객들에게 옛 것이 주는 흥미와 생경함이 주는 공감을 동시에 유도하기 위함이었을 것이다. 1950년대의 애니메이션 수준을 엿보는 즐거움도 색다른 체험이리라.

농심의 형님소고기라면 광고 '주용만과 조형기' 편 역시 1977년에 제작된 농심라면 광고 '구봉서와 곽규석' 편에 대한 경배이다. 원작의 무대인 1970년대에는 사람들이 요즘처럼 바쁘게 살지는 않았던 것 같다. 인터넷이 없어도, 자가용이 없어도, 다리품을 조금만 팔면 다 해결되던 그런 시대, 그 때는 양보하는 마음도 미덕이었다.

경배 대상 광고인 '구봉서와 곽규석' 편에서처럼 양보의 미덕을 감동적으로 그려 낸 광고 작품이 또 어디 있을까? 형인 구봉서와 동생인 곽규석이 서로 먼저 먹으라며 상대방 앞에 라면 그릇을 밀어 내며 "형님 먼저!" "아우 먼저!" 하자, 동생은 마지못해 "그럼, 제가 먼저!" 하며 먼저 젓가락질을 한다. 그러자 안타까운 표정을 애써 감추려 하는 형의 모습을 보라. 양보의 미덕, 혹은 한국적 커뮤니케이션의 특수성을 실감나게 표현한 광고이다. 외국인들은 이 광고를 보고 '얼마나 맛없는 라면이기에 서로 안 먹으려고 밀쳐 낼

까?' 하며 고개를 갸우뚱거릴 것이다.

그로부터 20여 년 후, "형님 먼저 드세요!" "아우 먼저 들게나!" 하는 광고가 다시 나왔다. 원작을 너무 추모한 탓일까? 원작의 구조를 그대로 베끼고 있다. 광고 모델이 구봉서와 곽규석에서 주용만과 조형기로 바뀌고 화면 색상이 흑백에서 컬러로 바뀐 것 말고는 거의 그대로이다. 이를테면 '진로 파라다이스 극장'처럼 원작의 메시지를 새로운 형식에 담아 내는 노력조차 하지 않았다. 모두들 바쁘게 살아가는 세기말 시점에서 이런 식의 광고 커뮤니케이션이 얼마나 먹혀들지 의문스럽다. 삐삐면까지 나오는 요즘 세상에 "형님 먼저, 아우 먼저"라니?

농심 형님소고기라면
TV 광고
'주용만과 조형기' 편

농심라면 TV 광고
'구봉서와 곽규석' 편
(1977)

조형기 특유의 코믹한 목소리로 아무리 "아우가 먹어도 맛은 형님일세!"라며 억지로 우긴다고 해서 '구봉서와 곽규석' 편의 감동이 그대로 되살아나지는 않는다. 오히려 원작의 동일성을 해치기까지 한다. 차라리 원작을 있는 그대로 경배하되 새로운 그릇에 담았더라면 오마쥬 광고 미학의 새로운 장을 열었을 것이다.

원작을 추억하며 만들었지만 언제 보아도 상품을 사고 싶게 만드는 광고. 이런 광고가 강한 광고이다. 시간은 오래 지속되듯이 설득력이 강한 오마쥬 광고도 오래 지속된다. 20년, 40년, 아니 100년이라도 좋다. 필요하면 언제라도 다시 경배할 수 있을 테니까. 그러나 원작의 메시지를 현대적으로 해석하지 않는 오마쥬 비슷한 광고는 원작에 대한 경배가 아니라 모독이며, 설득하지 못하고 무조건 경배만 하는 광고는 죄악이나 다름없다. 현대 광고는 '상업 예술'이나 '설득 예술'에 가까울 터인데, 오마쥬 광고의 핵심 문법은 설득력 있는 장치를 통하여 원작의 메시지를 창조적으로 포섭하는 데 있지 않을까?

광고의 독립 운동: 키치 광고

모든 독립 운동은 위험하다. 그리고 외롭다.

성공하면 영웅이 되고 실패하면 역적이 된다는 속설처럼 체제를 전복하려는 모든 독립 운동에는 항상 모험과 열정이 공존한다. 3·1 독립 운동, 미국 독립 운동, 크로아티아 독립 운동 등. 이런 사정은 문화의 독립 운동에 있어서도 마찬가지다. 기존 질서를 거부하고 광고를 통해 새로운 문화 유토피아를 건설해 나가는 광고 독립군의 내면 풍경을 들여다보면 더욱 분명해진다. 지금, 광고의 독립 운동은 복고풍이나 키치의 형식을 빌려 전개되고 있다.

키치 *kitsch* 란 무엇인가? 키치란 예술에 있어서 '속악한 것,' '속이는 것,' '모호한,' '본래의 목적으로부터 빗나간,' '사용 방법을 이탈한 것' 등을 가리키는 용어이다. 영어의 스케치 *sketch* 나 독일어 동사 *kitschen* 등에서 그 어원을 찾아볼 수 있는 이 용어는 19세기 말 뮌헨의 예술가들 사이에서 유행한[8] 바 있었다. 아브라함 몰르 Abraham Moles 의 지적대로 처음부터 '긁어모으다,' '아무렇게나 주워 모으다'란 의미[9]로 예술가들 사이에서 더 자주 쓰이게 된 이 용어는 저 1960년대에 앤디 워홀을 버티게 한 정신적 지주 역할을 했는데, 이제 새삼스럽게 우리 광고의 표현 기법으로 떠오르고 있다. 키치적 사물과 이에 대한 태도의 발생은 서구 자본주의 시민 사회가 물질적으로 풍요로워지는 과정과 불가분의 관계[10]를 맺고 있는데, 이런 사정은 한국에서의 키치의 접목 과정에서도 큰 차이를 나타내지 않는다. 우리 주변의 키치 광고들을 보라! 또한 키치화된 현실은 우리 주변에 얼마나 많이 널려 있는가. 우리의 근대화 과정 자체가 근대성에 대한 구체적이며 주체적인 자각 없이 외국의 것을 맹목적으로 촌스럽게 모방하던 키치 의식이 아니었던가 싶다.

이런 맥락에서 광고 비평가 김홍탁은, 원본의 개념이 무너지고 복제와 모방이 오리지널리티를 앞서 버리는 상황에선 원본의 권위가 세워질 수 없으며 자연히 원본은 희화화의 대상으로 전락하여 원본 모독이 이루어지기 때문에 키치를 '양아치 미학'[11]이라고 명명한 바 있다. 그의 지적처럼 키치란 양아치 미학인가, 아니면 독립군 미학인가? 우리 나라에 복고풍의 옷을 입은 키치 광고의 등장은 열정으로 똘똘 뭉친 독립 운동의 성격을 띠게 된다.

복고풍의 키치 광고는 소비 사회의 단맛에 길들여진 대중들이 보기에 시대 착오적인 자극적인 도발에 가까웠다. 키치 광고를 맨 처음 세상에 내놓은 광고 독립군의 마음은 "지난날 강가에서 말 달리던 선구자"의 생각과 크게 다르지 않았을 것이다. 새로운 시도에는 늘 엄청난 부담이 뒤따르는 법. 자칫

---

8. http://myhome.shinbiro.com/~jmjh/art-kitsch.html

9. 아브라함 몰르, 《키치란 무엇인가?》, 엄광현 옮김, 시각과 언어, 1995, p.9.

10. 몰르, 앞의 책 p.11.

11. 김홍탁, "키치, 양아치 미학," 《광고, 대중 문화의 제1 원소》, 나남, 2000, p.113.

데이콤 터치터치 002 TV 광고 '달리는 전원주' 편

잘못하면 엄청난 제작비만 낭비할 수도 있는데, 그 노심초사하는 마음이 선구자의 그것과 무엇이 다르겠는가. 그러나 광고의 독립 운동이 시작되자 엄청난 반향을 일으켰다.

키치 광고의 포문을 연 데이콤의 터치터치 002 '달리는 전원주' 편은 만년 식모 역할만 하던 전원주를 모델로 써서 동시에 두 편을 방영했다. 이 광고는 때깔 좋고 반짝거리며 화려하게 포장하는 이전의 광고들을 비웃기라도 하듯이 복고풍의 옷을 입고 나타났는데, 이 광고는 결국 광고 표현에 있어서의 새로운 독립 운동을 선언하는 포고령이 된 셈이다.

광고가 시작되면, "어디선가 누군가에 무슨 일이 생기면~" 하는 1970년대 만화 주제가인 〈짱가〉의 멜로디가 울려 퍼진다. 아니, 전원주가? 단 한 번도 광고 모델을 한 적이 없는 탤런트 전원주가 유학 간 딸의 목소리를 듣겠다며 집음기를 들고 지붕 위를 뛰어다닌다. 그러자 "엄마~ 002" 하며 애타게 엄마를 찾는 아이의 목소리가 들려 온다. 장면이 바뀌어 촌스러운 차림의 아이는 구식 수동식 전화기를 들고 "엄마! 터치터치 002" 하며 키치 스타일로 연기를 하자, 다시 등장한 전원주는 역시 아줌마 스타일로 질편한 미소를 지으며 "싸다, 싸!" 하면서 상품에 대한 소비자 편익을 환기시키는 것으로 광고는 끝난다.

또한 '텀블링하는 전원주' 편에서는 전원주가 활주로 옆의 풀밭을 달려가다가 마음이 얼마나 다급했는지 아줌마 몸매로 텀블링을 시도하는 키치적인 광경이 벌어지기도 한다. 이 엉뚱함. 소비 사회의 대중들이 보면 말문이 막혀 버릴 정도로 기막힌 장면들이 원자 폭탄처럼 안방을 급습한다. 급기야 캥거루도 함께 뛰는데, 그 때마다 '002' 라는 숫자가 떠오른다. 아이가 "엄마~ 002" 하니까 전원주는 "터치터치 002~" 하는 배경 음악에 맞추어 전화기를 든 채 행복하고 푸근한 미소를 짓는 것으로 광고는 끝난다.

"저게 광고야?" 광고를 본 대중들의 대체적인 반응은 이랬다. 그러나 이 광고는 수용자의 주목만 끄는 것으로 광고의 기능을 다했다고 말할 수 있는 것인지, 통신 서비스에 대한 호감으로 연결될 수 있을 것인지, 아니면 표현의 특이성이 광고를 존재하게 하는 것인지에 대한 많은 논란을 일으키며 대중들의 입에 오르내리게 되었다. 결과적으로 이 광고는 대중의 주목을 끄는 데 성공함으로써 광고 독립 운동의 기치를 성공적으로 휘날리게 된다.

이 광고에서는 과감하게 키치적인 것들을 새롭게 조합함으로써 복고풍이 우리 광고의 토양을 비옥하게 할 새로운 표현 소재라는 점을 환기시켰다. 많은 소비자들이 국제 전화 하면 습관적으로 001을 누르기 때문에 소비자의 행동을 송두리째 바꿀 필요가 있을 때, 광고들이 너무 화려하고 때깔이 좋아서 아무리 다르게 만들어도 크게 달라 보이지 않을 때, 이런 상황에서 키치 광고는 독립군의 최신 무기가 된 것이다.

이 광고 이후, 우후죽순 격으로 키치 광고가 쏟아져 나왔다. OB맥주의 OB라거 광고 '뽀뽀' 편에서는 함께 데이트하던 여자가 1970년대 스타일의 구애 표현으로 "나 잡아 봐요. 어머, 아파!" 하니까, 영화 배우 박중훈이 "아파? 우리 심심한데 뽀뽀나~" 하며 야릇한 눈빛을 건네며 막 키스하려는 순간, 연극 배우 최종원이 끼여들며 "오징어, 땅콩, 라거 있어요. 네! 드세요,

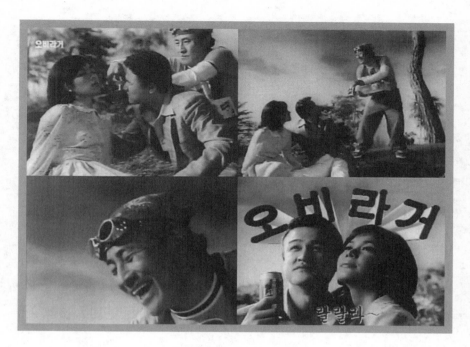

OB맥주 OB라거 TV 광고 '뽀뽀' 편

네! 받아 잉~" 하는 웃기는 스타일을 보라. 또한 복싱 세계 타이틀전에서 챔피언이 된 홍수환 선수를 소재로 "엄마, 나 챔피언 먹었어!" 하는 삼성전자 기업 PR 광고나, 고두심과 전원주가 마귀 할멈과 백설 공주로 분장해서 나온 삼성냉장고 따로따로 광고 또한 이 범주에 속한다.

지역 정보지 교차로 광고 '이경실' 편 역시 키치적인 소재를 활용한다. 이 광고는 장미희 주연의 드라마 〈육남매〉의 소재를 차용한 것이다. 21세기의 문턱에서 새삼스럽게 '육남매'라니? 어쨌든 TV 드라마를 패러디한 이 광고에는 개그우먼 이경실이 출연한다. 이경실이 드라마에서의 장미희처럼 "똑 사세요" 하며 너무 힘들게 떡을 팔러 다니니까 함께 따라가던 아이가 "엄마, 우리도 떡집 차리자" 하며 간청한다. 그러자 엄마는 아이를 나무라는 투로 "방이 나가야 떡집을 차리제" 하는데, 잠시 후 〈교차로 떡집〉 간판을 내건다는 내용이다. 일부러 흑백의 모노 톤을 사용했고 모델의 옷차림도 1960년대식으로 처리함으로써 키치 광고의 한 획을 긋는다.

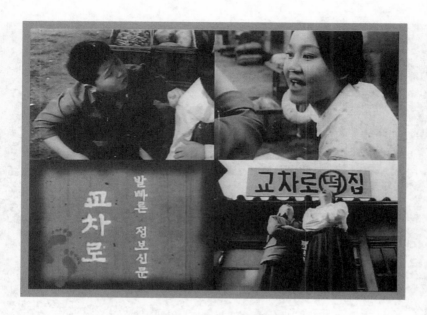

교차로 TV 광고 '이경실' 편

한국통신프리텔 Na TV 광고
'출생의 비밀' 편

광고의 독립 운동은 한국통신프리텔의 Na 텔레비전 광고 '출생의 비밀' 편에 이르러서야 그 절정에 도달하게 된다. 통신 광고라면 으레 세련미가 넘쳐야 한다는 상식을 비웃기라도 하듯 이 광고에는 촌스러운 흔적들이 덕지덕지 붙어 있다. 아니, 광고 창작자는 키치의 미학을 시험하고 있는 것이다.

어디서 골라 냈는지 요즘 톡톡 튀는 아이들과는 달리 못생기고 촌티가 줄줄 흐르는 사내 녀석이 달동네 좁은 골목길에 서서 이상 야릇한 포즈를 취하며 "아버지, 나는 누구예요?" 하며 고래고래 소리를 지른다. 불량스런 아들의 반복되는 질문에 텔레비전을 보던 아버지는 "아, 이게 또 시작이야?"라며 짜증스러워 하면서도 창 밖으로 고개를 내민 채 "몰라서 물어? 나도 몰라~" 하며 시큰둥하게 대꾸한다. 그러자 불량스런 아들은 "난 알아요. 난 공짜예요. 공짜가 좋아요" 하며 엉뚱하게 대답하고는 천진난만한 웃음을 남기며 총총히 사라져 버린다. "세상에 공짜가 어디 있겠냐?" 하며 아버지는 혀를 차지만 광고의 끝 무렵에 "세상을 다 가져라"라는 내레이션이 흐름으로써 간신히 핵심 광고 주장으로 수습되는 형국이다.

이전의 광고 문법으로 보면 절대로 이해할 수 없다. 저게 광고야? 많은 소비자들은 이렇게 반문할 수도 있었을 것이다. 광고 표현에 있어서도 최첨단을 지향하는 통신 서비스 분야에서 촌스럽다 못해 불량기가 철철 넘치는 소년을 화면에 가득 채움으로써, 과연 모델 박용진이 광고 모델 자격이 있는지조차 의문스럽게 한다. 지금은 찾아볼 수 없는 1970년대풍의 삼식이 머리를 하고 있으며, 어디서 그런 옷을 골라 입었는지 의상 또한 촌티가 줄줄 흐른다. 그러나 이 광고는 그 생경한 스타일과 키치적인 영상 처리 때문에 오히려 수용자의 눈길을 끌고 있으니 역설적으로 말해서 광고의 독립 운동에 성공한 셈이다.

Na란 무엇인가? N세대가 현실 세계와 가상 세계에서 조화를 이루며 사는 데 필요하다는 'n016'의 상표 이름일 뿐이다. 다시 말해, 'Na'란 내가 아닌 한 통신 회사가 자사의 통신 서비스를 수용자의 머릿속에 쉽게 기억시키기 위해 일부러 만들어 낸 문자 기호이다. 억지로라도 쉽게 기억시키기. 억지로라도 촌스럽게 만들어 무료 서비스를 쉽고 파격적으로 알리기. 이것이

'Na'의 브랜드 네이밍 법칙이며, 'Na'의 광고 창작 방법론이다.

결국, 이 광고에서는 나를 청소년의 정체성 문제와 연결하여 어른들이 바라보는 청소년이 아닌 청소년이 느끼는 젊은 날의 초상을 과장된 리얼리티로 극대화함으로써 공감대를 확산시키고 있다. 세상에는 모범생보다는 그렇지 않은 청소년들이 많다. 비록 모범생이라 할지라도 의식은 늘 불량스러운 청소년 세대의 특징으로 볼 때, 키치 스타일은 세대간의 공통 언어로 작용할 수 있다. 이런 맥락이 전제되기 때문에 키치로 무장한 광고의 독립 운동은 상당한 지지를 얻게 된다.

광고의 독립 운동이 이렇게 쉽게 먹혀 들어간 까닭은 무엇일까? 우선, 지나친 도시화에 대한 반성의 목소리가 높아지고 있는 마당에 과거의 풍속도 속에서 존재의 이유를 찾고자 하는 수용자의 의식과 자연스럽게 맞물리고 있기 때문이다. 또한 늘 새 것만 추구하며 살다가 '새 것 콤플렉스'에 빠져서 허우적거리던 사람들이 산업 사회의 문화 질서에 식상한 끝에 한 번쯤은 복고의 태풍 속으로 돌아가겠다며 마음의 창을 열어 놓았기 때문이다. 하지만 알고 보면 광고의 독립 운동은 위장된 과거 회귀나 다름없다. 복고풍의 옷을 입은 키치 광고도 사실은 마치 새 것처럼 정교하게 가공해서 시장에 내놓은 문화 상품에 가깝기 때문이다.

키치 광고는 우리의 기억 속에 아득한 추억으로 남아 있는 '이발소 그림'의 성격을 갖는다. 우리가 어렸을 적에 이발하러 가면 새끼돼지 열 마리가 어미돼지의 젖을 물고 있고, 그 위에 '가화만사성家和萬事成'이라는 상투적인 글이 쓰여 있던 추억의 이발소 그림! 1980년대 민중 미술가들은 제도권 미술이 현실 문제를 외면한다는 점을 비판하며, 이발소 그림이 엄청난 수요를 창출하고 순수 미술이 갖지 못한 대중 친화력을 가지고 있다고 보았다. 민중 미술가 민정기가 이발소 그림 그리기를 필생의 작업으로 삼았던 것도 "권력에 순치된 미술과 껍데기 모더니즘을 조롱하기 위한 것"[12]에 다름 아니었다. 키치 광고가 껍데기 모더니즘을 조롱하는 이발소 그림의 창작 정신을 이

---

12. http://www.dongailbo.co.kr/docs/magazine/news_plus/news175/np175ii020.html

어받았는지는 알 수 없지만, 상투화된 패턴을 지향하는 통속성을 갖는다는 점에서는 같은 맥락을 띠고 있다.

앞으로도 키치 광고는 우리 광고에 활력을 불러일으킬 것이다. 그러나 앞으로의 광고를 책임질 광고 독립군들은 막연한 소재주의에서 벗어나 우리 주변에 널려 있는 키치적인 소재들을 어떻게 하면 가장 절묘하게 상품 미학과 연결시킬 수 있을 것인지를 보다 구체적으로 고민해야 한다. 럭비 공처럼 어디로 튈지 모르는 소비자 심리에 비춰 보면, 이발소 그림 같은 소재의 특이성 그 자체만으로는 일시적인 주목을 끌 수 있을지 몰라도 지속적인 판매를 일으키기는 어렵기 때문이다. 키치적인 소재들이 상품 미학을 더욱 빛나게 하는 날카로운 무기가 되었을 때에 비로소 키치 광고는 양아치 미학이 아닌 '독립군 미학'을 확보하게 된다.

유치 찬란하면 백전백패: 아류 키치 광고

"눈에 띄게 하는 것은 아무렇게나 해서 되는 것이 아니다. 나름대로의 작법이 있다. 그 작법은 창의력에서 나온다. 그래서 광고인이 지녀야 할 가장 기본적인 무기는 창의력이다. 창의력은 광고인의 칼이요, 총이다. 그러므로 창의력은 어쩌다 발휘되는 비장의 무기가 아니라 항상 갖추고 있어야 하는 크리에이터의 필수품이다."[13]

키치 광고가 유행하자 앞서거니 뒤서거니 하며 키치 광고 비슷한 것들이 나왔다. 자본주의의 꽃이라는 광고는 한 시대의 유행을 창조해 나간다. 여차하면 늦을세라 영화, 드라마, 뮤직 비디오 등 여타 대중 매체보다 늘 한 발 앞서 달

---

13. 김규철, 《광고 크리에이티브》, 서울미디어, 2000, p.21.

려 나간다. 유행의 끝과 시작을 알고 싶으면 광고를 보라고 했는데, 어찌 된 영문일까. 첨단, 최첨단을 넘어, 극첨단을 달려도 모자랄 지경일 텐데 표현 기법이 30~40년씩 뒤로 후퇴하는 아류 키치 광고들이 창궐하고 있다.

아류 키치 광고란 무엇인가? 광고 표현이나 메시지 전달 방식이 영 서툴러서 촌스러운 느낌을 주는 광고. 낡아빠진 옛 것을 표현 소재로 차용할 뿐 키치적인 것들이 상품 미학의 축적과는 전혀 무관한 그저 '눈에 띄게 하는' 수단으로만 쓰인 그런 광고들. 유치 찬란해서 제정신으로는 도저히 봐 주기 어려운 광고들을 아류 키치 광고라고 한다. 새 것도 부족해서 좀더 새로운 것, 좀더 색다른 것을 추구하는 것이 광고 창작자들의 대체적인 성향일 텐데 아류 키치 광고라니? 광고인의 칼이요, 총인 창의력 결핍증 때문에 이런 결과가 나타나고 있다.

이른바 키치 광고를 유치한 광고라며 맹목적으로 비판할 수는 없다. 키치 광고를 꼼꼼히 살펴보면 그 나름의 미학적 문맥이 내재되어 있다. 키치 광고는 모두가 공감할 수 있는 지난 시절의 사진첩을 활용함으로써 수용자로 하여금 추억 속으로 시간 여행을 떠나게 한 다음, 마침내 상품에 대한 호감을 이끌어 내고 결국에는 상품 미학을 구축하는 힘을 발휘한다.

그러나 아류 키치 광고는 추억의 사진첩을 활용하듯이 허튼 수작을 부리지만, 미학적 완결 구조를 확보하지도 못하고 오히려 상품 미학을 해치는 유치 찬란한 상태에 머무르고 만다. 차별화를 위한 차별화는 차별화가 아니다. 차별화 그 자체만을 위한다면 교수가 운동화를 입에 물고 강의실에 들어서는 것도 차별화의 한 가지 방법이 될 수 있겠다. 그러나 아니다. 키치 스타일을 모방해서 일부러 유치 찬란하게 표현하는 것이 눈에 띄는 방법은 되겠지만 아류 키치 광고에 나타난 표현들은 광고에서 말하는 차별화가 아니다.

광고가 공식 예술 *official art* 이나 국가 예술 *state art* 은 아니라 할지라도 그럼에도 불구하고 광고는 명백한 예술이다.[14] 광고 표현이란 미묘한 것이며,

---

14. Michael Schudson, *Advertising, The Uneasy Persuasion: Its Dubious Impact on American Society*, New York: Basic Books, 1984, p.222.

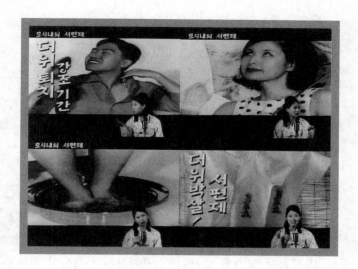

좋은 사람들
서편제 TV 광고
'더위 박살' 편

항상 변하는 예술적 속성을 갖는다. 광고는 공식화 *formulation*를 거부한다. 신선할 때 꽃이 피고 모방할 때 시든다. 지금 여기에서 효과적인 광고가 다른 곳에서는 효과적이지 못한 것은 바로 이런 이유에서이다.[15] 상품을 더 빛나게 하지 못해서 야단들인데 이처럼 유치 찬란한 광고를 만들고 게다가 모방까지 하게 되면, 그 광고 상품은 암울한 장래를 맞이하게 될 것이다. 역설적으로 말해서, 아류 키치 광고를 만드는 광고 창작자들은 참 무모한 광고 전사들인 것이다.

좋은 사람들의 모시 내의 서편제 광고 '더위 박살' 편을 보자. 광고가 시작되면 '더위 퇴치 강조 기간'이라는 자막이 나온다. 저개발 독재 시대에 정부에서 행하는 반공 캠페인 같은 냄새가 물씬 풍기는 그런 내용이다. 그런데 이건 또 무슨 말인가? 1960년대식으로 촌스러운 한복 차림을 한 여자 아나운서가 화면의 아래쪽에서 턱 하니 마이크를 붙잡고 서서 더위 퇴치를 열심히 강조하고 있다. 변사 스타일의 신파조로 광고 메시지를 전하는 아나운서를 보면 웃음이 절로 나온다.

"요기도 덥다, 조기도 덥다. 아, 덥다, 덥다. 올 여름의 피서지 서편제. 좋은 사람들이 만들었으니 맵시도 좋아요. 더위 박살 서편제. 감사합니

15. 김규철, 앞의 책, p.25.

다." 아나운서가 말하는 중간에 목을 닦아 내거나 물이 가득 담긴 대야에 발을 담그고 있는 남자의 모습이 보인다. 이게 무슨 영상 시대의 광고야? 일부러 이렇게 만들려고 기를 쓰지 않았다면 도저히 나올 수 없는 광고이다. 카피를 전달하는 아나운서의 목소리를 다시 한 번 들어 보라! 그야말로 어느 시골 마을의 회관 스피커에 대고 마을 이장이 방송하는 것 같은 그런 목소리이다.

태평양제약의 케토톱 광고 '국민 체조' 편이 시작되면, 저 1970년대의 국가 보건 체조 시간의 풍경이 주마등처럼 스쳐 간다. 누구 하나라도 그 시간에 빠지면 우리 국민 전체의 건강에 큰일이라도 날 듯이 엄숙한 비장감마저 감돌게 하던 국민 체조 시간. 태극기가 있는 단상에 커다랗게 쓰인 '국민 체조'라는 자막이 보이는데, 앞에서는 사람들이 횡대로 늘어서서 "하나! 둘! 셋!" 하는 구령에 맞춰 체조를 하고 있다.

단상 아래쪽의 강당에는 검열관들이 모여 앉아 체조 동작을 하나하나 점검하고 있다. 이 무슨 썰렁한 광경이란 말인가! 이런 썰렁한 장면이 도대체 상품 판매와 무슨 상관이 있는 것일까? 구령에 맞춰 한참 열심히 다리 운동을 하던 탤런트 나문희가 무릎을 구부리는 순간 뼈마디가 쑤시는 모양이다. 억~ 하고 찡그리는 순간, 아나운서 이계진이 나와 그러니까 케토톱으로 쑤시고 아픈 걸 캐내라는 듯이 "캐내십시오, 캐요, 캐" 하고 말한다. 상표명인 케토

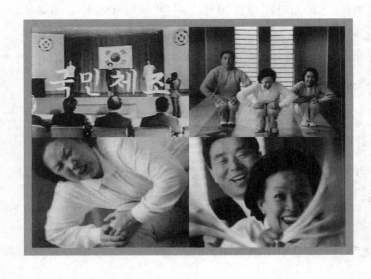

태평양제약 케토톱
TV 광고
'국민 체조' 편

톱을 연상하기 쉽게 하기 위해 이렇게 처리한 것이다.

이를테면 이 광고에서는 일부러 유치한 장난을 치고 있다. 왜 그랬을까? 왜 하필이면 유치하기 짝이 없는 국민 체조에서 소재를 따온 것일까. 그동안 좋은 광고를 많이 만들어 온 태평양제약의 광고 창작 스타일에 비춰 볼때 쉽게 이해되지 않는 대목이다. 그 이유를 몇 가지로 정리할 수 있다. 어쩌면 일부러 촌스럽게 보여 줌으로써 지나 온 날들을 회상하게 하기, 아니면 빛바랜 사진첩을 향수 비슷한 당의정으로 포장함으로써 상품에 대한 소비자들의 태도를 한층 가깝게 만들기, 또는 다들 튀겠다며 요란스럽게 떠드는 마당에 설익은 표현물을 어설프게 보여 주기보다는 확실히 촌스러운 방법으로 '난, 이렇게 유치 찬란해'라고 말함으로써 눈길만이라도 확 끌어모으기 등일 것이다. 광고 창작자들은 대략 이상의 몇 가지 이유 때문에 이런 식의 아류 키치 광고를 만들었을 것이다. 그러나 키치 광고의 유행이라는 시류에 편승하고 있으며, 상품 미학이나 상표 개성을 확보하는 데는 아무래도 힘이 부친다. 독창적인 작법이 없기 때문에 이런 결과가 나타난 것이다.

유치하게 말하는 방법은 일단 소비자들의 눈길은 끌 수 있을지 모른다. 그러나 광고 효과 측면에서 볼 때 이런 식의 아류 키치 광고가 상품 판매에 큰 영향을 미쳤다고는 볼 수 없다. 상품의 이미지는 상품 개발에서 광고 표현에 이르기까지 여러 요소들이 다양하게 결합되고 각각의 요소들이 상호 작용하는 과정에서 자연스럽게 형성된다. 좋았던 상품 이미지도 자칫하면 어느 한 순간에 끝 모를 나락으로 추락할 수도 있다.

아류 키치 광고들은 일부러 생경한 느낌을 줘 수용자의 눈길을 끄는데는 성공할지 몰라도, 장기적으로 상표 자산을 구축하기는 어렵다. 빛 바랜 사진첩이라는 소재를 무조건 차용만 했지 독창적인 방법으로 변주곡을 연주하지는 못했으며, 그것이 결국 상표에 대한 소비자의 호감도를 떨어뜨리는 결과를 초래한 것이다.

광고 표현의 독특함만으로 끝없이 확장되는 광고 창의성의 세계를 말할 수는 없다. 차별화 그 자체만을 드러내려면 차라리 단편 영화를 만들든가, 아니면 다큐멘터리를 제작할 일이지, 텔레비전 광고를 힘들게 만들어야 하는 이유가 어디 있겠는가. 그것도 광고주의 소중한 돈으로! 결론적으로, 미학적 완결성이나 아이디어의 발효 과정 없이 맹목적으로 유치 찬란하게 만드는 그런 광고들은 수명이 짧게 마련이다.

　　"소비자는 결코 아둔하지 않다. 당신의 아내와 같다."[16] 광고 창작자들이여! 먼저 팝 아트의 실험 정신을 배우든가, 키치 예술의 저항 정신에 도전할 때이다. 우선 소비자의 주목만이라도 끌어 보자는 유치 찬란한 아류 키치 광고를 만들면 백전백패하게 된다. 자신의 아내처럼 현명하고 무서운 소비자들을 가볍게 보지 말라. 어쩌면 그들은 겉으로는 웃는 척하지만 속으로는 그 광고 상품을 철저히 외면하고 있을 것이다.

어디까지 이어 갈 것인가: 릴레이식 광고

광고, 고수, 수영, 영화, 화장, 장미, 미용실, 실패, 패기, 기분, 분노, 노고단, 단상, 상장, 장수……

　　끝말 잇기 놀이는 언제 누구와 해도 즐겁다. 자동차 여행을 하다 길이 막히면 심심풀이로 잠깐씩 해도 좋고, 집안에서 가족들과 한가로운 시간을 보낼 때 해도 좋다. 남녀노소 가릴 것 없이 누구나 할 수 있는 놀이가 바로 이 끝말 잇기다. 이 놀이를 하다 보면 상대방의 입에서 어떤 단어가 튀어나올지 몰라 가슴을 졸이는가 하면 상대방의 풍부한 어휘력 앞에 무릎을 꿇는 경우도 많다. 그리고 기대감과 놀라움이 증폭되는 가운데 기상 천외한 언어의 유희에 빠지게 되는 경우도 있다. 끝말 잇기 놀이를 광고에 도입하면 소비자들은 어떤 반응을 보일까?

---

16. David Ogilvy, *Confessions of an Advertising Man*, New York : Ballantine, 1971, p.84.

SK텔레콤의 스피드 011 "그러나 스피드 011이 있다" 캠페인은 끝말 잇기 놀이의 핵심 코드로 작용하는 기대감과 놀라움을 적절히 활용한 릴레이식 시리즈 광고이다.

첫번째 광고 '편의점' 편에서는 탤런트 이민우가 어떤 편의점에서 아르바이트를 하는데, 탤런트 이나영이 그 편의점 계산대 앞에서 돈을 지불하고는 자신의 다이어리를 깜빡 잊고 놓고 나간다는 내용이 나온다. 급히 다이어리를 집어 들고 뛰어나가는 이민우. 하지만 구름같이 몰려드는 인파 속에서 그녀를 찾기란 하늘에서 별따기보다 어려워 보인다. 잠시 포기한 듯한 이민우는 그녀의 다이어리를 가슴에 꼭 품고 걱정 없다는 듯한 표정을 지으며 하늘을 쳐다보는데, 이와 동시에 "그녀는 없다. 그러나 스피드 011이 있다"라는 카피가 내레이션으로 흐른다. 즉, 스피드 011 전화 번호가 적힌 그녀의 다이어리 하나면 언제 어디에서도 문제 없다는 소비자 편익을 전달하고 있는 것이다. 지젤의 〈If〉가 배경 음악으로 쓰이면서 감미로움을 더해 준 광고이다.

뜻밖에도 광고 수용자들은 이 광고에서 개그맨 신동엽을 만나게 된다. 이민우가 인파가 넘치는 거리에서 다이어리를 가슴에 안은 채 하늘을 쳐다보며 행복한 표정을 짓는 순간, 우연히 스치며 지나가던 신동엽이 함께 하늘을 쳐다보며 의아한 표정을 짓는 행인 1로 나온다. 이 때까지만 해도 광고 수용자들은 신동엽을 그저 우연히 카메라에 잡힌 카메오로 인식한다. 빅 모델 신동엽이 행인 1로 등장하는 상황이 조금은 뜻밖이었지만 광고 창작자가 의도한 단순한 재미 정도로만 받아들였을 것이다. 그러나 곧바로 이어진 후속편을 보면 릴레이식 광고 문법을 조금씩 눈치채게 된다.

'화장실' 편을 보면 개그맨 신동엽과 모델 이소라가 연인 사이로 등장한다. 어떤 놀이 공원에서 즐거운 시간을 보내던 두 사람은 무슨 급한 볼일이 있는지 놀이 기구에서 내려와 나란히 걷는다. 그룹 아치스의 〈슈가 슈가〉라는 배경 음악이 분위기를 한껏 고조시킨다. 두 사람은 행여 놓칠세라 두 손을 꼭 붙잡고 농담을 주고받으며 정면으로 걸어오는데, 그 사이를 가로지르는 훼방꾼이 등장한다. 양 손 가득 아이스크림을 사들고 맞은편에서 걸어오던 가수 조성모가 둘 사이를 가로지른다. 그러자 둘은 동시에 손을 치켜들어 그 사

SK텔레콤 스피드 011 TV 광고 '화장실' 편

SK텔레콤 스피드 011 TV 광고 '입대' 편

이로 조성모를 빠져 나가게 하고 절대로 손을 놓지 않고 목적지 앞에 도달하는데 어이없게도 그 곳은 화장실 앞이다. 도대체 얼마나 사랑하길래 화장실 앞에서 잠깐 헤어지는 것도 용납할 수 없는 것일까? 화장실 사인 앞에서 두 사람이 머뭇거리는 순간 "헤어질 때도 있다. 그러나 스피드 011이 있다"라는 캠페인 슬로건이 내레이션으로 흐른다. 그 순간 남녀 표시로 되어 있던 화장실 사인이 서로 통화하는 장면으로 바뀜으로써 광고 보는 재미를 더해 준다.

적절한 캠페인 테마를 일상의 한 순간으로 축약시킨 이 광고는 메시지의 주목률이나 설득력 측면에서도 뛰어난 작품이지만, 우리가 이 작품을 특히 주목하는 까닭은 가수 조성모를 엑스트라 모델로 등장시켜 후속 광고의 연결 고리로 삼았다는 점이다. 한창 잘 나가는 가수를 엑스트라로? 뭔가 특별한 복선을 깔고 있지 않다면 광고에서의 이러한 구성은 무모한 설정에 불과할 뿐이다. 고액의 모델료와 그에 걸맞은 노출 강도와의 상관 관계를 생각해 보면 조성모의 엑스트라 출연을 이해하기 어렵다. 하지만 곧이어 나온 '입대' 편을 보고 나면 이 시리즈 광고들의 핵심 전략을 금방 눈치채게 된다. 앞 광고에서의 엑스트라 모델을 다음 광고에서는 주요 모델로 등장시키는 방법, 이를테면 릴레이식 광고 기법인 셈이다. 소비자들을 감쪽같이 속이는 퍼즐 게임을 함으로써 다음 광고에 대한 기대감을 증폭시킬 수 있는 이 방법은 보통의 티저 광고와는 전혀 다른 표현의 세계이다.

'입대' 편에서는 조성모가 군대 가기 위해 이발소에서 머리를 깎는 장면이다. 이 광고에서 조성모는 어엿한 중심 모델이 되었다. "짧게 자른 내 머리가……" 하는 김광석의 〈이등병의 편지〉가 절절하게 흐르고 있는데 자동 이발기의 모터 돌아가는 소리가 윙윙거린다. 여자 친구는 몇 발짝 떨어져서 머리카락이 잘려 나가는 그 광경을 안타깝게 지켜 본다. 그 때 농구 선수 서장훈이 이발소 출입문을 밀치고 들어오는 장면이 흐릿하게 보인다. '아, 다음 광고에는 서장훈이 주요 모델로 등장할 모양이군!' 눈치 빠른 시청자라면 이런 생각을 할 것이다. 머리를 깎은 조성모는 훈련소로 가지만 끝내 안타까운 표정을 지으며 여자 친구의 손에 자신의 휴대폰을 꼭 쥐어 준다. 이 순간 "나 군대 간다. 그러나 011이 있다"라는 카피가 짧게 흐른다. 군대를 가 본 사람은 누구나 공감할 수 있을 만큼 설득력 있는 상황 설정이다.

　　이 시리즈 광고들은 스피드 011을 갖고 싶은 번호로 기억시키는 데 기여할 것 같다. 이 광고의 흐름과 전혀 무관한 장면을 중간에 끼워 넣음으로써 끝말 잇기 같은 효과를 내고 있는데, 우리가 이 광고에 특히 주목하는 가장 큰 까닭은 이와 같은 방법의 새로움 때문이다. 티저 광고를 만들 때는, 알리고자 하는 내용을 한꺼번에 제시하지 않고 조금씩 감칠맛 나게 제시함으로써 광고에 대한 소비자의 관심을 높여 나가는 쪽으로 아이디어를 집중시킨다.

　　티저 광고를 집행하면 어떤 흐름을 정해 놓고 순서대로 메시지의 노출을 강화시키며 한꺼번에 다 보여 줄 때보다 광고에 대한 소비자의 관심을 집약시킨다는 장점은 있지만, 각각의 광고들이 한 편씩 따로따로 떨어져 있을 때는 각 편의 메시지 구성이 불완전한 미완성 구조를 갖는다는 약점이 있다.

　　이에 비해 릴레이식 광고는 한 편 한 편이 완결 구조를 갖는 동시에 다음 광고의 전개 방향에 대한 기대감까지 높이는 장점이 있다. 특히 대중에게 친숙한 빅 모델을 광고에 출연시키되 엑스트라 모델에서 주요 모델로 격상시키는 과정을 거치게 함으로써 수용자를 광고의 전개 과정에 참여하도록 한다. 바로 이 점이 릴레이식 광고의 보이지 않는 힘이다.

　　어떤 모델을 써서 어떠한 내용으로 이야기를 끌고 나간다 할지라도, 이어 가는 재미와 어디로 튈지 모르는 소재의 다양함 때문에 광고 캠페인으로서의 힘을 느끼게 한다. 광고 수용자들은 어떤 단어가 튀어나올지 알 수 없는 끝말 잇기 놀이를 할 때처럼 약간의 흥분과 기대감 속에서 친숙한 광고 잇기 게임을 즐기게 될 것이다. "효과적인 광고를 만드는 비결은 무조건 새로운 카피와 그림을 창조하는 데 있지 않고 카피와 그림을 새로운 관계 속에서 친숙하게 접목시키는 데 있다."[17] 이처럼 릴레이식 광고에서는 엑스트라 모델이 중심 모델로 커 나간다는 X축만 있을 뿐, 그에 상응하는 재미있는 내용으로 이야기 구조를 만들어 완결해 나가는 Y축은 없다. 바로 이 Y축이 수용자들에게 남겨진 몫인 것이다.

---

17. Leo Burnett, *100 LEO's*, Chicago, IL : Leo Burnett Company, 1980, p.72.

릴레이식 광고는 빅 모델을 쓰되 빅 모델에게 모든 것을 맡긴 상태에서 상황이 끝나 버리는 여느 광고들과는 달리, 빅 모델 전략의 강점을 더욱 강화시킨다. 또한 티저 광고의 약점을 강점으로 변화시키는 묘한 힘을 가지고 있다. 앞으로 릴레이식 광고는 광고 메시지의 누적 효과를 담보하는 동시에 여러 가지 표현 방법에서 나타나는 약점들을 보완해 주는 효과적인 표현 방법으로 자리잡을 것이다.

두 얼굴의 광고 모델: 클론 광고

두 얼굴을 가진 사람! 이런 사람은 보통 좋지 않은 사람이라는 의미로 받아들여진다. 이중 인격이나 인면수심 人面獸心 같은 말이 나온 것도 인간의 이중성을 경계하고 비판하는 뜻이 강했기 때문이 아니었을까. 한 인물의 또 다른 모습은 언제나 위험하다. 언제 어디서나 일관성을 갖는 사람만이 믿음을 준다. 이것이 우리가 살아가는 보편적인 덕목이었다. 이처럼 한 인물이 일관성을 갖고 살아가는 것을 아주 당연하게 생각하면서도 정작 드라마나 광고에서 그 인물의 또 다른 면모가 나타났을 때 사람들은 외면하기보다 재미를 느끼는 것은 무엇 때문일까?

텔레비전 시리즈물 〈두 얼굴의 사나이〉가 많은 사람들의 시선을 끌어모은 데는 그만한 까닭이 있다. 한 인물이 전혀 다른 두 가지 모습으로 등장하면서 상상할 수 없는 색다른 세계를 보여 주었기 때문이다. 평범한 인물이 의협심에 불타는 열혈남아로 변신하여 악당들을 물리친다는 아주 단순한 내용인데, 줄거리의 엉성함에도 불구하고 반전에 반전을 거듭하는 변신 과정이 보는 이로 하여금 손에 땀을 쥐게 하였다. 이처럼 한 인물의 변신 이미지는 늘 설렘과 재미를 동시에 가져다 준다.

나드리 사이버 21 립싸인 TV 광고 '두 입술을 가진 여자' 편

　　광고에서도 이런 사정은 크게 달라지지 않는다. 텔레비전 광고를 보면 같은 광고 안에서 모델은 같은데 두 가지 역을 소화하는 광고들이 부쩍 늘고 있다. 한 광고 안에서 같은 모델이 또 다른 역을 맡음으로써 1인 2역의 색다른 분위기를 만들어 낸다. 모델 배치를 이렇게 하는 것을 클론 모델 전략이라고 한다. 클론 모델 전략은 한 광고 안에 모델을 복제시켜 배치한다는 뜻이다. 복제 양이나 복제 원숭이가 태어났듯이 이제 복제 모델이 태어나서 소비자의 시선을 붙잡으려고 애쓰고 있다. 한 모델의 두 가지 역할을 따로따로 나누어 찍은 다음 그것을 컴퓨터 그래픽으로 합성하면 마치 1인 2역의 모노드라마 같은 색다른 광고가 만들어진다.

　　나드리 사이버 21 립싸인 광고 '두 입술을 가진 여자' 편을 보면 두 명의 최진실이 등장한다. 탤런트 최진실이 쌍둥이 동생이라도 있었나? 아니다. 1인 2역으로 출연한 최진실의 두 얼굴일 뿐이다. 최진실은 긴 머리에 섹시하고 성숙한 분위기를 풍기며 공원 의자에 앉아 있다. 카메라가 움직이자 최진실은 짧은 머리에 청순하고 상큼한 소녀로 변신한다. 청순한 소녀 모습

의 최진실은 우체통 옆에 서 있다가 카드를 읽고 립스틱을 바른다. 더러는 두 최진실이 의자에 나란히 앉아 있기도 하고, 한 최진실이 의자에 앉아 있자 다른 최진실은 의자 뒤에 서서 카드를 읽기도 한다.

조금은 혼란스럽기도 하지만, 곧바로 이어지는 카피 한 줄이 상황을 뒤집어 버린다. "오늘 두 입술을 가진 여자를 만났습니다. 한 입술에서 가을을 느꼈고, 또 한 입술에서 낙엽을 보았습니다. 두 입술을 사랑합니다." "두 입술을 가진 여자 — 나드리 사이버 21 립싸인!" 이 카피는 남자의 잔잔한 목소리로 전달함으로써 여자의 입술을 떠올리게 하는 동시에 같은 사람이라도 메이크업에 따라 여러 모습으로 변신할 수 있다는 점을 인상 깊게 전달한다. 이처럼 클론 모델 전략은 누구라도 두 입술을 가질 수 있고, 경우에 따라서는 두 모습도 가질 수 있다는 광고 메시지를 전달하는 데 큰 힘을 발휘하고 있다.

LG 생활건강 더블리치 칼라업 샴푸 광고 '윤기 있는 머리' 편은 두 명의 김소연이 대화를 나누는 형식이다. 탤런트 김소연이 머릿결을 만지며 다른 김소연에게 "어, 분명 같은 칼라인데?" 하며 왜 다르냐는 듯이 반문하자 다른 김소연은 그것도 모르느냐는 듯이 "윤기가 다르잖아" 하고 대꾸한다. 그러자 한 김소연은 다른 김소연에게 "무슨 샴푸 써?" 하고 묻게 되고, 다른 김소연은 "칼라 머리에 윤기를 주자"라며 상품 이름까지 알려 준다.

이를테면 머릿결이 상해 있는 김소연이 머릿결이 잘 정돈된 다른 김소연에게 "왜 머리 윤기가 다르지?" 하고 하소연하면 다른 김소연은 칼라업 샴푸가 그 해결책이라며 알려 주는 형식을 취하고 있다. 해결책에 공감한 두 명의 김소연은 함께 투게더의 노래에 맞춰 줄넘기를 하는데, 광고 수용자들에게 복제 모델의 색다른 분위기를 느끼도록 해 준다.

애경 B&F 화장품 광고 '빈틈 없는 여자' 편을 보면 영화 〈여고괴담〉에서 일약 스타로 떠오른 김규리를 내세운다. 역시 두 명의 김규리가 광고 메시지를 전파하는 전도사 역할을 톡톡히 해내고 있다. 보통 때와 마찬가지로 깜찍한 모습의 김규리가 복제 모델의 원본이라면 머리를 올린 아줌마 스타일의 김규리는 원본을 복제한 모델이다. 다시 말해, 평소에 모공 관리를 잘한 김규리는 '빈틈 없는 여자'로, 모공 관리에 전혀 신경 쓰지 않은 또 다른 김규리는 '틈이 있는 여자'로 그려지고 있다.

모공 관리를 하지 않은 김규리가 거울 앞에서 자기 모습을 비춰 보며 "음, 틈이 보인다고" 하니까 빈틈 없는 여자로 묘사되는 다른 김규리는 B&F를 써 보라는 듯이 "해 봐, 빈틈 없다!"라고 대응한다. 이 때 원본 모델과 복제 모델은 상품을 쓰기 전후의 상황을 대변하며 비교할 수 있는 장치로 활용된다. 이 광고에서는 광고 상품을 쓰기 전의 이미지와 쓴 다음의 이미지가 달라진다는 점을 알리고자 했다. 그것을 알리는 데 클론 모델은 쉽고 쓸모 있는 장치가 되고 있음에 틀림없다.

지오 할로윈 브론즈 광고 '마법사' 편 역시 복제 모델을 활용함으로써 화장품 광고의 새로운 스타일을 만들어 낸다. 아무리 화장품이 마술적인 색상을 연출해 낸다 하더라도 감각적인 카피만으로는 그 마법의 경지에 오른 색의 다양함을 표현하기 어렵다. 이 때 그럴 듯한 상황을 설정해서 카피 메시지를 덧붙이면 광고 메시지가 훨씬 명확해지는데, 이 광고에서도 클론 모델이 그 역할을 톡톡히 수행하고 있다. 마법사 역의 김희선과 숙녀 역의 김희선

애경 B&F 화장품 TV 광고 '빈틈 없는 여자' 편

지오 할로윈 브론즈 TV 광고 '마법사' 편

이 동시에 등장하는 상황을 보라.

마법사 역의 김희선은 숙녀답지 않은 괴상한 복장을 한 채 마법사처럼 연기도 피우고 중얼거리기도 한다. 그런데 잠시 후에 김희선은 세련된 숙녀의 모습으로 변신한다. 김희선은 이런 변신 과정을 통하여 할로윈 브론즈가 '마법의 색'을 연출하는 화장품이라는 핵심 광고 주장을 전달하는 데 어느 정도 성공하고 있다. 특히 김희선은 광고의 끝 부분에 다시 나와서 '세 가지 색'이 들어 있는 지오 아이섀도가 다양한 모습을 연출할 수 있는 최적의 선택이라는 점을 다시 한 번 강조한다. 미국의 할로윈 데이를 연상시키는 광고이지만 마법사에서 숙녀로 변신하는 김희선의 연기력에 힘입어 광고 수용자들을 즐겁게 하는 광고이다.

LG 바닥장식재 황토방 광고 '두 명의 최불암' 편은 그 전에 나온 '최불암과 양택조' 편의 연장선으로 이해해야 한다. 드라마 〈그대 그리고 나〉에서 최불암의 친구 역으로 출연하여 합죽이 연기로 인기를 얻었던 양택조. 그는 여세를 몰아 LG 황토방 광고에 최불암의 조역으로 출연했는데, 처음 광고에서 최불암이 "황토 구들장보다 낫다!" 하는 부분을 그대로 흉내내는 역할을 제대로 소화함으로써 광고 보는 재미를 한껏 높여 주었다.

그런데 이번 광고에서는 어찌 된 영문인지 양택조는 사라지고 두 명의 최불암이 나와 북 치고 장구 치고 1인 2역으로 혼자서 다 해 버린다. 방바닥에 드러누운 왼쪽의 최불암이 "아, 황토 구들장보다 낫다!" 하며 방바닥을 쓸어 내리자, 오른쪽의 최불암은 감탄한 듯한 표정으로 만족스러워한다. 또한 광고의 끝 무렵에서는 왼쪽의 최불암이 "LG" 하고 말하니까 오른쪽의 최불암은 "황토방" 하며 애써 상표 이름을 환기시키려고 한다. 아무리 두 명의 최불암이 나온다 해도 억지로 꿰어맞춘 광고라는 인상을 지울 수가 없다. 이전 광고의 구성이 그대로 유지되고 있지만 훌륭한 조연 양택조가 빠지고 나니까 그 감칠맛 나는 분위기가 사라져 버린 것이다. 모델료를 절약하기 위해 클론 모델 전략을 구사했겠지만 이 광고에서는 전략을 위한 전략에 멈추고 있어 안타깝다.

클론 모델 전략을 적용한 광고들은 앞으로도 계속 늘어날 것이다. 이 전략은 지금도 상품군에 관계 없이 다양한 영역에 적용되고 있는데 특히 샴 푸나 화장품 등 여성용품 광고 쪽에 더 많이 쓰이고 있다. 1996년에 제작한 하이트맥주 광고에는 다섯 명의 전유성이 나왔는데, 그 때는 모델료를 절약 하기 위해서가 아니라 광고 아이디어를 제대로 표현하기 위해서 다중 클론 모델 전략을 구사했다. 술집 주인, 행인, 바텐더들의 몸에 전유성의 얼굴을 컴퓨터 그래픽으로 합성하느라 오히려 제작비가 더 많이 들어간 광고였다. 그러나 모델료 절약 차원에서 클론 모델 전략은 더욱 부각되고 있는데, 이런 현상이 다행인지 불행인지 아직은 진단하기 어렵다.

복제 모델 광고가 나오는 까닭은 간단하다. 우선 모델료를 줄이면서 도 광고의 주목률은 높일 수 있다는 계산이 나오기 때문이다. 한 사람 몫의 모델료를 지불하고도 두 모델간의 대화형 광고를 통해 광고 메시지를 얼마든 지 전할 수 있게 된다. 그렇기 때문에 1인 2역의 클론 모델은 언제나 빅 모델 이 되는 게 아닌가 싶다. 결국, 클론 모델 전략에는 같은 모델의 상반된 이미 지를 통해 색다른 분위기를 연출함으로써 위축된 소비 사회를 힘껏 흔들어 깨우고자 하는 의도가 짙게 깔려 있다고 하겠다.

그러나 색다른 모델 전략 그 자체가 광고의 완성도를 보장하는 것은 아니다.[18] 저 비용 고 효율의 광고 만들기는 모델료의 거품 빼기에서부터 시 작되겠지만, 그렇다고 해서 클론 모델 전략의 경제성만을 지나치게 고려한다 면 그 자체가 광고 아이디어의 무덤이 되기 쉽다. 그것은 어디까지 하나의 전 략적 대안이지, 그 자체가 광고 표현의 목표가 될 수 없기 때문이다.

앞으로 광고를 사랑하는 모든 이들이 클론 모델 광고들을 꼼꼼히 지 켜 보았으면 한다. 정말 아이디어가 돋보이는 광고인지, 아니면 그저 그런 평 범한 광고인지를 판단하기 위해……

18. Kenneth Roman & Jane Maas, *The New How to Advertise*, New York, N. Y.: St. Martin's Press, 1992, pp.13~28.

형식과 내용의 변주곡: 형식 파괴 광고

광고비가 줄어들면 광고의 창의성까지 줄어들어야 할까? 광고 예산이 감소하면 노출 빈도가 줄기 때문에 광고 효과도 그만큼 감소하는 것일까? '그렇다'고 자신 있게 말할 수 있는 사람은 아무도 없을 것이다. 이가 없으면 잇몸으로 대신하듯이 광고인은 적은 예산으로 소비자의 눈길을 더 끌어모을 수 있는 광고를 만들기 위해 머리를 쥐어짠다.

"소비자로 하여금 상품의 구매 여부를 결정하도록 하는 진정한 그 무엇은 광고의 형식이 아니라 내용이다."[19] 광고 거장의 이와 같은 주장은 언제나 진리일까? 그렇지 않다. 내용보다 형식이 소비자의 공감을 유발하는 경우도 많다. 다양한 형식 실험은 광고의 토양을 비옥하게 한다. 형식이 내용을 지배한다거나 내용이 형식으로 바뀐다거나 하는 저 유명한 형식과 내용 논쟁을 들추지 않더라도 새로운 형식은 언제나 신선한 충격으로 다가온다. 그래야 소비자는 공기처럼 떠다니는 광고에 한 번이라도 눈길을 더 주게 된다.

먼저 신문 광고를 보자.

신문을 펼치면 광고 형식에 일대 혁명이 일어나고 있음을 알 수 있다. 오랫동안 정형화되어 온 신문 광고 형식을 과감히 깨뜨리고 이전에 보지 못했던 새로운 형식에 메시지를 담아 낸 광고들이 눈에 띄게 늘고 있다. 우리 광고의 발전과 소비자 주권의 신장에 필요한 반가운 현상이다.

한화종합화학의 수맥황토방 광고는 신문 양면에 걸쳐 아래쪽에 있는 5단 스프레드 광고의 양쪽으로 내리닫이 광고를 연결시킴으로써 'ㅂ'자 형식을 띠고 있다. 기사는 광고에 완전히 포위되어 있다. 이 새로운 형식은 '파괴를 위한 파괴'가 아니라, 광고 메시지를 가장 효과적으로 표현하기 위하여 고심 끝에 만들어 낸 아이디어 사냥의 산물이다. 땅 속 깊숙이 흐르는 수맥파가 아파트의 고층까지 전해지기 때문에 수면 방해나 정신 장애 등을 일으킨다는 점은 여러 차례 보도된 바 있었다.

---

19. Ogilvy, 앞의 책, p.81.

광고에서는 상품 뒷면에 순동이 들어 있기 때문에 수맥파를 차단시켜 준다는 점을 부각시키기 위하여 8층에 사는 탤런트 이의정이 "아침이 진짜 확 다르죠?" 하니까 앞동에 사는 김용림이 "그럼! 그러니까~ 너도 나도 순동, 순동 하지!" 하며 맞받는 상황을 설정하여 상품의 편익을 자연스럽게 전달한다. 광고 창작자들은 아파트 고층에까지 영향을 미치는 수맥파의 폐해를 사실적으로 설명하기 위하여 이와 같은 광고 형식을 생각해 냈을 것이다. 물론 전체를 양면 스프레드 광고로 만들어서 기사가 들어간 부분을 파란 하늘로 처리할 수도 있었겠지만, 어디까지나 그것은 상식 수준의 생각이다. 가운데 기사 부분을 오히려 광고 효과에 필요한 부수적인 장치로 활용하는 아이디어가 매우 인상적이다.

삼성전자의 명품+1 'TV 모니터' 편 광고를 보면 신문마다 나오는 텔레비전 프로그램 안내를 독특하게 처리하는 아이디어가 뛰어나다. 이제, 우리의 텔레비전 프로그램 안내도 새로운 광고 형식을 얻게 된 것이다. 광고 창작자들은 어차피 날마다 신문 지면에 나오고 있는 프로그램 안내를 그냥 그대로 보여 주지 않고 사방을 텔레비전 모형으로 둘러싸는 형식 실험을 감행한다. 누구나 무심코 지나치고 넘겼던 것, 광고 창작자들은 그 일상적인 현상에서 빅 아이디어를 끌어올린 것이다.

이와 같은 형식 실험은 광고 효과를 배가시킬 수 있고 시청자에게 보는 즐거움까지 제공한다. 특히 거기서 그치지 않고 한 치수 더 크다는 점을 강조하기 위하여 프로그램 옆에 한 치수를 더 늘려서 "한 치수 더 큰 가족 사

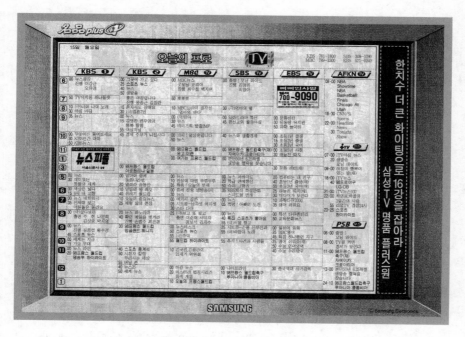

삼성전자 명품+1 신문 광고 'TV 모니터' 편

랑 ― 삼성 명품 +1"이라는 판매 메시지를 덧붙인 점도 인상적이다. 차별적인 형식미가 돋보이는 광고들은 기사 아래쪽의 전통적인 광고에 비해 상상할 수 없는 광고 효과를 약속한다. 일찍이 레오 버넷 Leo Burnett 이 말한 "기막힌 아이디어는 거짓말 같지만 매우 단순하다"[20]는 점을 이 광고에서 다시 한 번 확인하게 한다.

　　LG IBM의 노트북 싱크패드 광고는 이전에 볼 수 없었던 계단 형식을 취하고 있다. 이 광고에서는 성능은 향상시켰지만 가격은 오히려 내렸다는 점을 파격적으로 제시하기 위해 한 쪽 다리를 뒤집어 놓은 꺾쇠 모양의 형식을 취하고 있다. 이 광고를 보면 핵심 메시지인 '올리고 내리고'가 아주 쉽게 다가온다. 어떤 상황에서도 광고는 쉬워야 한다. 이 광고는 그 평범한 진리가 자연스럽게 녹아 있다.

　　한솔 PCS 원샷 018의 돌출형 광고는 5단 18.5cm 크기의 광고를 각각

---

20. Burnett, 앞의 책, pp.64~83.

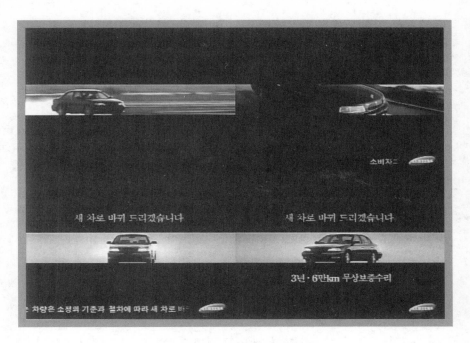

삼성자동차 SM5 TV 광고 '서비스' 편

신문 양면의 기사 한가운데 심어 놓고 있다. 왼쪽 광고에서는 호출 서비스의 편리성을, 오른쪽 광고에서는 '원샷 018'의 경제성을 알리는 데 주력하고 있다. 신문의 광고 지면에 광고를 싣지 않고 기사로 채운 다음, 오로지 광고만이 기사 중간을 파고 들어가게 처리했기 때문에 광고가 뉴스의 바다에 떠 있는 두 개의 섬처럼 보인다. 한눈에 들어오는 독특한 형식, 이와 같은 형식은 신문사와의 사전 교섭에 성공해야 비로소 완성될 수 있다.

한편, 텔레비전 광고에서도 형식 파괴 광고들이 눈에 띄게 늘고 있다. 텔레비전 광고에서의 형식 파괴는 값비싼 화면을 다 사용하기보다는 과감하게 버리는 용기가 있어야 가능하며, 그 때 비로소 광고 표현의 대어를 낚을 수 있다.

삼성자동차 SM5 광고 '서비스' 편을 보면 화면을 가로로 5등분한 다음, 중앙 화면만을 써서 광고 메시지를 전달한다. 생각해 보면 얼마나 아까운 화면 낭비인가. 그러나 그렇지 않다. 광고는 중앙 화면에서 자동차가 달려 나오는 장면에서 시작된다. 자동차는 질주하고 자동차의 색상이 바뀌기도 하지만 이 모든 과정이 좁은 화면 속에서 이루어진다. 이렇게 자동차의 주행 과정을 보여 주면서 "삼성자동차 SM5. 구입 후 한 달 내 품질 문제시 새 차로 바꿔 드리겠습니다. 3년 6000킬로미터까지 무상 보증해 드리겠습니다"라는 판매 메시지를 내보낸다.

너무 일방적인 메시지 전달이라 광고에서 감동을 느끼기는 어렵지만 이를테면 새로 나온 자동차만이 할 수 있는 서비스 메시지를 충격적으로 전달한다. 그 넓은 화면의 4/5는 쓰지 않고 나머지 1/5만 사용한 까닭은 무엇일까. 여러 가지 요인을 고려했겠지만 무엇보다도 일방적인 판매 메시지를 전체 화면에 담아서 제시할 경우 그다지 주목률을 높일 수 없는 데 비해 이 방법을 쓰면 쉽게 눈길을 끌 수 있다는 점을 고려했기 때문이다.

SK 엔크린 광고 '영화는 끝났지만' 편을 보면 영화가 끝나고 관객들이 객석에서 일어나는 장면에서 광고가 시작된다. 영화의 마지막 장면은 자동차가 고속 도로를 질주하는 컷인데, 그 장면을 끝으로 엔드 자막과 스텝 리스트가 올라간다. 그 다음에 곧바로 "영화는 끝났지만……"이라는 단독 자막

SK 엔크린 TV 광고 '영화는 끝났지만' 편

과 함께 탤런트 박철이 여전히 고속 도로를 질주하는 장면으로 이어지는데 박철은 "내가 너무 많이 왔나?" 하며 재빨리 차를 몰고 화면 밖으로 사라져 버린다.

그 다음의 "찌꺼기가 없어야 많이 간다. SK 엔크린" 하는 내레이션이 상황을 압도하며 왜 이 광고에서 광고의 일반적인 형식을 거부하고 영화 형식을 도입했는지를 이해하게 만든다. 다시 말해 영화는 끝났지만 주인공이 영화 밖의 질주를 계속하는 까닭은 자동차에 찌꺼기 없는 휘발유를 넣었기 때문이라는 것이다. 이 광고에서의 형식 파괴는 영화의 형식을 도입하되 다시 그것을 부정하는 독특한 구성을 통하여 완성되고 있다. 또한 실질적인 광고 메시지를 마지막의 4초에 할당함으로써 완성도를 높인 점도 이 광고의 매력이다.

LG 싱싱냉장고 '송승헌과 최지우' 편은 비교 광고 기법을 활용한 것이다. 대체로 광고에서 화면을 2등분하는 형식은 매우 단조로운 설정이라는 점 때문에 피하는 게 보통인데 이 광고에서는 '승헌이네' 냉장고와 '지우네'

LG 싱싱냉장고 TV 광고 '송승헌과 최지우' 편

냉장고를 직접 비교하기 위하여 화면을 정확히 2등분해서 보여 주고 있다. 특히 집 안의 내부를 수직으로 자른 다음, 그것을 정면에서 보여 주는 형식을 취했기 때문에 화면의 위아래 쪽은 쓰지 않은 채 비워 두고 있다. 이 광고의 구성은 간단하다. 송승헌이 자기 집 냉장고를 열어 보고 "냉장고가 뭐 이래?" 하자, 맞은편에서 최지우가 "싱싱한 건 문을 보면 알아요"라며 자기네 냉장고의 비교 우위를 암시한다. 그러자 송승헌이 영화 〈백 투 더 퓨쳐〉의 한 장면처럼 벽을 뚫고 최지우네로 달려가서 "음, 정말 싱싱하군!" 하는 아주 단순한 구성이다.

그러나 화면을 과감하게 절반으로 나눈 다음, 냉기가 문에서까지 나온다는 상품의 편익을 직접 비교한 점이 호소력 있게 다가온다. 광고 형식을 깨뜨리지 않고 단순하게 비교하는 데 그쳤더라면 아주 썰렁한 광고가 되었을 것을 과감한 형식 파괴를 시도했기 때문에 밋밋한 느낌을 피할 수 있었다.

광고는 불황을 건너는 다리 역할을 한다. 좀더 과장해서 말하자면, 정말 아이디어가 뛰어난 광고는 적은 광고 예산에도 불구하고 광고 효과를 배가시키는 저력을 갖고 있다. 위에서 설명한 형식 파괴 광고들은 광고 메시지를 한 차원 더 높여 줌으로써 소비자 곁으로 한층 가깝게 다가갈 것이다. 형식이 새로우면 내용까지도 변하게 된다. 우리 주변의 정형화된 형식들을 그대로 인정하고 객관적으로 바라보기보다는 좀더 그럴 듯하게 바꿨을 때 우리는 우리가 살아가는 이 세상을 더욱 아름답게 디자인할 수 있을 것이다.

형식의 혁명! 광고에서도 형식을 깨뜨리면 크리에이티브의 새로운 세상이 열린다. 크리에이티브를 살리는 것이 광고 창작자들의 존재의 이유이다.[21] 어려운 불황기에 광고비가 적다며 무조건 움츠러들지 말고 다양한 형식 실험을 시도함으로써 불황의 시대를 헤쳐 나가야 한다. 내일은 어떻게 준비하느냐에 따라서 달라진다. 지금 같은 형식 실험은 광고의 내일을 준비하는 가장 바람직한 창작 방법론이 아닐까?

21. James L. Marra, *Advertising Creativity*, Englewood Cliffs, New Jersey: Prentice - Hall Inc., 1990, p.24.

광고에서 돈 쓰는 법: 화폐 소구 광고

표현 소재로 돈을 쓰는 광고들이 늘고 있다. 돈을 떼어 놓고는 우리의 일상 생활을 상상할 수도 없다. 우리 주위에서 뱅뱅 맴도는 돈은 아주 요긴한 수단으로 쓰이다가도 때로는 목숨을 빼앗아 갈 수 있을 만큼 흉물스런 것이다. 광고인들은 단순히 돈 그 자체가 좋아 광고의 표현 소재로 즐겨 쓰기보다는 광고 효과를 생각해서 돈을 쓰게 되었을 것이다. 그런데 문제는 좋게 쓰이면 더 많은 돈을 벌어 줄 수 있는 돈을, 광고에서 잘못 쓰는 경우가 많다는 점이다.

광고에서 돈이라는 소재 자체가 크게 훼손하거나 왜곡시킬 수 없다는 단점이 있으나, 그렇다고 해서 소재의 변형 없이 어떻게 설득력 있는 광고 메시지가 태어날 수 있겠는가? 너무나 평범한 소재이기 때문에 아무리 머리를 짜내도 뻔한 결론만 날 수밖에 없다며 합리화시킬 수도 있겠으나 가끔씩 등장하는 전혀 다른 색다른 아이디어를 발견하면 이런 합리화는 통하지 않는다.

씨티은행의 시리즈 광고들은 광고 표현에서 돈도 잘 쓰면 기대 이상의 주목을 끌 수 있다는 전형을 보여 준다고 하겠다. 알다시피 금융 광고에서는 판매 메시지를 직접적으로 전달하는 방법을 쓴다. 한미은행 광고나 외환은행 광고처럼 이전 스타일을 버리고 핵심 메시지의 간접화 기법을 채택함으로써 소비자와의 공감대를 형성하는 데 성공하는 경우도 있지만 금융 광고는 전통적으로 재미 없는 구성으로 정평이 나 있다.

그러나 씨티은행은 구태의연한 방법에서 과감하게 탈피한다. 이 시리즈 광고들은 광고에 화폐를 사용할 때 어떻게 하면 가장 좋은가를 보여 주는 전형적인 사례가 될 수 있다.

'시소' 편을 보자. 지폐의 인물화와 실제 인물을 합성시켜 양복 입은 링컨 대통령이 시소에 올라탄 모습으로 형상화한 작품이다. 신선한 아이디어가 돋보인다. 시소에 올라탄 링컨은 더 이상 오를 데가 없다는 듯이 오른손을 번쩍 치켜들고 있다. 지폐 속의 링컨이 양복을 입고 시소를 타고 있는지, 시소를 탄 링컨이 지폐 속으로 들어갔는지 알 수 없을 정도로 자연스럽게 처리

씨티은행 신문 광고 '시소' 편

함으로써 광고 수용자들을 즐겁게 만든다. 지폐와 인물의 합성 그림을 가린 다음, "증시가 오를 땐 수익 증권, 금리가 좋을 땐 정기 예금으로 — 씨티은행에는 오르는 쪽에만 투자하는 방법이 있다"라는 헤드라인을 읽는다면 광고가 얼마나 무미 건조하게 느껴질 것인가? 이처럼 일방적인 자기 주장에 가까운 카피는 독특한 아이디어가 가미된 그림과 맞물려 있을 때에만 그나마 생명을 부지할 수 있다.

씨티은행의 자금 운용 노하우는 시황이 어떻게 변하더라도 전혀 문제가 되지 않을 만큼 강력하다는 메시지를 전하는 광고이지만, 헤드라인이 너무 설명적이라 글이 그림을 깎아먹는 형국에 빠지고 말았다. 아무리 금융 광고라고는 하지만 꼭 이렇게 설명적인 카피가 필요했을까? 금융 광고의 관행상 아무래도 조금 미심쩍으면 그냥 "오르는 쪽에만 투자한다"라고 표현했다 하더라도 전혀 문제가 없었을 테고 오히려 더 강력하게 표현되었을 것이다.

'놀라움' 편은 링컨의 이미지는 그대로 차용하되, 실제 인물이 그 안으로 들어가서 깜짝 놀라는 상황이다. 지나치게 인위적인 설정이기는 하지만, 지폐 속의 인물이 실제 고객에게 고급 정보를 주는 상황으로 처리함으로써 은행을 이용하는 고객들이 관심을 갖도록 만든다. 씨티은행에서는 과연 얼마나 큰 혜택을 주기에 그렇게까지 놀라는 것일까? 헤드라인을 보니, "전화 한 통으로 '대출 특종'을 잡는다!"는 것이다. 여기까지는 대출 특종을 잡

씨티은행 신문 광고 '놀라움' 편

씨티은행 신문 광고 '교통 경찰' 편

는 상황이 손에 잡힐 듯 말 듯 한눈에 들어오는 그 무엇이 있다.

그러나 조건, 혜택, 금리 등으로 구분한 오른쪽 부분은 세련미가 떨어지고 한눈에 들어오지 않는다. 금융 광고의 특성상 지나치게 긴 카피 때문에 어쩔 수 없이 감당해야 할 지면의 불합리한 구성으로 이해할 수도 있겠지만 그 정도가 너무 지나쳤다.

'교통 경찰' 편에서는 카드 결제 금액을 자기 사정에 따라 갚는다는 메시지를 전달하기 위해 교통 경찰을 동원한다. 시청 앞 광장을 부감에서 촬영한 다음, 거기에 지폐 속의 얼굴이 교통 경찰로 등장해서 교통 정리를 하고

씨티은행 신문 광고 '최후의 만찬' 편

있는 상황이다. 완성도가 높은 사진 처리 때문에 지폐의 인물화와 실제 인물의 합성치고는 상당한 수준에 이르고 있다. 교통 경찰이 돈을 배경 삼아 교통을 정리하는 상황, 다시 말해 카드 결제 금액을 조정하는 순간이 광고 수용자들을 즐겁게 만든다.

아무리 카드 결제 금액이 많이 나와도, 이를테면 "100만 원이 나와도 5만 원만 갚으면 되니까!" 아무 문제가 없다는 메시지를 전달하는 수단으로 돈의 합성 기법이 동원되고 있다. 여기에 제시된 결제 금액의 자율 조정 방식이 소비자들은 대단한 편익으로 받아들일 것이다.

'최후의 만찬' 편은 레오나르도 다 빈치의 〈최후의 만찬〉을 패러디한 것이다. 원작의 구도를 빌려 오되 지폐의 배경이나 인물을 그대로 사용한 점에서 이중 패러디라 할 수 있다. 예수가 서 있는 자리에 지폐의 인물이 그대로 서 있고, 나머지 위치도 비슷한 형국이어서 광고 수용자에게 만찬처럼 푸짐한 대출 축제의 분위기를 전해 주기에 전혀 손색이 없는 아이디어로 보인다. 넓은 관점에서 볼 때, 패러디는 주체와 주체, 텍스트와 텍스트 사이에 발생하는 일방적인 '영향 influence 과 모방 imitation'의 관점에서도 파악될 수 있다. 이를테면 패러디는 영향의 결과이고 모방의 행위나 다름없다. 그러나 단순한 영향이 무의식적인 모방의 결과라면, 패러디는 의식적이고 직접적인 영향의 결과이다. 이 때 원본 텍스트에 대하여 긍정적이거나 부정적인 의미로 해석

씨티은행 신문 광고 '캥거루' 편

할 수 있는데, 〈최후의 만찬〉 편에서는 긍정적인 방향에서 패러디한 다음, 핵심 광고 주장의 의미망을 확장시켰다.

그러나 그림에 나타난 빛나는 아이디어에 비해 헤드라인이나 카피 부분의 처리 방법은 촌스럽기 짝이 없다. '푸짐한'이나 '대출 축제' 부분을 굳이 헤드라인 서체로는 부적절해 보이는 생경한 서체로 강조한 것은 욕심이 지나친 탓으로 보인다. 광고 메시지를 강조하기보다 더 약화시키는 요인으로 작용한다. 오히려 명품 패러디 광고만이 가질 수 있는 아우라*aura*[22]를 해체하는 것 같아 안타까울 따름이다.

이러한 패턴은 '캥거루' 편에 이르러서도 변하지 않는다. 이 광고에서는 "확정 고금리 상품에서 해외 뮤추얼펀드까지 — 투자 불안을 뛰어넘는 방법이 있다"는 씨티은행만의 방법을 전달하기 위해 캥거루를 등장시킨다. 캥거루야말로 기형적으로 긴 뒷다리를 이용해 한 번에 멀리까지 뛰는 동물이 아닌가? 여기까지는 누구나 생각할 수 있는 1차원적인 발상이다. 진짜 아이디어

---

22. W. Benjamin, *Illuminations*, London: Collins, 1973, pp.219~53. 아우라는 예술 작품의 원작만이 갖고 있는 독특한 분위기로서 원작이 놓여 있는 자리에만 유독 실재하는 존재감이다. 이를테면 〈모나리자〉 원작에서 풍기는 분위기와 복제품에서 느낄 수 있는 분위기는 큰 차이가 있는데, 원작의 존재를 휘감고 있는 특별한 분위기가 곧 벤야민이 말하는 아우라이다. 이 개념은 1936년에 첫 판을 낸 발터 벤야민의 《기술 복제 시대의 예술 작품 *Das Kunstwerk im Zeitalter seiner technischen Reproduzierbarkeit*》에서 처음으로 언급되었다.

씨티은행 신문 광고 '시스템 키친' 편

는 수많은 생각의 집짓기를 통해 나온다. 캥거루를 쓰기는 하되, 이전 광고들과 유사한 아이디어의 맥을 유지하기 위해 캥거루의 등, 다리, 꼬리 부분에 마치 무늬처럼 지폐를 감아 놓은 상상력을 보라! 빛나는 아이디어란 바로 이 정도까지 발전되었을 때 보낼 수 있는 찬사일 것이다. 이런 상상력이 있어 투자 불안을 뛰어넘는 세 가지 방법도 자연스럽게 공감할 수 있지 않을까 싶다.

'시스템 키친' 편 역시 지폐를 활용하고 있으나 지폐의 패러디에는 성공하지 못하고 지폐와 부엌 가구의 단순 배열에 그치고 만다. "매주 행운의 대출 주인공께 시스템 키친을 드립니다"라는 이 광고는 첨단 부엌 가구 에넥스와 공동 판촉 행사를 한다는 내용을 전달하기 위해 부엌의 카펫 자리에 카펫 대신 돈이 깔려 있는 모습을 제시하였다. 나름대로 의미를 부여하려고 노력했지만, 부엌 가구 부분을 너무 어둡게 처리했기 때문에 첨단 시스템 키친이 제공하는 고급감을 느끼기 어렵게 만들었다.

또한 지폐에 부부가 앉아 있는 식으로 처리함으로써 패러디 광고에서만 느낄 수 있는 남다른 재미를 느끼기 어렵다. 부엌 가구를 경품으로 내세움으로써 대출을 더 많이 늘리겠다는 말인데, 그 유인책이 아무리 명품이라 하더라도 제공 경품을 돋보이게 처리하는 데 이렇듯 소홀하면, 공동 판촉 행사의 의미가 감소할 수밖에 없다. 이렇게 되면 경품을 제공한 에넥스의 입장에서도 매우 섭섭해할 일이 아니겠는가? 어쨌든 이 광고는 1차 아이디어를 한 번 더 발전시키려는 노력을 하지 않아 결국 태작에 머무르고 말았다.

씨티은행의 모든 시리즈 광고에 해당되는 대표적인 결점 하나는 카피 부분을 강조하기 위해 여러 가지 색깔을 사용했는데, 이 점이 오히려 광고 수용자의 눈을 어지럽게 만들고 광고의 품격을 떨어뜨렸다. 특히 헤드라인 부분은 적색으로 처리하기보다는 씨티은행의 로고 컬러를 살려 군청색으로 처리했더라면 보기에도 좋고 메시지 전달에도 효과가 있지 않았을까 싶다.

그럼에도 불구하고 이 시리즈 광고들은 우리의 주목을 끌기에 충분하다. 동일한 디자인 정책 *design policy*을 줄기차게 유지함으로써 광고 표현에 돈을 쓸 때 어떻게 처리하는 것이 올바른 방법일까 하는 물음에 많은 시사점을 제공하고 있기 때문이다. 맹목적인 새 것 콤플렉스에 빠져 마치 새로운 아이디어만이 가장 좋은 무기인 양 조변석개 하기를 즐겨하는 요즘 상황에서 씨티은행 광고는 기발한 아이디어를 바탕으로 계속해서 돈의 합성과 돈의 패러디 정책을 유지함으로써 고객을 끌어들이는 데 강력한 효과를 발휘할 것으로 보인다. 또한 동일한 표현 방법을 써서 비교적 긍정적인 이미지를 구축해 나가는 강점도 있다.

씨티은행 광고의 강점은 돈을 광고의 표현 소재로 활용한 여타의 광고와 비교해 보면 더욱 극명하게 드러난다. 이를테면 이런 현상은 하운드의 '돈의 유혹' 편이나 삼성카드의 '손' 편, 그리고 신도리코의 '달러 뭉치' 편과 씨티은행 광고를 비교해 보면 설득의 차이, 혹은 수용자와의 관계 설정의 차이가 극명하게 드러난다.

하운드의 '돈의 유혹' 편은 청바지에 지폐를 뿌려 놓고 "젊음을 돈으로 유혹할 순 없다"고 말한다. 도대체 광고에 왜 돈이 나와야 하는지 알 수 없는 상황이다. 수용자와의 관계 설정에 필요한 내적 필연성이 없으면 굳이 돈을 광고 소재로 쓸 필요가 없다. 그럼에도 불구하고 헤드라인에 돈이라는 단어가 나왔기 때문에 그림에서도 반드시 돈을 보여 주어야 하는 것일까? 하운드의 판매 메시지가 돈과 타협하지 않는 젊은 지성들이기 때문에 뿌려진 돈의 모습이 보여야 하는 것일까? 아니면 정직한 가격을 말하기 위해 이렇게 처리한 것일까? 도대체 왜 돈을 소재로 썼는지 알 수 없는 광고이다. 뿌려진 돈

하운드 잡지 광고 '돈의 유혹' 편

신도리코 잡지 광고 '달러 뭉치' 편

과 청바지를 보여 준 다음, 젊음을 돈으로 유혹할 수 없다고 하면서 결국에는 외제 같은 느낌을 주는 광고로 만들었기 때문에 결국 소비자들을 오도할 수밖에 없다.

신도리코의 '달러 뭉치' 편에서는 "기술이 달러를 번다"라는 헤드라인 아래 달러 뭉치가 가득 들어 있는 돈 자루를 보여 준다. 그것도 모자라서 자루 앞쪽에 달러 표시까지 굵직하게 처리하고 있으니 1차원적인 아이디어를 아무런 위트나 반전 없이 있는 그대로 표현하는 그 기개가 놀랍다. 이와 같은 헤드라인에 이런 그림이라면 꼭 신도리코가 아니라 수출하는 어떤 상품을 대체해도 무방한 광고이다. 기왕 달러를 벌어들이는 상품을 광고하려면 자기 상품만의 특화된 영역을 헤드라인이나 그림에서 표현해야지, 신도리코 광고처럼 어떤 상품으로 바꿔도 무방한 수준에 그친다면 굳이 광고까지 할 필요가 있겠는가? 광고물의 최종적인 집행에 이르기까지, 광고 창작자로서도 어찌할 수 없는 높은 장벽이 있었겠지만 광고물에 대한 저작 인격권은 광고 회사에 있다는 점을 다시 한 번 상기했더라면 이런 식의 광고 집행은 막을 수 있지 않았을까 싶다.

더구나 삼성카드의 '손' 편에서는 이렇게 무모한 광고도 있나 싶을 정도로 카피를 있는 그대로 설명하는 그림이 나오고 있어 어안이벙벙할 뿐이다. "500만 원이 내 손에!"라는 헤드라인 아래 왼쪽에는 1만 원권 한 뭉치를 배치하고 오른쪽에는 그것을 붙잡으려는 듯한 사람의 손을 제시했다. 아니나 다를까? 손바닥에 대출 상담에 필요한 직통 전화 번호까지 자세히 적어 정면으로 제시하고 있는데, 보여 줄 수 있는 초보적인 아이디어는 다 보여 주는 것 같다. 카드 서비스 상품이라면 앞서 가는 업종인데 아이디어 발상이 왜 이렇게 1차원적인 수준에 머무르고 있는지 의구심이 앞선다. 이를테면 "위장병 치료의 문이 열렸습니다"라는 카피에 따라 대한문 같은 커다란 문을 그려 넣는다거나, 어느 결혼 중개 회사 광고에서 "이제, 처녀 딱지 떼자!"라는 카피 메시지에 따라 모델 얼굴에 어린이들이 가지고 노는 딱지 하나를 붙여 놓은 형국과 마찬가지다. 전화 한 통화로 대출을 빨리 받을 수 있다는 점을 알리기 위해 광고를 이렇게 만들었을 것이다. 그렇다면 "3분 만에 500만 원이 내 손

삼성카드 잡지 광고 '손' 편

에!"라는 카피에 따라 돈 뭉치와 손은 보여 주면서 왜 3분은 보여 주지 않았는지 의문이다. 아예 시계까지 제시한 다음, 3분에 걸려 있는 시계 분침까지 친절하게 그려 줄 일이지……

우리는 씨티은행 광고에서 많은 것을 배울 수 있다. 일상 생활에서와 같이 광고에서도 돈을 잘 쓰면 더 많은 돈을 벌어 주는 결과를 기대할 수 있지만, 그렇지 못하면 더 큰 효과를 기대하기는커녕 비싼 광고비만 낭비하는 결과를 초래할 수 있다. 잘못 쓸 바에는 차라리 쓰지 않는 것이 오히려 바람직할 것이다. 더구나 돈 이야기를 한다고 해서 아이디어의 충실한 여과 과정도 거치지 않은 채 맹목적으로 돈만 제시한다면 광고 크리에이티브의 새로운 지평은 언제 열리겠는가? 이쯤 되면, 광고 소재의 타당성이 얼마나 중요한지, 한 번 선택한 광고 소재는 어떻게 극대화시켜야 하는지를 다시 한 번 따져 묻게 된다.

맹목적으로 진열한 소재는 광고 창작자의 살아 있는 노동이 응축된 '죽은 노동'이나 다름없다. 광고 소재는 언제나 '살아 있는 노동'의 형태로 부활되기를 기다린다. 제대로 태어난 광고 소재는 인구에 회자되며 진열대에 전시할 수 있는데, 그렇지 못한 소재는 지하 창고 속으로 들어가야 한다. 이 때 그 소재들을 죽음에서 구원하는 것이 광고 창작자의 창작 혼이 아닐까 싶다. 광고 소재를 막연하게 포장할 것이 아니라, 죽어 있는 상태를 살아 있는 형태로 바꾸는 기폭제를 찾아 내 그것을 극대화시켜야 한다.

이런 과정을 거쳐 태어난 광고만이 상품의 '눈'과 소비자의 '눈' 사이를 매개하는 꽃의 역할을 하게 된다. 이처럼 광고의 소재는 숱한 발효 과정을 거친 연후에 상품과 수용자를 밀접하게 묶어 주게 되는데, 바로 이 지점에서 현대 소비 대중 사회의 소비 가치가 탄생한다. 이렇게 되면 광고 소재의 승리를 바탕으로 소비자들의 마음 속에 상품 미학이 무럭무럭 자라나게 된다.

금융 상품이 아닌 경우에는 굳이 돈을 광고 소재로 써야 할 필요는 없다. 모든 광고 행위란 광고주에게 돈을 벌어 주기 위해서 이루어지는 일종의 대중적인 유인책일 텐데, 일반 상품 광고에까지 억지로 돈을 끌어다 쓰면 무미 건조한 메시지로 끝나기 십상이다. 그래도 금융 상품인 경우에는 돈에 의한 돈벌이라 광고 표현이 조금 어색하더라도 그러려니 하고 넘어갈 수 있다. 하지만 일반 상품인 경우에는 그 파장이 생각보다 심각하기 때문에 앞으로 돈을 광고 소재로 쓸 때는 몇 번이고 심사 숙고해야 하며, 어떤 식으로든 새로운 형식을 창조해야 한다. 돈 그 자체만을 보여 주는 데에서 그치면 단 한 사람의 마음도 움직일 수 없을 것이다. 광고에서 전하고자 하는 메시지를 명확하게 포섭하는 돈의 위력을 만나고 싶다. 이를 위해서는 무엇보다 먼저 돈이 돈을 벌어 주는 쪽으로 반전에 반전을 거듭하는, 그리하여 수용자들을 두 번 놀라게 하는 승화된 형식미가 전제되어야 한다.

잘 뭉치면 살고 흩어지면 죽는다: 퓨전 광고

퓨전 *fusion* 이란 용해, 융합, 이종 교배란 뜻이다. 전방위 문화 영역에서 약간씩 다른 의미로 쓰이고 있지만 퓨전이 새로운 표현 정신이라는 데에는 이견이 있을 수 없다. 지금, 우리 곁에는 퓨전 바이러스가 창궐하고 있다. 퓨전 요리, 퓨전 음악, 퓨전 영화, 퓨전 건축, 퓨전 자동차, 퓨전 디자인, 퓨전 광고 등. 바야흐로 퓨전 증후군 속에 살고 있는 우리는 행복한 시달림을 받고 있는 것이다.

퓨전은 자연 과학에서 용해 · 융합, 사회 과학에서 연합 · 연립, 경영 · 경제학에서 합병 · 제휴 등의 의미로 통용된다. 음악에서는 클래식과 가요가 결합하거나 록 음악과 랩이 접목된 경우를, 문학에서는 순수 소설에 SF 기법을 동원하는 경우에 퓨전이라고 한다. 또한 미술 분야에서도 전시장을 벗어나 지하철이나 지하 주차장에서 작품을 전시하는가 하면, 평면과 입체를 결합하거나 미술적 요소와 비미술적 요소를 섞어 새로운 시도를 하기도 하며, 영화에서도 멜로, 액션, 코미디, 호러 등의 전통적인 장르가 뒤범벅된 퓨전 영화가 인기를 끌고 있다.[23]

재즈의 거장 마일스 데이비스 Miles Davids 에 의해 시작된 퓨전 재즈 이후, 퓨전은 장르간 소재의 벽 허물기 방법으로 대단한 각광을 받았는데, 영화감독 쿠엔틴 타란티노 Quentin Tarantino 의 〈펄프 픽션〉은 문화의 퓨전 상품화 가능성을 예고한 바 있었다. 클래식과 대중 음악의 융합인 크로스오버가 단순히 상호간의 코드를 교환하는 정도라면, 퓨전은 국경이 사라지고 이념의 장벽이 무너진 21세기의 문턱에서 모든 것이 섞여 돌아가는 시대 정신이며, 세상 어느 것과도 속살을 뒤섞는 파격적인 실험 정신이라 할 수 있다. 퓨전은 한 장르, 혹은 제한된 소재에서 나오는 빈약하기 짝이 없는 상상력의 폭을 몇백 배 증폭시키는 파괴력을 발휘한다.

퓨전은 우리가 살아가는 새로운 생활 코드이다. 그러나 한때의 유행

---

23. 노준석, "문화의 탈 장르화," 1999. http://potatozine.pe.kr / one / millennium.htm

에 머물러 수박 겉 핥기식으로 끝나 버린다면 문제라 아니할 수 없다. 퓨전은 뒤섞음으로써 막연해질 수 있는 수용자의 욕망을 다른 종과의 이종 교배로 해결하는 절충 문화론이나 마찬가지다. 여러 가지를 섞은 음식이 쉽게 상하 듯, 퓨전의 진정한 가치는 의미의 싱싱함을 끝까지 지켜 내는 일이다. 기존의 소재들을 융합시켜 새로운 의미를 만드는 창조 정신으로 연결된다면, 그것은 모방이 아니라 새로운 창조인 셈이다. 더구나 시장을 리드하는 N세대의 감성 은 점차 복합성을 띠고 있기 때문에 새로운 창조는 퓨전 광고의 생명이라 할 수 있다. 이들은 획일적인 상품 감성을 거부한다. 따라서 '또래 집단 = 같은 미적 감성'이라는 매스 마케팅 전략으로는 실패하기 쉽다. 이런 맥락에서 퓨 전은 복잡한 N세대, M세대의 감성을 만족시킬 수 있는 새로운 해법으로 주목 받고 있는 것이다.

메시지가 있는 곳에 퓨전이 있다. 퓨전은 음험한 내부자 거래를 혁파 하며 의미의 공론장으로 상품 메시지를 쏘아올린다. 따라서 상품에 새로운 가치를 덧붙임으로써 소비자 편익을 확장하는 퓨전 마케팅은 재료의 이종 교 배, 욕구의 융합을 통해 이질적인 것에서부터 새로운 가치를 창출해 낸다. 미 국 문화의 대명사 햄버거가 한국에 들어와 쌀밥과 만나는가 하면, 이탈리아 국수 스파게티가 참기름과 고추장 범벅으로 다시 태어나기도 한다. 이를테면 개그맨 남희석이 나와서 "라이스버거, 라이스버거" 하는 롯데리아 광고는 전 혀 이질적인 동서양의 음식을 섞고 버무려서 햄버거도 아니요, 밥도 아닌 오 로지 라이스버거일 뿐인 새로운 먹거리의 전령사나 다름없다. 이 때 퓨전 광 고는 욕망의 화학 반응을 일으키는 촉매제 역할을 하게 되는 것이다.

한미약품의 위퍼스내플 음료 광고 '이정현' 편은 우리 광고의 색다른 징후라고 할 만하다. 이 광고에는 여러 가지 요소가 뒤죽박죽 섞여 있다. 모 터사이클, 롤러블레이드, 스타크래프트, DDR 등 N세대가 즐기는 요소들이 위퍼스내플을 위해 짬뽕으로 버무려져 있다. 다음과 같은 카피를 보자. "모터 사이클, 롤러블레이드, 섞이면 새로워! 위퍼! 위퍼스내플!" "스타크래프트, 댄스 댄스 레볼루션, 섞이면 새롭다! 위퍼! 위퍼스내플!" 이정현은 퓨전적 주 문을 랩으로 소화함으로써 더 큰 주목을 끌었지만, 여기서 우리가 주목할 부

한미약품 위퍼스내플 TV 광고 '이정현' 편

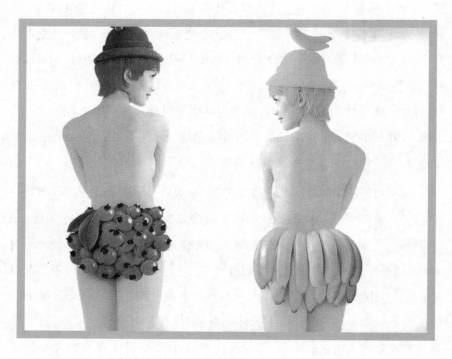

매일유업 패션 우유 앤유디 잡지 광고 '새로운 경험' 편

TARGET 잡지 광고 '육상 선수' 편, '파마 머리' 편

분은 '섞이면 새롭다'는 주장이다. 일찍이 우리 광고에서는 볼 수 없었던 색다른 주장인데, 퓨전 정신을 소비자 편익으로 자연스럽게 연결시키려는 의도가 숨어 있다. 과일과 우유 맛이 혼합된 상품의 특성을 세대 감각에 맞게 표현한 광고이다.

또한 매일유업의 패션 우유 앤유디 광고 '새로운 경험' 편을 보면 두 여자가 팬티 대신 블루베리와 바나나를 입고 있다. 이질적인 소재를 차용함으로써 낯설고 경이롭게 만드는 수법이다. "솔직한 나이, 새로운 경험"이라는 헤드라인 아래 사람이 아닌 마네킹끼리 마주 보고 서 있는 장면을 제시함으로써 N세대가 선호하는 실재보다 더 실재적인 시뮬라크르의 상황을 연출하고 있다. 아이디어의 단서를 상품의 성분에서부터 찾아 나가되 발상의 벽을 허물고 엉뚱한 사물들을 상품의 속살 속에 섞어 버림으로써 새로운 상품 미학을 확보하고 있다.

미국의 패션 브랜드인 TARGET 시리즈 광고들을 보자. 광고에 나타난 선풍기는 육상 선수의 에너지원으로 작용하는 동시에 스포츠웨어의 가치를 높여 주기도 하고, 와플 오븐은 미녀에게 파마 머리를 만들어 줌으로써 패션

TARGET 잡지 광고 '램프 갓' 편, '시트 커버' 편 '포장지' 편

브랜드의 상표 자산을 구축하기도 하며, 램프 갓은 여자의 치마가 되어 눈부신 패션 세상을 열어 주기도 한다. 또한 시트 커버는 여자의 원피스가 되어 외출복으로 손색이 없음을 전파하며, 때로는 선물 포장지가 파티장의 화려한 연회복으로 바뀌기도 한다. 모두 TARGET이라는 패션 상표에 드라마를 만들어 주기 위해 동원된 이질적인 소재들이지만, 모델과 만나는 순간 새로운 의미망을 확보하게 된다. 사람과 동떨어져 있을 때는 시든 꽃과 같던 무의미한 소재들이 사람과 만나는 순간 상품에 생명을 불어넣으며 막 피어난 꽃봉오리처럼 활짝 피어난다.

모든 광고는 상품에 의미를 부여하는 데 바쳐진다. 이런 면에서 광고 창작자들은 의미 확장에 필요한 것이면 무엇이든 관계 없이 차용한다. 사물의 본래 의미를 해체한 후, 상표 개성을 구축하는 쪽으로 봉합시키는 과정, 이것이 퓨전 광고가 나아갈 길이다. 상품 미학을 확장하기는커녕 상품과 소재가 무의미하게 만나는 섣부른 이종 교배는 퓨전이 아니다. 무조건 섞어 뒤범벅으로 만들면 퓨전이 되나? 이를테면 '빠다맨과 다꽝걸의 김치 볶음밥'이나 '산도위치전' 같은 퍼포먼스의 예에서 알 수 있듯이 새로운 상품 미학을 잉태하는 광고라야 진짜 퓨전 광고이다. 잘 뭉치면 살고 흩어지면 죽는다! 이것이 퓨전 광고의 참뜻이다.

퓨전은 상상력의 창고이다. 그러나 다른 감각을 응용하기보다 맹목적으로 퓨전에 의존하는 아이디어 자체는 특히 경계해야 한다. 막연한 혼합(크로스 오버)과 발전적 융합(퓨전)을 혼동하지 말자. 서로 다른 것들끼리 만나 화학 반응을 일으켜 정반합에 의해 의미의 탄생을 가져오지 못하는 퓨전 비슷한 것들은 어설픈 해프닝에 불과할 뿐이다. 광고 창작자들은 기꺼이, 즐겁게, 그 짬뽕 광고들을 감상하고 자발적으로 상품을 사고 싶은 마음이 일게 하는 광고를 만들어야 한다. 맹목적으로 퓨전 문화의 소용돌이에 빠져들기보다 냉정하게 따져 봐야 한다. 퓨전 광고는 문화의 필요 조건은 될 수 있어도 충분 조건은 결코 될 수 없다.

5

대중 사회와 광고 문화

몸의 철학과 문화적 실천

벗고 싶은 욕망들이 늘어나고 있다. 벌거벗은 몸은 언제나 눈길을 끌기에 충분하다. 인류가 시작된 이후 부끄러움을 알게 되면서부터 옷을 입기 시작했지만, 관심을 끌 필요가 있을 때에는 언제나 옷을 벗었다. 옷을 입은 채로는 아무것도 할 수 없었기 때문일까? 그러나 라보라 브래지어 광고에서 동양의 노랑나비 이승희가 "벗는 것보다 입는 것이 더 아름답다!"고 했던 것을 생각해 보면 벗지 않아도 아름다운 경지가 있는 것 같다. 벗는 것을 막연하게 찬탄할 일만은 아니라는 부정적인 견해도 있지만, "사람은 무엇으로 사는가?"라고 물으면 이 시대의 젊은이들은 "난, 몸으로 살아요"라고 대답할지도 모른다. 이제, 남녀 구분 없이 몸으로 말하고, 몸으로 생각하고, 몸으로 평가하고, 몸으로 표현하는 시대가 왔음을 예감할 수 있다.

　　몸을 정신의 반대 개념으로 이해하거나 육체(몸)보다 정신이 한층 윗길에 속한다는 정신 우월주의 시대는 가고, 이제 몸이라는 새로운 패러다임을 통해 자아 정체성 *self identity*을 확인하는 시대가 도래한 것이다. 특히, 광고는 소비 대중 사회에서 문화 산업으로서뿐만 아니라 자아 정체성 형성의 중요한 요인으로 작용하는데, 이러한 사회적 배경과 시대적 상황은 광고 표현 전략에도 어느 정도 영향을 미치고 있다.[1]

일찍이 서구 지성들은 정신(이성)을 통해 얻은 것은 전쟁과 착취 따위의 야만적인 것이었다는 반성과 함께 몸에 대해 특별한 관심을 쏟은 바 있다. 그들은 지금까지 데카르트가 무한한 찬사를 보낸 '순수하며 몸에서 분리된' 이성이 가부장적인 권위를 누리면서[2] 우리 몸이 철학으로부터 소외되었다고 본다. 데카르트는 《방법 서설》(1636)에서 인간을 정신(soul, res cogitans)과 몸(body, res extensa)으로 구분했는데, 그 이분법을 거부하는 포스트모더니즘적 인식이 확산되자, 서구의 지성들은 "나는 몸으로 말한다. 고로 나는 존재한다"는 식으로 데카르트를 패러디하여 데카르트적 사유에 반기를 들었다. 이것이 바로 1960년대 들어 프랑스 철학자 미셸 푸코 Michel Foucault 와 메를로 퐁티 Merleau-Ponty 를 중심으로 활발하게 논의되어 온 '신체론'이다. 지금, 광고에 남자의 벗은 몸이 나왔다며 야단들이지만 알고 보면 한국 광고만의 때늦은 출발인 것이다.

지금껏 여자들만 벗고 남자들은 그것을 지켜 보는 즐거움을 누려 왔다. 도대체 왜 이제 와서 남자들이 벗기 시작하는가? 루치아노 베네통 회장이 알몸으로 나온 베네통 인쇄 광고, 남자의 성기 부분을 가린 정면 누드를 활용한 일본의 시세이도 화장품 인쇄 광고, 레닌그라드 발레단 나체 무용수 모습을 활용한 파르코 백화점 인쇄 광고 등 외국 광고에서는 남자의 벗은 몸을 자주 볼 수 있었다. 그러나 우리 광고에서는 남자의 벗은 몸 자체가 그다지 상품 가치가 없었던 탓이었는지 별로 주목을 끌지 못하다가 세기말에 이르러서야 상품 가치를 인정받고 일반의 관심을 끌기 시작한다.

쌍방울 트라이 광고 '다시, 트라이' 편에서 자신의 상반신을 당당하

---

1. 김덕자, "TV 광고에 나타난 자아 정체성에 관한 연구," 〈광고학 연구〉, 제9권 4호, 1998, p.145. 이 연구에서 김덕자는 TV 광고에서 표현 가능한 자아 정체성에 대해 다섯 가지 범주를 설정한다. (1) 동일시의 변증법을 통한 자아 확인, (2)신체를 통한 자아 실현, (3) 자아 도취(나르시시즘), (4) 전통의 재구축과 억압된 것으로부터의 복귀, (5) 섹슈얼리티의 재구성 등이다.

2. 정화열, "Nature and Humanity: A Postmodern Configuration," 1995; 박현모 옮김, 《몸의 정치》, 민음사, 1999, p.181.

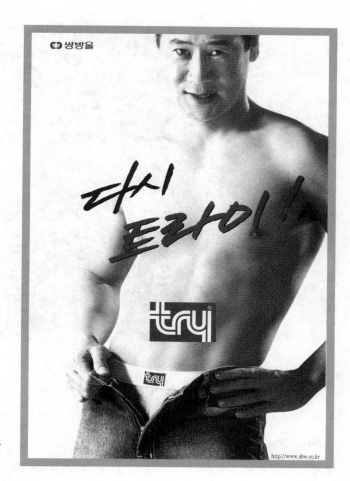

쌍방울 트라이 TV 광고
'다시, 트라이' 편

게 보여 주는 유동근은 강한 남자를 상징한다. 주로 여자들이 근무하는 한 사무실에서 전화 통화를 하던 한 여성이 창 밖을 바라보다 눈이 휘둥그레진다. 유동근의 벗은 상반신이 창 밖에서 올라오고 있었던 것이다. 함께 일하던 다른 동료들도 모두 일손을 놓고 호기심 어린 눈빛을 보내기도 하고, 침을 꿀꺽 삼키기도 하고, 약간 들뜬 표정을 짓기도 한다. 유동근의 벗은 모습에 모두들 넋이 나간 표정들이다. 〈용의 눈물〉에서 태종 이방원 역으로 강한 남자의 이미지를 굳힌 유동근의 우람한 몸을 통해 남자의 육체도 "소비의 가장 아름다운 대상"(장 보드리야르)이 될 수 있음을 시사하고 있다.

　　　한국통신 016 광고 '해수욕장' 편을 보면 인터넷을 통해 PCS 화면으로 들어오는 남자의 벗은 몸에 감탄하는 고소영의 모습이 인상적이다. 고소

한국통신 016 TV 광고 '해수욕장' 편

영은 남자 친구 송승헌이 단말기를 들여다보며 즐거운 표정을 짓자 "너, 또 인터넷 하지?" 하며 PCS를 낚아채지만 기다렸다는 듯이 해변을 산책하는 남자들이 나오자 눈이 휘둥그레진다. 이제, 여자가 남자의 벗은 몸을 감상할 차례가 된 것이다.

구본승이 등장하는 COOLDOG 청바지 광고를 보라. 껑충한 키에 비해 몸이 빈약하던 구본승은 이 청바지 광고에서 금방이라도 터질 것 같은 상체와 힘줄이 팽팽하게 드러나는 우람한 팔뚝을 자랑하고 나섰다. 약 2년에 걸쳐 몸 만들기에 집요하게 매달렸기 때문에 이런 성과를 얻을 수 있었다고 한다. 그뿐인가? 클론의 구준엽은 검게 그을린 피부와 우람한 근육을 자신의 캐릭터로 활용하고 있다. 콘서트 도중 팬들의 반응에 따라 언제 웃통을 벗을지를 치밀하게 계산한다는 것이다.

남자의 벗은 몸을 활용한 광고 가운데 소프트 곰바우 신문 광고 '순수로 돌아간다' 편은 특히 주목을 끌었다. 우리가 이 광고를 문제작으로 보는

소프트 곰바우 신문 광고
'순수로 돌아간다' 편

것은 다음의 네 가지 이유 때문이다.[3] 첫째, 많은 사람들이 선술집에서 술을 마시고 있는데 중앙에 자리잡은 남자 다섯 명이 알몸인 상태로 술을 마시고 있는 사진을 쓰고 있다는 과감성, 둘째, "순수로 돌아간다"는 헤드라인과 "말보다 먼저 입술이 간다"라는 슬로건이 광고 사진과 얼마나 적절하게 어울리고 있는가 하는 표현 방법의 타당성 여부, 셋째, 남자로 꽉 찬 선술집 풍경에 여자(모델 박소연) 한 명을 왜 끼워 넣었으며, 다른 테이블에 있는 남자들은 벗은 남자들을 왜 거들떠보지도 않는가 하는 상황의 타당성 여부, 넷째, 1998년 10월 참진이슬로 출시로 막을 올린 23도 소주 시장에서 참진이슬로, 미소주, 소프트 곰바우가 격전을 벌이기 시작했는데 충격 요법이 상표 개성의 구축에 과연 어떤 영향을 미칠 수 있을까 하는 점들이다. 아무리 이 시리즈 광고들이 기획 단계에서 설정한 '시장 점유율 10% 확보'라는 마케팅 목표를 달성하기에 충분했다 하더라도, 장기적인 측면에서의 커뮤니케이션 장애 요인

---

3. 김병희, "상표 개성 구축하지 못한 광고는 휘발성 액체," 〈KAA저널〉, 1999, 9월호, 한국광고주협회, pp.26~7. 이 글은 〈광고 비평 포럼〉 창립 총회 및 기념 세미나(1999. 8. 27)의 발제 논문을 요약한 것이다.

을 자발적으로 생성하고 있음을 부정하기 어렵다.

먼저, 남자들의 벗은 몸을 과감하게 사진으로 활용한 점은 숱한 찬반 양론에도 불구하고 새로운 시도임에 틀림없다. 흔히 남자들이 술을 마실 때 분위기가 무르익거나 의기 투합이 되면 '홀딱 벗고 마셔 보자!'라는 말을 하게 되는데 광고 창작자들은 아마 '열혈남아'의 그런 순진한 심리를 파고들고 싶었을 것이다. 그래서 바디 카피를 "옷을 벗었습니다. 세상 일로 찌든 가면을 벗었습니다. 부끄러움을 벗었습니다. 세월의 가식을 벗었습니다. 유년 시절로 돌아간 모두의 얼굴이 아름다웠습니다. 그렇게 밤은 깊어만 갔습니다. 소프트 곰바우와 함께……"라고 하지 않았겠나 싶다. 충분히 이해가 된다. 하지만 광고에 나타난 남자들의 벗은 몸은 역 발상의 차별적인 아이디어가 아니라 국면 전환을 위한 휘발성 아이디어나 크리에이터의 도저한 치기일 뿐이다. 소프트 곰바우만이 가지는 상표 개성을 찾아 내 그것을 극대화시켜야지, 이와 같은 쇼킹한 현장 사진만으로 승부를 거는 것은 1회용 충격 요법이나 마찬가지다. 이 광고에서 남자들의 벗은 몸을 빼면 도대체 뭐가 남겠는가?

둘째, 남자들의 벗은 몸은 "순수로 돌아간다"는 헤드라인과 자연스럽게 어울리지 않는다. 모두 알다시피 헤드라인이 비주얼을 설명할 필요도 없고 비주얼이 헤드라인을 떠받칠 필요도 없다. 카피와 아트의 행복한 결혼이란 둘이 만나 서로를 채워 주며 광고 메시지를 빛나게 하는 데 있다고 하지 않았는가. 그런데 옷 벗고 술 마시면 모두가 순수로 돌아갈 수 있다고? 그렇다면 목욕탕에 함께 가기만 하면 모두 순수해진다는 논리도 성립된다는 말인가? 아니다, 그렇지 않다. 모두가 마음을 활짝 여는 데에서 순수로 돌아가는 것이지, 옷만 벗는다고 되는 일이 아니다. 또한 "말보다 먼저 입술이 간다"라는 상표 슬로건은 이 쇼킹한 사진은 물론 헤드라인과도 전혀 어울리지 않는다. 술맛이 좋고 술이 고파서 말보다 먼저 입술이 간다고 말하고 싶었겠지만 차라리 "순수로 돌아간다"를 상표 슬로건으로 바꾸고 순수하게 만나는 숱한 만남을 테마로 시리즈 광고를 하면 어떨까? 모름지기 소주 광고에는 우리네 보통 사람들이 일상을 살아가면서 느끼는 희로애락이 잔잔하게 묻어나야 하지 않을까? 그런데 "말보다 먼저 입술이 간다!"는 카피는 너무 감각적이지 않는가 싶다. 소주를 즐겨 마시는 보통 사람들의 입장에서 볼 때 세련된 솜씨가 오히려 장애 요인이 될 수도 있다는 말이다.

셋째, 이 광고에서 한 명의 여자를 등장시킨 까닭은 무엇인가? 그리고 중앙 테이블에 앉아 있는 남자들은 순수로 돌아간다며 옷을 홀딱 벗고 술을 마시는데 옆 테이블에 있는 남자들은 거들떠보지도 않는다는 게 도대체 말이 되는가. 광고에서 의도하지 않는 장면은 티끌만큼도 없는데 연출치고는 너무나 완벽해서 오히려 부자연스럽다. 아마도 연출의 과잉이라고 해야 할 것이다. 차라리 이 광고에서는 여자를 등장시키지 않는 쪽이 광고의 완성도를 높여 주었을 것이다. 남자들의 벗은 몸을 지나가며 슬쩍 쳐다보는 여자, 이런 장면을 바라보는 남자 독자들은 그 여자를 오히려 눈요깃감으로 바라볼 것이다. 군더더기를 제거하는 데서 광고 메시지는 더욱 정교하게 다듬어진다.

넷째, 23도 소주 시장에서 이런 식의 충격 요법이 상품 판매에 과연 얼마나 영향을 미칠지 의문이다. 이미 참진이슬로가 저알코올 소주 시장을 선도하고 있는 마당에, 쌀로 만들었다며 성분을 강조하며 광고에서도 품격을 느끼게 하는 미소주가 승부수를 띄운 마당에, 과연 이런 식의 충격 요법이 얼마나 유효할지 냉정하게 따져 볼 일이다. 더구나 상품의 런칭 단계에서는 확실한 상표 개성 *brand personality* 을 구축하는 것이 시급한 과제일 터인데, 남자들의 벗은 몸이 확실한 상표 개성을 과연 얼마나 탄탄하게 쌓아 나갈지 염려스럽다. 하나하나의 광고는 상표 개성을 쌓아 가는 상표 이미지의 은행 역할을 해야 한다.

알다시피 미학에서는 옷 벗는 상태를 '벌거벗음'과 '나체'라는 두 가지 개념으로 구분한다. 일찍이 케네스 클라크 Kenneth Clark 가 지적했듯이 벌거벗음 *nakedness* 이 단순히 아무런 옷도 걸치지 않은 상태라면, 나체 *nudity* 는 하나의 예술 형식이다.[4] 목욕할 때처럼 문을 꼭꼭 걸어 잠근 채 혼자서 벗는 행위가 벌거

---

4. John Berger, *Ways of Seeing*, Penguin Books, 1972; 강명구 옮김, 《영상 커뮤니케이션과 사회》, 나남, 1987, p.87. 존 버거는 나체란 회화(미학)의 한 출발점이라기보다는 회화에 의해 이룩된 하나의 '바라다보는 방식 *a way of seeing*' 이라는 케네스 클라크의 주장을 적극적으로 지지하면서 나체란 언제나 양식화되게 *conventionalized* 마련인데, 이는 예술적 전통에서 유래한다고 설명한다.

벗음이라면, 누군가에게 보여 주기 위하여 의식적으로 벗는 행위는 나체이다.

특히, 나체가 소비 대중 사회의 대표적인 마케팅 기법으로 활용되는 현실을 보면 남녀의 벗은 몸은 이미 상품 미학의 첨병 역할을 하는 것 같다. 투명한 소재를 이용해서 내부를 훤히 들여다볼 수 있게 함으로써 소비자들을 사로잡고 있는 누드 상품들을 보라! 이러한 '누드' 바람은 누드 세탁기, 누드 청소기, 누드 전화기, 누드 휴대폰 등 전자 제품은 물론 누드 삐삐, 누드 김밥, 누드 만두, 누드 메이크업, 누드 스타킹, 누드 목걸이 등 다양한 분야로 번지고 있다.[5]

소프트 곰바우 광고에서는 나체의 예술 형식을 빌려 오되 집단적인 나체를 활용하고 있다는 점이 특히 인상적이다. 이와 같은 집단적인 나체 처리 방식은 세인의 주목을 끌기에 충분했다. 이 시리즈 광고는 진실을 바탕으로 소비자의 욕망을 환기시키기보다 섹스 어필을 통해 메시지의 충격 효과만 기대하고 있다. 섹스 어필 광고가 소비자들의 주의를 끄는 데는 성공할지 몰라도, 광고 효과 측면에서 얼마나 효과적인가 하는 것은 별개의 문제이다. 일찍이 오길비는 소비자는 결코 멍청이가 아니라고 지적하면서 그들의 지성을 함부로 욕 보이지 말라고 경고한 바 있다. 그의 입장에 기대면, 우리네 술꾼들은 그렇게 멍청하지도 않으며, "그들은 술을 선택할 때 자신들의 분명한 판단 기준이 있으며, 광고가 화제를 만들었다는 이유만으로 즐겨 마시던 술을 쉽게 바꾸지 않는다"[6]는 것이다. 이런 식의 흥미 위주의 광고가 판매를 일으키는 것에 대해 오길비는 평생토록 부정적인 입장을 유지했다.

특히 이 광고 다음에 나온 '모두 순수로 돌아간다' 편은 남자들이 앉아 있던 그 자리에 여자들이 옷을 입은 채 앉아서 옆자리의 벗은 남자 한 명을 호기심 어린 눈초리로 슬쩍 바라보는 상황으로 처리함으로써, '순수로 돌아간다' 편에 대한 세간의 비판을 잠재우는 쪽으로 아이디어를 발전시켰다. 또한 세 번째 광고에서는 여자 모델이 늑대와 술을 마시는 장면을 제시함으

---

5. 서병기, "누드 마케팅 열풍," 〈스포츠서울〉, 1999. 9. 1.

6. 윤선길, "오길비의 광고 철학과 '소프트 곰바우' 광고," 〈저널리즘 비평〉, 제28호, 한국언론학회, 1999, pp.72∼3.

소프트 곰바우 신문 광고 '모두 순수로 돌아간다' 편

소프트 곰바우 신문 광고 '끼 있는 소주가 좋다' 편

로써 첫번째 광고의 충격을 누그러뜨리는 동시에 상표 개성을 구축하려는 방향으로 표현의 정교함을 다듬어 가고 있다.

소프트 곰바우 신문 광고는 남자의 육체도 '소비의 가장 아름다운 대상'이 될 수 있음을 시사하는 문제작이다. 그러나 세인의 뜨거운 관심은 그리 오래 가지 않는다는 점을 잊지 말아야 한다. 결국, 상표 개성을 구축하지 못하는 모든 광고는 금세 날아가 버리는 휘발성 액체와 같기 때문이다.

기껏해야 '영혼의 감옥' 정도로 취급받던 남자의 몸이 소비 대중 사회의 성숙과 더불어 이처럼 찬양의 대상으로 바뀌고 있음에 주목할 필요가 있다. 그러나 대중 문화 속에 등장하는 남자의 벗은 몸을 성의 상품화라는 시각에서 바라보아야 할까? 우선, 사회 경제적인 측면에서 볼 때 30~40대의 고개 숙인 남자에 대한 사회적인 보상 심리 차원에서 이루어진 결과로 해석할 수도 있지만, 남성다움 *macho*에 대한 찬양으로 평가하기에는 아직은 시기 상조다.

남자의 벗은 몸이 부쩍 자주 등장하는 까닭은 여성의 구매력이 날로 높아지고 있기 때문이다. 그런 광고에는 고도의 전략이 내재되어 있다. 우리 나라 상품 소비의 80% 가량을 여성이 결정한다. 넥타이를 매는 사람은 남자이지만 그걸 구매하는 사람은 거의 여자이다. 그뿐인가? 운동화는 아이들이 신고 다니지만 사는 사람은 엄마이다. 다시 말해 구매 결정력의 80% 이상을 여성이 갖고 있는 현실에서 남자의 벗은 몸은 여성들의 관심을 끌기에 충분한 공간으로 부상할 수 있는 것이다.

전신적 기쁨으로서의 기네시스 *gynesis*는 몸의 정치, 혹은 신체적인 것들에 대한 미적 평가를 의미한다. 전신적 기쁨은 몸의 다산성을 우리의 사유와 행동에 통합시키면서, 정신(개념, *conception*)과 몸(지각, *perception*)을 양분하는 남근 지배를 질타한다. 육체적 즐거움은 일방적이거나 대립적인 것이 아니라 다양하고 보완적인 것이다.[7] 강압적으로 몸을 제한하고 통제하는 사회가 아니라 서로의 몸을 그대로 인정하는 수평적인 사회일 경우, 광고 속의 육

---

7. 정화열 (1996), "Phenomenology and Body Politics," 앞의 책, pp.256~7.

감적인 이미지의 범람도 그리 위험하지는 않으며 오히려 오락거리[8]로 감상할 수 있다. 우리는 현실 논리로 작동하는 광고를 무작정 비판하기보다 광고에 나타난 저항의 몸짓을 분리해 내 몸의 철학을 구현할 수 있도록 미적·문화적 실천을 담당해야 한다.

이제, 남자들도 정성을 다해 자신의 몸 관리를 해야 할 필요가 있다. 자신의 몸을 소중히 여기며 잘 관리하는 것도 소비 대중 사회에서 자신의 정체성을 유지하는 길이 될 테니까. 그렇지만 여자의 벗은 몸을 성의 상품화 도구로만 활용함으로써 비판의 대상이 되어 왔던 점을 깊이 헤아려, 남자의 벗은 몸을 이용한 광고에서는 그와 같은 전철을 되풀이해서는 안 될 것이다.

스타크래프트 사회학

스타크래프트! 이 한 장의 CD에 과연 어떤 폭발력이 숨어 있기에 온 나라 젊은이들의 마음을 흔들어 놓고 있는 것일까. "캐리어 한 부대가 오길래 하이템플러로 지져 버렸지," "질럿으로 초반 러시를 하는 거야," "난 5드론이다" 등 중고생은 물론 대학생에 이르기까지 삼삼오오 모여 이런 대화를 주고받는다. 아니, 대화라기보다는 암호를 주고받는다고 해야 할 것이다. 1998년 블리자드사의 전략 시뮬레이션 게임인 스타크래프트가 국내에 첫발을 디딘 후 세계의 1/3에 해당하는 물량인 100만 개가 정품으로 판매됨으로써 우리 놀이 문화에 새로운 이정표를 세웠다.

이러한 스타크래프트 열풍 현상으로 인해 '길드 *guild*'라는 형식의 게임 모임이 생겨나기도 했으니 이것은 사회를 향해 새로운 문화가 탄생했다며

---

8. 백한울, "광고 속의 육체 이미지,"《광고의 신화·욕망·이미지》, 현실문화연구, 1993, p.137.

한국통신 인터넷 코넷 TV 광고 '쌈장' 편

선포하는 포고령이나 다름없었다. 출생도 다르고 개성도 다른 숱한 젊은이들
이 스타크래프트라는 하나의 지향점을 향해 성큼성큼 다가갔는데 이 과정에
서 현실적인 인간 관계는 철저히 무시되고 모든 커뮤니케이션은 오로지 네트
워크를 통해서만 이루어졌다.

　　　이러한 스타크래프트 열풍에 기대어 상품 미학의 사회적 확산을 시도
하는 광고가 있다. 한국통신 인터넷 코넷 텔레비전 광고 '쌈장' 편[9]은 21세기
광고 표현의 큰 흐름을 짐작할 수 있게 하는 광고이다.

호주 중서부 퀸즈랜드의 황량한 사막. 부서진 지프와 불타는 전투기가 화면을 압도하고 있는데 놀랍게도 흩어진 공룡 뼈와 100여 대의 모니터가 시뻘건 흙모래 속에 파묻혀 있다. 이 때 배틀넷의 승리자 쌈장 이기석이 등장한다. "인터넷은 코넷으로 접속하라"라는 테란마린의 다급한 지령과 함께 귓가에는 여러 무기들이 쿵쿵 부딪치는 소리들이 시끄럽게 들려 온다. 치열했던 스타크래프트 전투 상황을 상기시키는 설정임에 틀림없다. 두 팔을 높게 치켜들고 독수리처럼 포효하는 쌈장의 머리 위로 테란마린의 레이스 편대가 날아가고, 꺼졌던 모니터들 위에 코넷이란 로고가 떠오른다. 스타크래프트 전쟁터에서 승리하고 돌아오는 쌈장 Ssamzang의 위엄을 뒷받침하는 카피 "인터넷 카리스마 코넷"이 마지막을 장식함으로써 한 편의 SF 영화 같은 광고가 끝난다.

쌈장이란 쌈을 싸서 먹을 때 찍어 먹는 양념이다. 그런데 이 쌈장이 프로게이머 이기석의 코넷 아이디로 사용되면서 사이버 시대의 대중 스타, 다시 말해 게임의 최고 강자로 새롭게 재해석된다. 쌈장의 신화 이후 배틀넷에는 고추장, 된장, 청국장, 자장, 춘장까지 각종 장들의 이름이 판을 치게 되었다. 이 코넷 광고는 프로 게이머라는 직업의 존재조차 알 수 없었던 일반 대중들에게 이기석이라는 이름을 유명하게 만든 기폭제 역할을 한 셈이다. 바로 이 점이 우리 대중 문화에 미친 코넷 광고의 영향력이라 할 수 있다.

코넷의 이미지를 조기에 선두 그룹에 진입시키고 코넷을 '인터넷 카리스마'로 인식시킨다는 광고 목표까지 굳이 언급할 필요는 없다. 오히려 인터넷 영웅들의 전설 뒤엔 코넷이 있었다는 점이 자연스럽게 알려지면 되는

---

9. 광고 창작자들은 광고의 완성도를 높이기 위해 스타크래프트의 전쟁터를 완벽하게 재현할 곳을 물색했다. 몽고의 초원과 호주의 사막을 수 차례 뒤진 끝에 찾아 낸 곳이 퀸즈랜드. 촬영 팀은 왕복 6시간이 소요되는 숙소와 촬영지를 7박 8일 간이나 오가며 초인적인 사투를 벌였다. 특히 감독은 이기석의 절벽 연기를 촬영하기 위해 여러 번 구토를 하면서도 28회나 헬기 촬영을 강행하는 프로 근성을 보여 주었다. 가상의 네트워크 공간에서 벌어지는 전쟁터의 연출을 위해 100여 대의 컴퓨터를 하나하나 사막에 배치하는 작업은 고통의 연속이었다. 또한 공룡 뼈, 테란의 불타는 시저 탱크, 추락한 레이스 전투기의 잔해, 뼈만 앙상하게 남은 질럿의 시체 등 100만 스타크래프트 마니아들만이 알 수 있는 소품 연출을 완벽하게 처리함으로써 네티즌의 머릿속에 환상의 전쟁터를 사실적으로 심어 줄 수 있었다.

것이다. 그런 방안의 하나로 경쟁사에서는 남녀간의 사랑을 유머러스하게 풀어 가는 내용인 데 비해 코넷 광고에서는 남성미가 물씬 풍기는 파워 머스큘린 톤*power masculine tone*을 선택하고 있다.

이 광고를 통해 수용자들은 현실적 지배 구조와 권위를 부정하는 새로운 스타를 만남으로써 대리 만족을 느낄 것이다. 고졸 출신이지만 학력과 무관한 인터넷 게임 세계에서 고액의 연봉을 받으며 각종 스타크래프트 세계 대회를 제패한 이기석. 광고 모델까지 된 꼴찌에게 많은 사람들은 무한한 갈채를 보낸다. 이기석은 누구라도 게이머의 우상이 될 수 있고 인터넷 신지식인도 될 수 있다는 꿈을 안겨 준 경이로운 존재가 되었다. 광고 창작자의 창작 의도와 상관 없이 수용자들은 이 광고에 숨은 뜻을 이렇게 읽지 않았을까?

스타크래프트 게임은 세대간의 동질적인 약속이다. 이 때의 약속은 일회적인 것이 아니라 학습을 통하여 관습화됨으로써 한 문화 속에 오래 남아 수용자의 지각 작용과 인식 작용을 은연중에 조정해 나가게 된다. 결국 구성원의 동의를 거치는 과정에서 약속은 관습으로 굳어지게 마련인데, 이 때 관습은 모든 코드의 접착력으로 작용한다.[10] 다시 말해, 이 광고에 나타난 스타크래프트 게임은 세대 감각을 지탱해 주는 접착제가 되어 버린 것이다.

이 광고에서 우리는 사이버 공간이 현실과 완전히 분리된 공간이 아니라는 점을 확인할 수 있다. 사이버 문화를 흡수한 사람은 사이버를 떠난 공간(컴퓨터를 끈*Off* 상태)으로 다시 돌아간다. 그러나 외부 환경이 바뀌었다 해서 사이버의 경계를 훌쩍 뛰어넘어 *On-line*의 매혹마저 완전히 꺼지는 것일까? *Off-line*(현실)이 되더라도 *On-line*(사이버) 세계의 매혹과 열광은 떨쳐 버릴 수 없는 잔상으로 남는다. 광고를 볼 때 "음, 질럿 한 부대가 이동한다"라는 생각이 들 정도로 열광의 도가니로 몰아넣음으로써 결국 수용자들이 현실 세계와 사이버 세계를 구분하지 못하도록 하는 광고이다. 스타크래프트 게임에도 나오고 광고의 배경 음악으로도 쓰인 〈승리의 아리아〉처럼 이 광고는 게이머들에게 청춘의 아리아가 되어 버렸다.

---

10. John Fiske & John Hartley, *Reading Television*, London: Methuen, 1978, p.60

사람보다 따뜻한 사이버 모델

네티즌의 시대. 사이버 커뮤니케이션의 시대. 소비 대중 사회는 컴퓨터 하나로 전세계 어디라도, 그 어느 누구와도 소통이 가능하다. 모니터 앞에 앉아 상품 목록들을 하나하나 뒤적거린 다음, 주문을 하면 정해진 기간 내에 정확히 배달되는 세상이다. 디지털 혁명이 성공하여 전세계를 하나로 묶는 디지털 정부가 들어서고 있다.

우리가 맞닥뜨리는 실제의 생활 세계보다는 컴퓨터가 제공하는 가상의 사이버 세계가 더 매력적으로 다가온다. 컴퓨터 통신을 하다 보면 잠깐인 듯싶었는데 어느새 한 시간이 훌쩍 지나가 버리고, 정보의 바다에서 헤엄치다 보면 감각이 익사하는 것도 모르고 밤을 꼬박 새울 때가 많다. 하이텔, 천리안, 나우누리, 유니텔, 넷츠고, 신비로, 다음, 라이코스, 야후 등 국내 통신망에서 인터넷 포털 *portal*에 이르기까지 정보의 신경망이 불과 몇 년 사이에 얼마나 많이 늘었는가? 지금 우리는 디지털 혁명의 와중에서 뉴 밀레니엄을 맞이하고 있는 것이다.

이렇게 급변하는 세상에서 광고에 사이버 모델이 등장하는 것은 지극히 당연한 현상이다. 왜 하필 사이버 모델일까? 생각해 보면 광고만큼 시대의 흐름을 발 빠르게 포착하는 장르도 없을 것이다. 광고에는 당대의 세상 형편이 스며 있다. 당대의 진실을 시로 표현했던 때도 있었지만, 지금은 광고가 동시대의 진실을 대변한다고 본다. 이를테면 현대 광고는 수용자들에게 새로운 욕망을 창출해 주는 사회적 기제로 작용하는 것이다. 현대 광고에 대한 다음과 같은 진술을 살펴보자.

"광고가 상품에 대해 정보를 전해 주는 커뮤니케이션 수단이라는 설명은 단지 부분적으로만 맞는 얘기이다. 새로운 정보로 상품을 꾸며 간다. 상품 속에 내포된 자본과 노동 간의 갈등, 공장 노동의 힘겨움, 상품을 구성하는 여러 다양한 질료 등에 관해서 광고는 어떠한 정보도 제공하지 않는다. 오히려 이러한 것들에 대한 정보를 지워 버린다. 대신 전혀 다른 새로운 정보를

세계 최초의 사이버 스타 일본의 '다테 교코'

만들어 냄으로써 소비자의 욕망을 부추기고자 한다. 즉, 텅 빈 기표 속에 욕망이라는 메시지를 은밀하게 혹은 명백하게 채워 넣고, 이를 갖고 우리를 유혹한다."[11]

상품을 꾸미는 새로운 정보, 혹은 커뮤니케이션을 위한 '텅 빈 기표'로 등장한 사이버 모델 역시 20세기의 마지막 10년 간을 상징하는 시대의 진실이다. 그 저변에는 C세대, 이른바 사이버 세대들의 꿈과 열정, 몰입과 일탈, 그리고 좌절과 고독이 속속들이 깔려 있다.

사이버 모델은 외국에서 먼저 태어났다. 1996년 말 일본에서 등장한 다테 교코는 싱글 앨범 〈러브 커뮤니케이션〉과 뮤직 비디오를 발표함으로써 일본 열도를 사이버 열풍으로 몰아넣었다.[12] 구멍가게 셋째 딸(대처 여사)이

---

11. 강현두 · 원용진 · 전규찬, "광고와 새로운 소비 주체의 형성,"《현대 대중 문화의 형성》, 서울대학교 출판부, 1998, pp.83~4

12. 다테 교코의 프로필은 다음과 같다. 혈액형: A형, 생년월일: 1979년 10월 26일(금), 별자리: 전갈자리, 신장: 164cm, 신체 사이즈: 83/56/82, 시력: 좌 0.2 우 0.3, 가족 구성: 아버지, 어머니, 한 살 아래의 여동생, 취미: 귀여운 스티커 수집과 외국어 배우기, 좋아하는 음식: 껌과 사탕 등 단 것 모두, 싫어하는 음식: 날계란, 좋아하는 남자 스타일: 귀걸이나 장발이 어울리는 남자.

아닌 초밥집 첫째 딸로 태어난 다테 교코는 사람처럼 나이를 먹는 사이버 모델인데, 기회가 있을 때마다 누드 모델로도 활동하고 있다.

미국의 저스틴은 미국 사이버 세대의 이상향을 반영하여 제작했는데, 마릴린 몬로를 뺨치는 풍만한 몸매와 화려한 금발이 특징이다. 가수 겸 영화 배우로 활동하고 있는데 미국의 C세대로부터 폭발적인 인기를 얻었다.

영국의 라라 크로프트는 인기 게임 〈톰 레이더〉의 성공에 힘입어 팬들의 요구로 태어났다. 그녀는 영국의 유명 팝 밴드인 U2가 순회 공연을 하면 거의 번번이 비디오 화면에 등장함으로써 팬들의 성원에 보답한다. 특히 007의 본드 걸을 연상시키는 강렬하고 매력적인 용모로 맹렬하게 활동하고 있다.

세계적인 사이버 슈퍼 모델 웨비 투케이는 100만 달러를 들여 디자인한 인물이다. 유럽 인, 아시아 인, 아프리카 인의 대표적인 외모의 매력을 함께 갖췄고, 가상 인물이기 때문에 나이를 먹어도 살이 찌거나 스캔들을 일으킬 염려가 없다.[13] 환경 운동에 관심이 많으며, 자기 의견을 가진 살아 있는 존재나 다름없다. 세계 공통의 표준 인간형으로 태어난 웨비 투케이는 사이버 공간을 유영하면서 인간적인, 너무나 인간적인 활동을 펼치고 있다.

우리 나라에서는 1997년 말 사이버 스타 '아담'이 태어났다.[14] 아담의 탄생은 단군 왕검 이후 가장 획기적인 문화사적 사건이다. 남성을 대표하는 아담은 1998년 1월에 〈세상엔 없는 사랑〉이라는 타이틀의 앨범을 발표하면서 사이버 가수로 공식 데뷔했다. 사이버 공간인 에덴에서 태어나 스무 살이 될 때까지 그 곳에서 살았다는 탄생 설화를 가진 아담은 반인반마 半人半魔의 켄타우루스 상징을 이어받아 사람을 사랑하는 인간이 되고 싶어하는 희망을 키워간다.

---

13. 김수혜, "100만 달러 들인 사이버 모델 투케이(2K)," 〈조선일보〉 1999. 9. 6.

14. 아담의 프로필은 다음과 같다. 혈액형: O형, 생년월일 : 1997년 12월 12일, 신장: 178cm, 체중: 67kg, 출생지: EDEN (Eastern Digital Entertainment Network), 성격: 밝고 구김살이 없으나 불의를 보면 참지 못함, 좋아하는 색: Clear Blue, 존경하는 인물: 부모님과 존 레논, 좋아하는 음식: 김치찌개, 좋아하는 국내 뮤지션: 서태지와 아이들, 좋아하는 해외 뮤지션: 에릭 클립 톤, 좋아하는 스포츠: 축구, e-mail: adam@adamsoft.com.

한국 최초의
사이버 스타 '아담'

LG 생활건강
레모니아 TV 광고
'아담' 편

　　발 빠른 광고계는 조금도 망설이지 않고 아담을 광고 모델로 쓴다. 아
담은 네티즌들이 가장 좋아하는 표준적인 외모를 가졌기 때문에 광고 창작자
에게는 매력과 상품 가치를 동시에 갖춘 최적의 모델로 다가왔던 것이다.

　　LG 생활건강 레모니아 광고 '아담' 편을 보면 국내 최초의 사이버 연
예인인 아담의 사랑과 상처가 그럴 듯하게 표현되어 있다. 아담의 데뷔 음반
타이틀인 〈세상엔 없는 사랑〉을 배경 음악으로 여자 모델과 함께 밝고 상큼한
이미지를 전달한다. 이 광고의 소구 대상은 단 1초도 평범하게 살고 싶지 않
는 네티즌들이다. 광고 창작자는 진부한 빅 모델보다는 네티즌에게 가장 인
기를 끈 사이버 모델 전략을 구사한 셈이다.

광고가 시작되면, "비록 함께 갈 순 없지만 너를 볼 수 있는 곳에서 ~"라는 아담의 히트곡 〈세상엔 없는 사랑〉이 배경 음악으로 흐른다. 음악이 흐르는 시골길을 탤런트 홍세은이 자전거를 타고 간다. 그런데 자전거 뒷자리에는 사이버 모델 아담이 타고 있는데, 무척 행복해 보인다. 아담은 실제로 음료를 마시지는 않고 마시는 흉내만 낸다. 소녀는 아담에게 다가가 키스를 한다. 그 사랑에 반응하고 싶어하는 아담의 표정이 인상적이다. 그러나 사람이 아닌 아담은 아무것도 해 주지 못한 채 안타까움만 키워 갈 뿐이다.

"레몬을 닮은 소녀를 만났다." "레몬 같은 사랑 ─ 레모니아!" 아쉬운 마음을 표현한 아담의 목소리는 실재 사람보다 더 절절하게 들린다. 그 사이 비타민 C 함유 음료라는 점을 알리기 위해 레몬 조각을 끼워 넣기도 하지만, 모델이 시청자와 정면으로 눈을 맞추지 않는다는 점이 특히 인상적이다. 즉, 모든 광고의 끝 장면은 대개 모델이 시청자와 정면으로 눈을 맞추며 상품 이름을 알리는 것으로 끝나는데, 이 광고에서는 아담이 멀어져 가는 소녀 쪽으로만 시선을 돌리고 시청자와는 눈을 맞추지 않는다. 자기에게 사랑을 남긴 사람을 잊지 못하는 사이버 모델의 슬픔을 이렇게 표현한 것이다. 사이버 모델의 등장과 함께 새롭게 선보이는 끝 장면 처리법이다.

아담이 남자를 대표하는 사이버 스타라면 '류시아'는 여자를 대표한다.[15] 그녀는 비로소 '시 始'와 싹 '아 芽'자, 즉 '새싹'이라는 의미의 한글 이름과, 루시퍼 Lusiper와 메시아 Messiah, 즉 선과 악을 한몸에 가졌다는 의미의 영어 이름을 동시에 갖고 있다. 류시아는 1998년 5월에 앨범을 내고 가수로 공식 데뷔했다. 데뷔 앨범 〈시간의 흐름 The Stream of Time〉은 네티즌들 사이에서 선풍적인 인기를 끌었는데, 특히 타이틀곡인 〈내가 이 세상에 온 이유〉는 전생에서 이루지 못한 사랑을 찾아 이 세상에 올 수밖에 없었다는 슬픈 내용을 전달함으로써 네티즌의 섬세한 감수성을 송두리째 흔들어 버린다. 또한

---

15. 류시아의 프로필은 다음과 같다. 생년월일: 1998년 1월 10일, 신장: 18,527폴리곤, 체중: 1.63mb (디스켓 한 장에 들어가지 않음), 직업: 만능 엔터테이너로서 패션 회사 '애녹'의 모델이며 인터넷 스트리트 (www.street.co.kr)의 홍보 이사, 취미: 애완 고양이 '미코'와 놀기, 좋아하는 음식: 0.2kw의 변동 없는 전력, 좋아하는 뮤지션: 서태지와 아이들, e-mail: lusia@lusia.com

여자를 대표하는 사이버 스타 '류시아'

그녀는 방송의 음악 코너를 맡아 비디오 자키로 활동하면서 팬들을 열광의 도가니 속으로 몰아넣기도 했다. 류시아는 전생에서 현생으로 돌아온 여자 사이버 모델을 대표하면서 사랑과 좌절의 드라마를 엮어 나가는 것이다.

심지어 아기 사이버 모델이 등장하기도 한다. 동양제과의 아기 과자 베베 광고 '댄싱 베이비' 편을 보라! 이 광고는 이전의 유아 식품 광고에서 아기보다는 엄마에게 호소하는 방법을 써 온 것과는 달리 아기에게 초점을 맞춘다. 아기에게도 보는 즐거움을 안겨 주는 광고인데, 아기 사이버 모델을 등장시켜 엄마들의 관심을 집중시켰다. 아기 사이버 모델은 엄마 마음으로 만든 "아기만을 위한 아기 과자"라는 핵심 광고 주장을 전달하는 데 조금도 부족함 없이 훌륭한 연기를 하는 것은 물론 엄마와 아기 모두에게 색다른 느낌을 주고 있다.

우리가 어렸을 적에 노란 고무줄로 기저귀를 묶었듯이 댄싱 베이비도 노란 고무줄로 기저귀를 묶고 엉덩이를 씰룩거리면서 "아기 거야, 아기 거~ 어른들은 안 돼요!" 하며 외치는 장면은 이 광고의 정수이다. 이 때 아기 사이버 모델은 여러 가지 동작을 보여 주며 춤을 추는데, 앞으로도 계속 활동 범위를 넓혀 나갈 것이다.

LG 레모니아는 아담이 광고에 나온 다음부터 매출액이 크게 늘었다. 우리는 지금, 사람보다 사이버 모델을 더 알아 주는 시대에서 살고 있다. 사람보다 모델료도 더 싼 사이버 광고 모델은 앞으로도 인기를 끌게 될 것이다.

모델료는 사이버 모델 제작 회사에 지급되겠지만, 광고 수용자 입장에서는 속사정은 알 바 없고 광고에 등장하는 사이버 모델과 함께 공통의 느낌만 자주 나누면 된다.

네티즌의 입장에서는 오히려 사람보다 사이버 스타에게 더 친밀감을 느낀다. 실재하는 대중 스타에게 아무리 팬레터를 보내도 답장 받기가 어려운데, 사이버 스타에게는 편지를 보내면 꼬박꼬박 답장을 받을 수 있다. 편지에 대한 답장은 사이버 모델 제작 회사에서 하는 일이지만 네티즌들은 전혀 개의치 않는다. 설령 각본에 따라 보내는 답장이라는 점을 눈치챈다 하더라도 그들 입장에서는 그리 큰 문제가 아니다. 그들에게 사이버 공간은 실제보다 더 실제적인 세계이기 때문이다.

네티즌의 이런 취향에 대해, 정신 이상적 사이버 증후군에 감염된 증거이며 사이버 문화에 지나치게 몰입하는 '중독적 역기능 *narcotizing dysfunction*'의 상태라며 신랄하게 비판하는 입장도 있으나, 그것은 그렇지 않다. 사이버 모델의 등장은 늘 상상력에 목마른 네티즌들을 중심으로 새로운 사이버 담론이 형성되고 있는 증거로 보아야 한다.

아담은 탤런트 송승헌과 닮았다. 이는 어쩌면 당연한 이치이다. 여러 여론 조사를 바탕으로 네티즌이 가장 선호하는 남자의 얼굴을 만들어 냈기 때문이다. 만일 아담이 1970년대에 태어났다면 남궁원을, 1980년대에 태어났다면 최수종의 모습을 띠었을 것이다. 마찬가지로 1990년대에 태어난 아담은 청춘 스타 송승헌의 형상을 할 수밖에 없다. 결국 사이버 스타란 대중이 가장 갈망하는 '이미지의 야적장'이나 다름없으니까.

사이버 모델은 광고 수용자에게 즐거움을 안겨 준다. 광고 수용자들이 인물 모델을 선호하건 사이버 모델을 선호하건 관계 없이 그 선호 과정은 본질적으로 같다. 그러나 하나의 이상형을 세워 놓고 정신적인 유희를 즐기는 소비자의 심리는 늘 새로운 스타일 쪽으로 기울게 마련이다. 역설적으로 말해 사이버 공간은 또 하나의 현실 공간인 것이다.

술 권하는 사회의 계몽 광고

"그 몹쓸 사회가, 왜 술을 권하는고!"

　　현진건의 단편 소설 《술 권하는 사회》(1921)는 이렇게 끝난다. 여기서 우리가 눈여겨봐야 할 것은 자기 고민에 빠져 술을 마시는 게 아니라, 사회가 술을 마시게 한다는 점이다. 그것도 아주 몹쓸 사회가. 일제 강점기에 이 소설이 발표됐지만 시간이 한참 흘러도 사정은 그리 달라진 것 같지 않다. 기분 좋아 한 잔, 기분 나빠 한 잔이라고 하지만 그 기분을 움직이는 것은 사회라는 거대한 조직이다. 그래서 인간은 사회적 동물이라고 하지 않았나 싶다. 아무리 정보화 사회로 달음박질치건, 인터넷의 발달로 인해 국가의 개념이 무너지고 있건 관계 없이 사람과 사회의 관계는 그 때나 지금이나 비슷해 보인다. 그 몹쓸 사회가 술을 들이마시게 한다는 점에서 그렇다.

　　주류업계의 보고서에 의하면, 경기가 좋을 때는 맥주를 많이 마시고 불황의 늪에서 허덕일 때는 소주를 더 많이 찾는다고 한다. 특히 술 소비는 계절에 따라 약간씩 차이가 나는데, 여름에는 맥주를 많이 찾고, 가을이나 겨울에는 소주를 많이 마신다. 그런데 지금은 계절에 관계 없이 맥주보다는 소주를 더 많이 찾는다고 한다. 서민들은 이러저러한 사회 구조의 모순에 대한 울분을 소주로 씻어 내는 것이 아닐까?

　　소주는 독하지 않으면서도 쌉쌀한 맛과 독특한 향으로 오랫동안 평범한 사람들의 사랑을 독차지했다. 또한 부담 없는 가격도 소주를 즐겨 찾게 하는 요인이 되었다. 그래서 사람들은 퇴근 무렵에 "간단히 한 잔!" 하자고 말하면 누구나 소주 한 잔 하자는 뜻으로 받아들인다.

　　마시지 않고는 배기지 못하는 사회에서 술을 마시기는 마시되 좀 "부드럽게 마시자"고 말하는 소주 광고가 나와서 눈길을 끈다. 골프에 골프의 도가 있고 운전에 운전의 도가 있듯이, 술에는 술자리에서 지켜야 할 도리인 주도酒道가 있다. 두산 경월의 그린 소주 시리즈 광고는 그린 소주의 이미지 광고이자 음주 문화의 올바른 방향을 환기시키는 계몽성 광고이다.

그린 소주 신문 광고 '부드럽게 삽시다' 편

"광고는 사회 이상의 것을 반영하지만 사회에 영향을 미치지는 못한다"[16]는 입장도 있지만, 설득력 있는 계몽적인 메시지 때문에 수용자들에게 어느 정도 영향을 미칠 수 있는 대표적인 광고가 계몽성 광고인 것이다. 상품 광고이지만 마치 공익 광고 같은 느낌을 준다. 그러나 공익적인 메시지를 그린 소주의 자산인 '부드러운 맛'에 연결시켰기 때문에 상품 판매와 무관한 공익 광고로 단정하기는 어렵다. 두산 경월의 인쇄 시리즈 광고는 "우리 서로 부드럽게"라는 상표 슬로건을 축적된 상표 자산으로 연결시킨 계몽성 상품 광고이다.

첫번째 광고부터 살펴보자. 정사각형 모양의 녹색 바탕과 가운데의 동그라미 형태가 자연스럽게 어울린다. '그린'이라는 상표 이름 때문에 바탕

16. David Ogilvy, *Confessions of an Advertising Man*, New York: Ballantine, 1971, p.26

그린 소주 신문 광고 '늑대도 양이 된다' 편

그린 소주 신문 광고 '사나운 폭풍도 잠재운다' 편

을 녹색으로 처리한 다음, 그 바탕 한가운데를 원형으로 파내고, 그 안에 카피를 배치하는 절제된 레이아웃이다. 이 레이아웃은 시리즈 광고물 전체에 동일하게 적용함으로써 한눈에도 그린 소주 광고임을 알 수 있게 하는 힘있는 형태이다. 이와 같은 일관된 레이아웃은 광고의 누적 효과를 보장한다. 그림은 그린 소주병 하나뿐이다. 카피 역시 "부드럽게 삽시다"라는 헤드라인에 "어려운 때일수록 / 우리 서로 부드럽게 대합시다 / 부드러운 미소, 부드러운 말 한 마디가 삶에 힘과 맛을 더합니다"라는 바디카피를 덧붙였을 뿐이다. 이 광고는 이를테면 "부드럽게 삽시다"라는 캠페인 주제를 널리 알리는 선언문에 가까운 광고이다.

두 번째 광고를 보면, 그린 소주병 위로 양 한 마리가 배치되어 있다. 광고를 굳이 예술의 범주에 넣는다면 상업 예술에 가깝기 때문에, 정통적인 회화 기법으로는 인정하기 어려운 소주병과 양의 어정쩡한 배치를 굳이 문제 삼을 필요는 없다. 이 광고에 나오는 양은 부드러운 술 한 잔을 마시면 "늑대도 양이 된다"는 메시지를 전달하기 위해 편의상 빌려 온 소품이기 때문이다. 소주병과 양이 따로따로 분리되어 있어 다소 허전해 보이기는 하지만, 중간에 카피가 치고 들어가 있어서 소주병의 의미와 양의 의미가 촘촘하게 엮이게 된다. "부드러운 말 한 마디 / 부드러운 술 한 잔 / 늑대도 양이 된다"는 카피를 보라! 광고 텍스트는 그림 따로 카피 따로가 아니라, 전체적인 맥락에서 전달되기 때문에 카피와 그림이 어우러지는 과정에서 부드러운 그린만의 독특한 이미지를 형성하게 된다.

세 번째 광고는 바다 위에 소주병과 돛단배가 떠 있는 형국인데, 현실 세계에서는 절대 있을 수 없는 상황이 벌어지고 있다. 바닷물이 출렁이는데 어떻게 소주병이 그 위에 설 수 있겠는가? 그러나 '부드러운 소주'라는 광고 메시지를 전달하기 위해서는 이처럼 소주병과 돛단배를 병치시키는 일도 가능한 법이다. 병치된 그림 메시지는 "부드러운 말 한 마디 / 부드러운 술 한 잔 / 사나운 폭풍도 잠재운다"라는 카피와 조화를 이루며 그린의 상표 자산을 더욱 견고하게 받쳐 준다. 이 광고까지 보고 나면 시리즈 광고의 위력을 새삼스레 실감하게 된다. 한 번으로 끝나는 단발성 광고와는 달리 시리즈 캠페인

그린 소주 신문 광고 '톡톡 쏘지 맙시다' 편

그린 소주 신문 광고 '희망의 꽃을 피운다' 편

그린 소주 신문 광고 '지역 감정도 녹인다' 편

은 이전의 광고 메시지를 포섭하는 동시에 앞으로의 의미까지 넓혀 나간다.

네 번째 광고를 보자. 금방이라도 쏠 것 같은 벌 한 마리와 소주병의 관계이다. 술병과 벌이 무슨 상관이란 말인가. 카피만 떼어 놓고 보면 광고 메시지가 아니다. 그러나 무관해 보이는 사물이 병치되어 있는 그림에 카피를 붙이면 카피와 그림이 상호 작용을 일으키며 훌륭한 광고 한 편이 된다. "톡톡 쏘지 맙시다 / 부드럽게 삽시다 / 부드러운 소주 그린이 있습니다." 우리는 주변 사람들에게 너무 쉽게 톡톡 쏘아붙이는 버릇이 있다. 부드러운 소주 그린을 마시면 우리 모두 부드러워져서 톡톡 쏘는 버릇도 없어질 것이라는 말이다. 소주 한 병을 마셔서 그렇게 될 리는 없겠지만 어쨌든 그런 메시지가 듣기 거북하기보다는 재미있게 느껴진다.

다섯 번째 광고를 보면, 소주병에 꽃 한 송이가 꽂혀 있다. 꽃은 꽃병에 꽂아야지 소주병에 꽂아서야 되겠는가. 하지만 희망이 사라져 가는 세상에서는 소주병에라도 희망의 꽃을 꽂아야 할 것이다. "부드러운 말 한 마디 / 부드러운 술 한 잔 / 희망의 꽃을 피운다." 이쯤 되면 상품 광고가 아니라 공익 광고이다. 비싼 광고비를 써 가며 공익 광고까지 해야 하나? 그러나 이 광고는 공익 광고가 아닌 분명한 상품 이미지 광고이다. 희망의 꽃을 피우되 '부드러운' 술 한 잔으로 그렇게 하자고 함으로써 상품에 대한 주의를 불러일으킨다는 것을 결코 잊지 않았기 때문이다.

여섯 번째 광고는 술잔을 부딪치며 건배하는 장면이다. 두 사람이 잔을 들고 건배하는 장면을 원형 속에 손목까지만 두드러져 보이게 전달함으로써 정겨운 분위기가 물씬 묻어나게 처리했다. 역시 짧지만 의미 심장한 카피가 눈길을 끈다. "부드러운 말 한 마디 / 부드러운 술 한 잔 / 지역 감정도 녹인다." 당연한 말이기는 하지만 갑자기 지역 감정 문제를 들고 나오는 것은 이해할 수 없다. 캠페인 테마를 살려 주도와 관련된 보편적인 덕목을 언급해야지, 국지적인 문제를 건드리는 것은 조금 빗나간 설정이 아닌가 싶다. 꼭 그 말을 하고 싶었다면 그림도 지역 감정 문제와 관련된 것을 사용했어야 했다.

일곱 번째 광고를 보면, 바위에 술을 따르는 장면이 나온다. 얼마나 자주 따랐는지 바위가 오목하게 파여 있다. 다시 말해 물방울이 바위를 뚫는

부드러운말한마디
부드러운술한잔
바위도뚫는다

부드럽게 삽시다
그린

그린 소주 신문 광고 '바위도 뚫는다' 편

다는 속담처럼 부드러운 술 한 잔이 모여 바위까지 뚫어 버린 것이다. 오목하게 파인 바위는 "부드러운 말 한 마디 / 부드러운 술 한 잔 / 바위도 뚫는다"라는 카피와 어우러지며 '부드러운' 그린 소주를 떠올리게 만든다. 이를테면 부드러운 술잔을 주고받으며 부드러운 대화를 자주 나누다 보면 아무리 원수 사이라도 마치 물이 바위를 뚫듯이 마음의 벽을 허물 수 있다는 뜻으로 읽힌다. 광고 메시지도 이쯤 되면 올바른 주도를 전파하는 전도사 역할을 하게 될 것이다.

부드러운 한 잔 술에 스트레스가 풀리고 마음이 부드러워진다면 그보다 좋은 일이 또 어디에 있겠는가. 그린 소주 시리즈 광고를 보면 한 번쯤 이 소주를 마시고 싶은 마음을 일깨우는 동시에 그토록 어려운 소비자의 태도 변용變容을 가능하게 할 것 같다. 다시 말해, 태도 변용에 필요한 소비자의 직접적인 구매 체험의 중요성[17]을 환기시키고 있는 것이다. 물론 그린 소주 광고에서 말하듯이 술 한 잔에 그렇게 되리라고 믿는 사람은 별로 없겠지만, 기왕 마셔야 할 술이라면 마음까지 부드럽게 달래 주는 그린을 마시자는 쪽으로 설득된다면 소비자들은 그린을 선택할 수도 있다는 말이다. 이 시리즈 광고물에는 겉으로는 계몽성을 내세우면서도 속으로는 상품에 대한 소비자 편익을 잠복시키는 강점을 지니고 있다.

도대체 왜 사회가 술을 마시게 하는가? 어려울수록 힘을 내자는 말은 귀가 따갑도록 들어 왔기 때문인지 이제 아무런 감동도 주지 못한다. 언제까지나 희망을 잃지 않고 힘만 비축하면 다 잘 될 수 있을까? 문제는 그리 간단하지 않다. 차라리 어려울 때일수록 제대로 술 마시는 법을 배워 두는 게 낫지 않을까 싶다.

우리에게는 제대로 된 음주 문화가 없다고들 한다. 술만 마셨다 하면 폭탄주 세례요, 1차로는 성이 차지 않고, 2차는 짝수로 끝나서 아쉽고, 3차 정도는 가야 술 좀 마셨다고 생각한다. 심한 경우에는 아예 술집 문을 안에서 걸어 잠그고 새벽녘까지 마셔야 직성이 풀리는 우리들이 아닌가. 술만 마셨다 하면 우격다짐이나 고성 방가를 일삼는 경우는 또 얼마나 많은가. 술은 기분 내키는 대로 마시는 것이지 감히 술 앞에서 '올바른' 음주 문화라니? 우리네 정서가 이러할진대 맥주 두어 병 시켜 놓고 두세 시간을 홀짝거리는 외국인의 음주 문화를 이해하라는 것은 가당치도 않다. 그게 음료수 빠는 거지 어디 술 마시는 것이라 할 수 있겠는가.

하지만 마침 "부드럽게 삽시다"라는 캠페인 광고도 나오고 했으니 올바른 음주 문화를 정착하는 계기가 되었으면 좋겠다. 그린 소주 시리즈 광고는 수용자의 머릿속에 '부드럽게 살자'는 이미지를 구축하고 있기 때문이다. "사람이 기억 속에 저장하고 있는 의미"[18]인 이미지는 상표 자산을 구축하는 동시에 수용자의 상표 선택에 영향을 미치는 원동력이 된다. 광고의 장기적

---

17. Herbert E. Krugman, "The measurement of advertising involvement," *Public Opinion Quarterly*, 30(4), 1967, pp.538~96.

18. T. J. Reynolds & J. Gutman, "Advertising is image management," *Journal of Advertising Research*, 24(1), 1984, pp.27~37.

인 목표가 그러한 이미지를 형성하는 데 있다면 수용자와의 관계를 설정하는 그린 소주 광고는 얼마든지 그 영향력을 확대해 나갈 수 있다. 우리네 음주 문화가 얼마나 형편 없었으면 공자 말씀으로 가득 찬 그린 소주 광고가 주목을 받겠는가?

아무리 사회가 술을 권한다 하더라도 올바른 음주 문화가 제대로 뿌리내린다면 그 사회의 앞날은 밝을 것이다. 적어도 위에 소개한 광고 메시지 정도의 주도만 지키더라도 우리 사회는 훨씬 더 부드러워질 것이다. 그리하여 앞으로는 술 권하는 사회의 마지막이어야 할 이런 식의 계몽 광고가 다시는 나오지 않았으면 싶다.

즐거운 일상, 행복한 소시민

하루에도 몇 번씩 바뀌는 게 사람의 마음이다. 도저히 헤어나기 어려운 절망의 구렁텅이에 빠져 절대 고독의 낭떠러지로 추락하다가도 실낱 같은 희망만 있으면 언제 그랬냐는 듯이 콧노래를 부르는 게 우리네 일상이다. 뭐 천지 개벽하는 일이 일어날 까닭도 없고, 대단한 영웅이 나타나 우리를 구원해 줄 턱도 없지만 우리는 이렇게 살아간다. 이것이 현대 사회의 일상성이다. 영웅이 떠나 버린 시대에는 우리 모두가 영웅이다. 우리들은 일상 속에서 즐거움과 슬픔을 찾고, 스스로가 자기를 구원하며 살아 나간다. 이런 게 바로 소시민적인 행복이 아닐까?

광고를 보면 일상의 단편 *slice of life*[19]을 소재로 한 것들이 참으로 많다. 하루하루를 살아가는 현대 사회의 소비자들이 일상 그 자체를 매우 중요

---

19. Sandra E. Moriarty, *Creative Advertising*, N. J.: Prentice - Hall Inc., 1991, p.90.

하게 생각하기 때문에 나온 결과일 것이다. '일상의 단편' 제시는 아예 광고 표현의 한 장르가 되고 있다. 일상의 괴로움을 참지 못해 현실을 도피하거나 비극적 파탄에 이르는 내용보다는 조금 힘들더라도 일상의 작은 기쁨 때문에 다시 즐거운 생활로 돌아선다는 내용이 대부분이다. 광고가 소비 대중 사회에서 욕망을 전파하는 전도사 역할을 하기 때문에 그럴 수밖에 없다. 이를테면 카스맥주 시리즈 광고들은 상품의 판매 메시지를 일상의 단편 속에 녹여낸 대표적인 경우이다.

소비자들은 대개 맥주 선택의 주요 요인으로 맛, 상표 이미지, 준거 집단, 제조 공법, 원료 등을 꼽는다. 여기에서 가장 중요한 '맛'은 실제로 느끼는 물리적인 맛이 아니라 각자가 느끼는 인식상의 맛이라는 점이 특이하다. 사실 맥주 맛에 차이가 있다면 얼마나 있겠는가. 그 맛의 미세한 차이는 실제 맛이 아니라 이미지의 차이에서 올 수도 있다. 그래서 카스맥주에는 친근한 이미지의 강화가 필요하게 되었고, 이런 배경을 바탕으로 '살아가는 맛, 살아 있는 맛' 시리즈 캠페인이 탄생하게 된다.

이 광고들은 누구나 한 번쯤 실생활에서 경험했을 법한 그런 소재를 바탕으로 '살아 있는' 맥주 맛을 재미있게 풀어 나간다. 1차 광고인 '아내 생일' 편은 아내의 생일을 챙기지 못한 남편의 참회록이다. 실제로 이런 일이 얼마나 자주 일어나는가. 회사 일로 바빠서, 아니면 다람쥐 쳇바퀴 돌 듯하는 일상에 빠져 허우적거리다가 깜빡 잊어버려서. 그런 남편은 입이 두 개라도 할 말이 없는 법인데, 광고에서는 그런 심리를 "나는 나쁜 놈입니다"라고 표현했다. 이른바 '놈' 시리즈의 시작이었는데, 이 광고는 소비자들의 일상의 단편을 섬세하게 포착해 내며 대단한 반응을 일으켰다. 2차 광고인 '아내 출산' 편 역시 놈 시리즈의 연장선 위에서 대단할 것도 없는 내용만으로 일상적인 즐거움의 전형을 확보한다.

3차 광고인 '지갑' 편을 보자. 이 광고부터 김태우와 김지영이라는 빅 모델이 나온다. 상황은 그야말로 간단하다. 떼로 몰려온 여자 친구의 친구들 때문에 당황하자, 여자 친구가 슬그머니 지갑을 건네 줘 가까스로 체면치레를 할 수 있었다는 내용이다. 카피 전문을 보면 이렇다. "난데없이 그녀가

카스맥주 TV 광고 '지갑' 편

친구들과 함께 나왔습니다. 웬 카스를 그렇게들 좋아하는지 난 웃었지만 내 지갑은 기절했습니다. 바로 그 때, 너무 이쁜 그녀! 나는 행복한 놈입니다. 살아가는 맛, 살아 있는 맛 — 카스!"

　　카피 내용 그대로 풀어 갔기 때문에 광고의 구성을 따로 설명할 필요는 없을 것 같다. 장소는 카스맥주집. 김태우는 둘만의 약속인 줄 알고 여자 친구를 기다리고 있는데, 여자 친구 김지영은 아무런 예고도 없이 친구들과 함께 나타난다. 얼마든지 있을 수 있는 상황이다. 그럴 수 있지 않은가? 한참 사귀고 있을 때 갑자기 친구들과 함께 나와 상대방을 당황하게 한 다음, 은근히 자랑도 하고 테스트도 해 보는 순간들……. 이럴 때 지갑이 가벼운 남자들은 대개 어쩔 줄 몰라 한다. 겉으로는 멀쩡하게 웃으면서도 속으로는 이걸 어쩌나 하며 머리를 굴리는 동시에 뒷감당을 걱정하기도 한다. 누구나 겪어 보았을 법한 일상의 단편이다. 그럴 때 친구들 모르게 슬그머니 지갑을 건네 주는 여자 친구가 있다면 얼마나 예뻐 보이겠는가. 이 광고에서는 이처럼 한없이 작은 일에 기뻐하는 '행복한 놈(사람)'이 바로 우리들의 일상이라는 상황

카스맥주 TV 광고 '동창회' 편

제시를 통해 카스의 살아 있는 맛으로 연결시킨다.

4차 광고 '동창회' 편은 '지갑' 편의 기획 의도를 훨씬 더 발전시키고 있다. 친구들 몰래 지갑을 건네 주던 여자 친구는 어느새 콩나물 값을 깎고 단돈 100원도 헤프게 쓰지 않으려는 짠순이 아줌마로 변해 있었던 것이다. 이 광고 역시 신혼 초의 신부에게 있을 수 있는 일상의 단편을 수채화처럼 그려 내고 있다. 신혼 초에는 여기저기 돈 쓸 곳이 얼마나 많은가? 한 푼이 아쉬운 그 때, 아내가 예쁘다는 친구들의 덕담에 기분이 좋아져 술값을 내겠다며 호기를 부리는 남편을 그냥 보고 넘길 아내는 없을 것이다.

"오랜만의 동창 모임. 다들 아내가 예쁘다고 난리들입니다. 기분이다 싶어 계산하려는 순간," 아내 역의 김지영은 갑자기 배 아픈 척하며 탁자 아래로 엎드린다. 그러자 무슨 일 있느냐는 듯이 내려다보는 김태우. 그런 남편에게 아내는 얼굴을 찡그리며 계산했다가는 집에 가서 가만 두지 않겠다는 듯이 "하지 마!" 하며 얼굴을 찡그린다. 이 때 남편은 화를 내기는커녕 아내를

"너무 이쁜 그녀!"라고 하며, 그런 아내를 둔 자신은 "복도 많은 놈!"이라는 것이다. 이렇게 사는 것이 '살아가는 맛'이 넘쳐 흐르는 삶이 아니고 무엇이겠는가. 생각하기에 따라 우리네 일상은 즐거움으로 가득 찰 수도 있다. 일상에서의 탈출보다 그 일상 속에 숨어 있는 살아가는 재미 찾기, 바로 이 지점에서 살아가는 맛을 느낀다. 아니, 광고 창작자들은 광고 메시지를 행복한 소시민의 일상처럼 제시함으로써 순식간에 시청자들을 포섭하고 있는 것이다.

광고물에 나타난 이미지는 시청자에게 광고가 팔려고 하는 상품과의 관계를 보여 준다. 시청자는 현실로부터 벗어나, 이미지의 허구 속으로 들어간다. 이것이 '조작된' 현실을 보여 주는 광고물이다. 광고물은 시청자로 하여금 광고 상황이 현실이라고 믿도록 요구한다. 그리고 정말 놀랍게도 우리는 광고가 현실이 아니라는 점을 쉽게 잊어버린다. 우리는 광고가 조작된 이미지 덩어리라는 점을 망각하는 것이다. 우리는 우리가 실제 생활에서 행하는 것과 마찬가지로 사회 상황과 신호를 판단한다.[20] 바로 이 지점에서 대중 사회와 광고 문화의 상관 관계가 발생하게 된다.

현대인들은 한없이 나른하고 덧없는 일상 속에서 살아간다. 그래서 현대는 웅장한 서사의 시대가 아니라 짤막짤막한 산문의 시대라고도 한다. 그래서 거창한 구호로 포장된 정치 이데올로기는 이제 더 이상 먹혀들기 어렵다. 현대 세계는 작은 것들이 아름답고 작은 즐거움이 큰 즐거움을 능가하는 그런 세상이다. 밀실에 갇혀 통신을 하거나 비디오를 보는 재미가 광장에서 혁명을 하는 열의보다 아래의 삶이라고 그 누가 단정할 수 있겠는가.

한없이 가벼운 일상은 즐겁다. 그것을 실천하는 일상적인 삶은 더 아름답다. 어쩌면, 일상에서 탈출하기 위해 몸부림치는 것보다 그 안에서 살아가는 맛을 더 많이 찾는 것이 영웅이 떠난 시대를 살아가는 소시민들이 택할

---

20. 크리스 모스델, 《광고, 그리고 문화》, 한상필 옮김, 커뮤니케이션북스, 1999, p.38. 크리스 모스델은 일상 생활을 반영하는 광고 유형으로, (1) 여성의 접촉을 이용한 광고, (2) 무아지경, 황홀감을 이용한 광고, (3) 신비로움과 유혹을 표현한 광고, (4) 보호 본능을 이용한 광고, (5) 장난스러운 공격을 이용한 광고, (6) 익살 부리기를 이용한 광고, (7) 행복한 가정을 보여 주는 광고 등을 꼽고 있다 (pp.37~45).

길이 아니겠는가? "나는 ~한 놈입니다" 시리즈 광고는 물과 보리가 기술적으로 처리된 상태에 불과한 보통의 맥주에 독특한 '내재적인 드라마 *inherent drama*' [21]를 형성함으로써 상품의 의미 확장에 크게 기여한다. 이 점이 우리가 이 광고에 특히 주목한 까닭이다. 카스맥주 광고가, 아니 카스맥주 한 병이 소시민의 일상을 즐겁고 행복하게 만들 수도 있지 않을까? 어쩌면 현대 광고는 영웅이 떠난 시대의 서정시인지도 모른다.

절망 속에 피는 꽃

세상이 우울하다. 사람들이 우울하다. 경제 위기가 몰아닥치자 나라 전체가 가라앉은 느낌이다. 이런 사회적인 분위기 때문에 광고의 설 자리마저 흔들리는 것 같다. 광고와 사회는 좋을 때나 나쁠 때나 항상 불가분의 관계를 유지하게 된다. 광고주들은 아예 광고 집행을 보류하거나 광고 물량 자체를 줄여 나가고 있으며 업계 내에서도 그 동안의 거품을 빼기 위해 온갖 노력을 다하고 있다. 끝없이 올라가기만 하던 모델료가 절반으로 줄어드는가 하면, 해외 촬영만이 좋은 작품을 만드는 최소한의 방편이라고 여겼던 잘못된 습성에서 깨어나 국내 촬영으로도 좋은 작품을 만드는 사례도 늘었다.

　　　대중 문화는 모든 것들이 혼합되고 서로 뒤엉켜 동질화된 문화로 창조된 것이며, 문자 그대로 평등주의와 범속함을 벗어날 수 없는 근대 자본주의 문화를 형성하고 있다는 비판에도 불구하고,[22] 광고는 대표적인 자본주의

---

21. Leo Burnett, "Finally somebody has to get out an ad," *Leo*, Chicago: Leo Burnett Company Inc., 1971, p.39~41. 레오 버넷은 '내재적인 드라마'를 좋은 광고의 공통 분모로 간주한다. 즉, 모든 상품과 서비스에는 내재적인 드라마가 있게 마련인데, 그것은 발견하는 자의 몫이라는 것이다. 광고 표현에서 독창성의 비밀이 여기에 있다.

22. Allan Swingewood, *The Myth of Mass Culture*, London: The Macmillan Press Ltd., 1977, p.2.

공보처 TV 광고 '줄다리기' 편

기아자동차 TV 광고 '최진실' 편

제도인 동시에 유익한 사회 제도이다. 광고는 언제나 사회의 표정을 충실히 반영하는데, 다른 문화 장르와는 달리 광고는 상품 미학에 희망의 메시지를 덧붙이게 된다. 그렇지만 우울한 세상에 보내는 희망의 메시지는 과연 희망적인가?

먼저, 정부의 입장을 대변하는 공보처 광고 '줄다리기' 편을 보자. 이 광고는 바닷가 모래 사장에서 많은 사람들이 젖 먹던 힘까지 다하며 줄다리기 하는 강렬한 영상으로 가득 차 있다. 독특한 줄거리도 없다. 다만 파도가 출렁이는 장면이거나 사람들이 힘껏 줄다리기를 하는 장면뿐이다. 힘있는 영상에 힘찬 메시지가 덧붙여진다. "쓰러지면 일어섰습니다. 빼앗기면 찾아왔습니다. 5000년을 이어 온 한국의 저력. 다시 한 번 힘을 모읍시다. 경제 위기를 이겨 냅시다."

강렬한 영상에 강력한 카피. 공익 광고 문법에 충실한 광고이지만 일방적인 메시지 전달에 치중한 것이 흠이다. 정부 광고의 한계라고 할 수밖에 없다. 이 광고를 보면 국민들이 정말 다시 한 번 힘을 낼 수 있을까? 아니면 실업의 아픔을 툭툭 떨쳐 내고 다시 희망을 가질 수 있을까?

기아자동차의 '최진실' 편 역시 기아가 다시 일어설 수 있다는 희망의 메시지를 담고 있다. 이 광고는 빅 모델 최진실이 무료로 출연해서 화제를 모으기도 했다. 광고의 구성은 매우 단순하다. 최진실이 어린이, 신혼 부부, 근로자, 기아 임직원 등과 함께 "우린 할 수 있어요. 마음을 합치면. 할 수 있어요. 손을 잡으면. 우린 할 수 있어요. 기아와 함께~ 오오~ 기아~"라는 내용의 광고용 노래를 즐겁게 부른다. 다 함께 노래를 부르는 중간에 "완벽한 차로 보답하겠습니다"라는 판매 메시지가 나오고, 다시 최진실이 "전, 기아의 저력을 믿어요. 우리 기아, 파이팅!" 하며 끝나는 단순한 광고이다.

우리 경제가 이렇게 나빠지지 않았다면, 기아자동차가 어려운 상태에 빠지지 않았다면, 이런 형식의 자동차 광고는 나오지 않았을 것이다. 이 광고는 국민의 성원에 힘입어 기아가 다시 국민주 기업으로 거듭나겠다는 강력한 의지를 담고 있다. 어려운 상황 속에서도 기아는 여러 가지 차를 선보이는 동시에 여러 편의 광고를 함께 내보내고 있는데, 이 광고는 그 광고들을 대표하는 기업 PR 광고이다. 기아가 현재 처해 있는 상황과 다시 일어서겠다는 기업 의지를 자연스럽게 펼쳐 나가고 있다. 기아가 완전히 무너질 것으로 생각했던 소비자들에게 절대 그렇지 않다는 인식의 전환을 유도할 수 있는 광고이다.

보령제약의 겔포스 광고 '봉두완' 편은 앵커맨 출신 교수 봉두완의 캐릭터를 그대로 활용하고 있다. 그가 시사 프로그램을 진행하면서 마지막 결론을 내릴 때 쓰던 형식을 광고의 첫 구절로 그대로 따와서 "봉두완이 바라본 오늘의 세상. 정말 속 쓰린 일들 많으시죠? 이럴 땐 겔포스가 있습니다. 속 쓰림엔 겔포스. 속 쓰린 세상, 빨리 벗어나자구요" 하는 내용을 특유의 재미있는 목소리로 전달한다. 한 마디로 말해서 지금이야말로 모두가 속 쓰린 일들을 많이 겪는 때이니만큼 모두 노력해서 이런 상황에서 빨리 탈피하자는 것이다. 이미 오래 전부터 써 오던 "속 쓰림엔 겔포스"라는 상표 슬로건을 시대 상황에 알맞게 풀어서 상표 자산을 강화하는 도구로 활용한다.

광고의 구성을 이렇게 설정하는 것은 의도가 지나쳐서 너무 평범하게 보일 수 있으나 비유법을 써서 상품의 속성을 자연스럽게 풀어 나간 점은 높이 살 만하다. 그러나 뒤틀린 장 속의 모습을 보여 주기 위해 '물가,' '구조 조정,' 'IMF' 등을 굵은 고딕체로 삽입한 것은 너무 안이한 기법이다. 이미 1970년대에 많이 쓰던 낡은 수법을 그대로 사용한 것이 아쉽다. 또한 여기에서는 봉두완이 목소리 모델로만 등장하는데 모델료는 줄일 수 있었을지 모르지만 그의 캐릭터를 충분히 살리지 못한 점이 아쉽다. 그가 직접 출연해서 증언하는 형식을 택했다면 비유의 메아리가 훨씬 더 크게 울렸을 것이다.

카스맥주 광고 '이민성' 편은 월드컵 예선 한일전에서 경기 종료 7분 전에 한국에 감동적인 역전승을 안겨다 준 이민성 선수를 등장시켜 시원한 한국을 만들자는 내용을 전달하고 있다. 맥주의 속성이 마시는 것인 만큼 특별히 어떤 점이 좋다고 강조하지 않고 속을 후련하게 하는 '시원한 맥주'라는 점에 소비자의 마음을 끌어당긴다. 따라서 이민성 선수의 활약이 돋보이는 자료 필름을 그대로 써서 "시원한 한국을 다시 만듭시다"라는 한 마디만 간단하게 전달하는 것이다.

지금 우리의 상황이 어려우니 다시 한 번 모두 힘을 모아 열심히 해 보

카스맥주 TV 광고
'이민성' 편

동아제약 박카스
TV 광고
'무슨 걱정' 편

자는 내용을 자질구레하게 설명하지 않는다. 그 한 마디면 족하지 더 이상 무슨 말이 필요하겠는가? 그냥 시원하게 볼 수 있는 광고이다. 한일전의 그 짜릿한 역전의 순간을 생각하면서. 다만, 이민성 선수의 골인 장면만 생각나고 어떤 맥주의 광고인지 잘 떠오르지 않는다는 점이 아쉬움으로 남는다.

동아제약 박카스의 '무슨 걱정' 편에서는 세상 형편을 있는 그대로 묘사한다. 광고에서 묘사는 좀처럼 성공하기 어렵다. 그런데 이 광고에서는 힘을 내자며 애써 강조하지 않는데도 사실적인 묘사 장면들이 뭉클한 감동으로 되살아난다. 어떤 회사의 사장이 공장 문을 열고 들어오며 한참 일하는 직원들에게 "힘들지?" 하며 격려한다. 그러자 직원이 "우리보다 사장님이 더 힘드시죠, 뭐……"라고 하자, 사장은 화답이라도 하듯이 "괜찮아, 든든한 자네들이 있는데 무슨 걱정이 있겠는가, 응" 하며 믿음직한 눈길을 보내며 직원들과 함께 어우러진다. 이 때 "내일의 희망을 향해 — 박카스"라는 자막이 나오는 동시에 "그 날의 피로는 그 날에 푼다"라는 상표 슬로건이 힘차게 울려 퍼진다.

1차원적인 '해냅시다' 류의 광고와는 달리 직원들에게 든든한 믿음을 보내는 사장의 마음을 통하여 그 어떤 강한 말보다 강력한 공감대를 형성하게 하는 광고이다. 상품의 속성과 시대 상황을 절묘하게 연결시킨 것이지만 눈물이 날 것 같은 지나친 사실성 때문에 수많은 실업자들로부터 오히려 부정적인 반응을 얻게 되지 않을까 싶다.

이 밖에도 영풍 알카바의 "건전지 한 번 쓰고 버리는 사람. 건전지가 달러라는 사실도 모르는 사람. 겉멋만 들어 외제 건전지만 쓰는 사람. 알카바 쓰면서 충전하지 않는 사람" 하는 투웨이 건전지 방송 광고, 달러로 감싼 발 그림과 함께 "달러를 신고 계십니까?" 하는 국제상사의 프로스펙스 신문 광고, 그리고 아프리카 어린이들의 사진에 "나는 할 말 없어!" "빚 갚을 일이 걱정이야!" 하는 캡션을 달고 "배고픔까지 이겼었는데……" 하는 헤드라인을 쓴 뉴텍컴퓨터 광고 등이 어려운 상황을 직접적으로 반영한 광고들이다.

이처럼 경제가 어려우니까 모두 함께 힘을 뭉쳐 다시 한 번 일어서자고 하는 대부분의 광고들이 의도와는 달리 전혀 그렇지 않게 느껴지는 까닭은 무엇일까. 심지어 감동은커녕 지금껏 그렇게 살아 왔는데 다시 소비자들에게만 허리띠를 졸라매라고 하느냐는 반작용을 일으키기도 하는 그 이유를 곰곰이 생각해 봐야 한다. 대부분의 광고들이 마치 공익 광고 같은 뻔한 메시지를 일방적으로 전달하는 형식으로 치닫고 있는데 광고 수용자들이 과연 얼마나 납득할 수 있을까 싶다.

모두들 어렵게 살아가는 불황기라고는 하지만, 어려울 때일수록 창작혼은 불타는 법이다. 옷값도 부족하고 술값도 없는 판에 자기 주변의 수많은 사물들 속으로 아이디어 사냥을 떠나면 분명히 뭔가 다른 좋은 방법들을 찾을 수 있다. 그 때 비로소 어려운 시대를 살아가는 사람들의 무거운 마음을 포근하게 감싸 주는 공감의 광고들이 태어나게 된다. 광고인들은 사람들이 조금씩 힘을 얻고 희망을 가질 수 있는 광고를 많이 만들어야 한다. 광고는 처음부터 '꿈을 파는' 자본주의의 꽃이었기 때문이다.

라디오 광고 르네상스 시대

바야흐로 라디오 광고의 전성 시대가 열리고 있다. 모두들 영상의 마력에 빠져 명멸하는 이미지의 도가니 속에서 흥분하고 있는 판에 라디오 광고의 르네상스라니? 시대 착오적인 주장이라며 반박할 수도 있겠지만, 지금 라디오 광고는 대단한 속도로 소비자의 가슴 속을 파고들고 있다.

잠시도 쉴 틈 없이 바쁘게 돌아가는 일상이 계속될수록 라디오의 위력은 진가를 발휘한다. 텔레비전이 더 많은 몰입을 요구하는 쿨 미디어 *cool media* 라면 라디오는 상대적으로 몰입도가 낮은 핫 미디어 *hot media* 가 아니었던 가?[23] 수험생들은 초조한 마음을 누그러뜨리기 위해 라디오에 귀를 기울이고, 아직 짝을 찾지 못한 사람들은 미지의 누군가에게 몰입하는 심정으로 라디오를 듣게 될 것이다. 아니면 승용차를 작은 왕국으로 삼는 회사원들은 출퇴근 시간에 잠시 팍팍한 일상에서 벗어나기 위해 라디오라는 또 하나의 친구를 갖게 되는 것이다. 이 때마다 라디오 광고는 어김없이 사람들을 찾아온다.

---

23. Marshall McLuhan, *Understanding Media: The Extension of Man*, New York: McGraw‐Hill, 1964. 맥루한은 매체가 지니는 정보의 밀도에 따라 핫 미디어와 쿨 미디어로 구분했다. 정보의 밀도가 높은 매체는 핫 미디어이고, 정보의 밀도가 낮은 매체는 쿨 미디어이다. 정보의 밀도와 매체 이용자의 참여도 사이에는 반비례 관계가 성립되는데, 매체에서 제공하는 정보의 밀도가 높을수록 매체 이용자의 참여도는 낮다. 이를테면, 영화가 핫 미디어라면 TV는 쿨 미디어이고, 강의가 핫 미디어라면 세미나는 쿨 미디어이며, 사진이 핫 미디어라면 만화는 쿨 미디어이다.

텔레비전이 등장하자 영화의 시대는 끝났다며 흥분하던 학자들의 예언은 완전히 빗나갔다. 마찬가지로 텔레비전이 나오자 라디오를 고물상에 팔아 버리던 사람들은 얼마 후에 다시 라디오를 구입해야만 했다. 라디오는 살아 있다. 아니, 길이 막히면 막힐수록, 우리네 일상이 점점 더 힘들어 갈수록 라디오의 진가는 살아난다. 라디오를 텔레비전의 보조 매체 정도로만 취급하던 사람들은 이제 매체 계획을 다시 세워야 한다. 어느새 광고비가 비싼 텔레비전 광고는 일절 하지 않고 상대적으로 저렴한 라디오 광고만 집행하여 쏠쏠한 재미를 보는 광고주도 몰라보게 늘고 있다.

생각보다 라디오 광고는 큰 영향을 미친다. 밤하늘의 폭죽처럼 순식간에 사라져 버리는 영상 이미지에 비해 마치 언어의 발길질처럼 귀에 쏙쏙 박히는 라디오 광고의 말길질은 더 오랫동안 기억될 수 있다. 라디오 광고의 매력은 힘차고 감동적인 말길질로 수용자의 머릿속에 보이지 않는 영상 이미지까지 전달하는 데 있다. 마치 "소리가 보인다"(016 한국통신 프리텔)라는 카피처럼 소리만 듣고 있어도 마치 머릿속에 동적인 이미지를 남기는 라디오 광고가 좋은 광고이다. 라디오 광고를 '마음의 극장 the theater of the mind'[24]이라고 하는 것은 그것을 소리가 보일 수 있을 정도로 만들어야 한다는 뜻이 담겨 있다.

LG 생활건강의 노비드 샴푸 광고 '프로포즈' 편을 듣고 있으면 맞선 보는 두 남녀의 모습이 머릿속에 떠오른다. 남: "저… 모아 둔 돈도 없어요." 여: "알아요." 남: "늦잠도 많이 자요!" 여: "괜찮아요……." 남: "발 냄새도 나는데……." 여: "무슨 상관이에요? 비듬만 없으면 되죠. 다른 건 다 참아도 비듬은 못 참는다!" 내레이션: "비듬 예방 — LG 노비드 샴푸 린스."

상품에 대한 소비자 편익을 유머러스하게 풀어 나간 광고이다. 자연스럽게 이어지는 구어체 카피는 듣고 있어도 상황이 보이게 하는 힘을 발휘한다. 분명 라디오 광고를 듣고 있는데 실제로 남녀가 만나는 순간을 보는 듯하다. 광고의 끝 무렵에 극적인 반전을 시도함으로써 라디오 광고로서는 보

24. A. Jerome Jewler & Bonnie L. Drewniany, *Creative Strategy in Advertising*, 6th (ed.), Wadsworth Publishing Company, 1998, p.174.

기 드물게 유머러스한 기법을 시도한 점도 주목할 만하다.

라디오 광고를 만들 때는 듣는 매체의 특성을 살려 소리 하나만으로 수용자의 상상력을 최대한 자극할 수 있어야 한다. 이를테면 배경 음악, 효과 음향, 소리 연기 등 입체적인 사운드 연출을 시도해 보여 주지 않으면서도 영상을 상상할 수 있도록 해야 한다. 문어체가 아닌 짧고 감각적인 구어체를 구사해야 하고, 마치 영상 에세이를 쓰듯이 소리의 집짓기를 시도해야 하며, 중요한 부분은 반복적으로 처리해야 한다. 또한 의성어와 의태어를 적절히 활용함으로써 어떻게 해서라도 수용자의 마음을 사로잡아야 한다.

해태 맛동산의 '거꾸로 부르기'편은 새로운 발상에 아이디어 전개 방식까지 탁월해서 한 번 들어도 귀에 쏙쏙 들어오는 광고이다.

> 노래: "산동맛 고먹 는있맛 티파, 산동맛 고먹 운거즐 티파, 이맛 아좋 산동맛, 태해 산동맛!"
>
> 여: "어, 무슨 뜻이야?"
>
> 남: "거꾸로 해도 맛동산이 맛있다는 소리지."
>
> 노래: "땅콩으로 버무린 튀김 과자 — 해태 맛동산!"

1975년 상반기에 출시된 이후 변함없이 꾸준한 사랑을 받아 온 맛동산을 신세대의 취향에 맞게 전달하기 위해 이런 장난을 쳤다. 많은 사람들이 친근하게 기억하고 있는 옛날 광고를 현대 감각에 맞게 리메이크함으로써 맛동산의 맛을 맛깔스럽고 생생하게 전달하는 것이다. 입장에 따라 장난이 너무 심했다며 반문할 수도 있겠다. 그러나 별로 웃을 일도 없는 요즘 같은 때에 거꾸로 부르는 맛동산 광고는 가벼운 즐거움을 준다. 20초 동안 과연 얼마나 많은 메시지를 전달할 것인가. 오히려 그런 장난스런 말길질이 라디오 광고의 귀로만 들을 수 있는 약점을 창조적으로 극복하고 있다.

유한 킴벌리 "우리 강산 푸르게 푸르게!" 시리즈 가운데 '굴뚝새'편, '풀벌레'편, 그리고 '시냇물'편은 라디오 광고에서 음향 효과와 카피의 말맛이 얼마나 중요한지를 다시 한 번 일깨워 주는 광고이다.

'굴뚝새' 편

SE) 굴뚝새 지저귀는 소리~

여자) 들으시는 곡은 굴뚝새 작사 작곡
굴뚝새 합창곡입니다
오늘 하루, 좋은 소리만 들으세요
우리 강산 푸르게 푸르게
유한 킴벌리

'풀벌레' 편

SE) 풀벌레 우는 소리~

여자) 들으시는 곡은 풀벌레 작사 작곡
풀벌레 합창곡입니다
오늘 하루, 좋은 소리만 들으세요
우리 강산 푸르게 푸르게
유한 킴벌리

'시냇물' 편

SE) 시냇물 흐르는 소리~

여자) 20초만 귀 기울여 보세요
숲 속으로 모셔다 드릴게요
오늘 하루, 좋은 소리만 들으세요
우리 강산 푸르게 푸르게
유한 킴벌리

굴뚝새 "작사 작곡," 풀벌레 "작사 작곡"이라고 쓴 카피라이터[25]의 재치를 보라. 굴뚝새가 작사할 일도 풀벌레가 작곡할 일도 없으련만 카피라이터는 자연의 소리를 작사 작곡으로 해석함으로써 광고 카피를 서정시의 차원으로까지 끌어올린다. 일부러 멋을 내기 위해 말을 이리 비틀고 저리 비트는 흉물스런 카피와는 본질적으로 격이 다른 카피 작법이다.

이 시리즈 광고는 일상에 찌든 도시인들에게 잠시나마 자연의 소중함을 환기시킨다. 운전을 하고 가다 굴뚝새 지저귀는 소리에 귀를 씻게 될 것이다. 사무실에서 사업 계획서를 작성하다 풀벌레 우는 소리에 잠시 시인이 되어 보기도 할 것이다. 그리고 부부 싸움을 하고 나서 홧김에 술을 마시다가도 흐르는 시냇물 소리에 스무 살 무렵 첫사랑과 함께 들었던 그 시냇물 소리를 기억할 수도 있을 것이다.

이 세 편의 광고에는 '우리 강산 푸르게 푸르게'라는 장기적인 캠페인의 누적 효과를 바탕으로 카피, 음악, 효과, 소리의 여백 등 라디오 광고의 4요소가 자연스럽게 녹아 있다. 라디오 매체는 영상을 보여 줄 수 없기 때문에 소리를 통해 이미지를 그려 내야 한다. 다시 말해 소리를 잘 버무리고 비틀고 해서 가장 드라마틱한 영상 이미지를 구현하는 라디오 광고만이 그 효과를 담보할 수 있다. 이 세 편의 시리즈 광고는 우리의 기대를 저버리지 않는 라디오 광고이다.

소리에도 색깔이 있다. 라디오 광고에서는 소리의 색깔이 금방 드러난다. 이를테면 사운드 디자인 *sound design*을 잘 한 광고와 그렇지 못한 광고는 금방 구별된다. 사운드 디자인이란 음악적 요소들간의 효과적인 조합을 의미한다. 건반이나 신디사이저로 리듬, 음정, 음향 등을 수집하여 그것들을 정교하게 조각하는 과정 속에서 원음은 여러 색깔을 지닌 소리의 무지개로 변조되는 것이다.[26] 이 변조 과정을 제대로 거친 광고와 대충대충 만들어 버린 광고와는 큰 차이가 있다. 감동적인 라디오 광고는 치밀한 사운드 디자인이

---

25. 카피라이터 이예훈의 작품으로, 1998 대한 민국 광고 대상 라디오 부문 금상 수상작이다.

26. 김병희, "사운드 디자인이 잘 돼야 광고가 산다," 〈샘이 깊은 물〉, 1997, 12월호, pp.33~4.

뒷받침되었을 때 비로소 태어나게 된다.

르네상스 시대의 라디오 광고는 사운드 디자인의 개념을 적극적으로 발전시켜야 한다. 구어체 카피만 잘 쓴다고 라디오 광고가 완성되는 것은 아니다. 카피를 더욱 돋보이게 할 수 있는 소리의 무지개가 수용자의 머릿속에 떠오르도록 해야 한다. 칠흑 같은 어둠이 깔린 한겨울에 새봄의 진달래가 흐드러지게 핀 모습을 볼 수 있는 것은 눈에 보이지는 않지만 보지 않고도 상상하게 만드는 라디오 광고의 위력 때문이다. 그 상상력의 확장 공사를 성공적으로 마무리하기 위해서는 광고 창작자는 물론 보이스 탤런트 *voice talent*[27]와 사운드 디자이너의 적극적인 참여와 발상의 전환이 무엇보다 중요하다.

1원짜리 상혼과 광고의 사회적 책임

광고의 사회적 책임, 아무리 강조해도 지나치지 않는다. 모든 광고는 스스로 책임을 져야 한다. 그렇지 못한 광고는 허풍이나 과장이며 '악의 꽃'일 따름이다. 1980년대 이후, 광고의 사회적 책임 *social accountability*이 특히 강조되고 있는데[28] 이는 매우 바람직한 현상이다. 광고 표현과 광고 내용이 아무리 뛰어나다 할지라도 허풍과 기만으로 가득 차 있다면 이는 결국 소비자를 오도하는 것이 되며, 광고의 영향력을 축소하고 광고의 진실성을 스스로 부정하는 결과를 초래하게 된다.

이를테면 대단한 소동을 일으킨 티존 코리아의 매장 오픈 광고 '종로통이 발칵' 편은 광고의 사회적 책임 문제를 따져 보게 하는 좋은 사례이다.

---

27. "남편은 여자 하기 나름이에요!" 삼성전자 광고에서 최진실의 목소리를 녹음하여 그녀를 스타의 반열에 오르게 한 권희덕은 성우 대신 '보이스 탤런트'라는 말을 쓰기를 주장하며, 해마다 보이스 탤런트 대회를 열기도 한다. 권희덕, 《목소리도 디자인하기 나름이죠!》, 책만드는집, 1999.

티존 코리아
신문 광고
'종로통이 발칵' 편

1997년 1월 18일 아침, 티존 코리아의 신문 광고에 넋이 나간 수많은 사람들이 종로의 티존 1호점으로 우르르 몰려들었다. 종로 일대의 교통은 일시에 마비되었고, 매장 앞은 순식간에 아수라장이 되어 버렸다. 티존 코리아의 무책임한 '1원짜리 상혼' 때문에 1만여 명의 사람들이 골탕을 먹은 것이다. 1원만 가져오면 컴퓨터 주변 기기를 선물로 주겠다는 광고 때문에 벌어진 해프닝이었다.

     그 날 밤 KBS, MBC, SBS 등 방송 3사는 종로 일대의 혼란을 집중적으로 보도했고, 이 사건은 다음 날 아침 각 일간지의 사회면을 장식했다. 광

---

28. 리대룡, "광고 크리에이티브와 창조 철학,"《세계의 광고》, 한국언론연구원, 1990, pp.162~99. 광고의 창조 철학의 역사적 전개 과정을 살펴보면 다음과 같다. (1) 1950년대: USP 시대(로저 리브스 Rosser Reeves로 대표되는 고유 판매 제안의 시대), (2) 1960년대: 브랜드 이미지 시대(데이비드 오길비와 레오 버넷으로 대표되는 브랜드 퍼스낼리티의 시대), (3) 1970년대: 포지셔닝 시대(잭 트루트 Jack Trout와 알 라이즈 Al Ries로 대표되는 상표의 상대적인 자리매김의 시대), (4) 1980년대: 사회적 책임주의 시대(봅 리븐슨 Bob Levenson으로 대표되는 광고의 사회적 책임과 진실성을 추구하는 시대) 등이다. 21세기에 들어와서는 아직 뚜렷한 창조 철학이 정립되지 않고 있으나, 나는 21세기의 첫 10년 간이 '앵커링 anchoring의 시대'가 될 것으로 본다. 전 지구촌이 영상 문화의 시대에 돌입하게 되면서 기호학은 광고 표현 영역에까지 큰 영향을 미치고 있다. 기호학에서 말하는 기호의 정박 碇泊 기능이 현대 광고에 다양한 차원으로 구현되고 있으며, 앞으로 그런 사례들은 갈수록 늘어날 것이다. 결국, '앵커링' 개념은 21세기를 대표하는 광고의 창조 철학이 될 것이다.

고는 이제 단순한 상품 판매의 수단이 아니라, 사람들의 소비 의식을 함양시키는 문화 장르의 하나라는 인식이 확산되고 있는 소비 대중 사회에서 어떻게 이런 일이 벌어질 수 있을까. 티존 코리아의 광고에는 과연 얼마나 파격적인 내용이 들어 있었기에 그런 소동이 일어났는지, 광고의 일반적인 효과 때문이었는지, 아니면 특정 광고주의 무책임한 약속이 빚어 낸 해프닝이었는지를 알아보기 위해 티존 코리아 광고를 다시 한 번 살펴보자.

시위 진압을 위해 출동한 전경들이 완전 무장하고 있는 사진과 "10월 18일 티존 종로 1호점 문 여는 날"이라는 헤드라인이 우선 눈길을 끈다. 전경들의 사진 위에는 "1원짜리 하나로 종로통이 발칵?"이라는 카피가 얹혀져 있다. 과연 종로에 어떤 일이 일어났기에 전경들까지 동원되었다는 말인가. 특별히 튀는 아이디어가 없는 평범한 광고이다. 그러나 1호점 오픈에 알맞게 강한 느낌의 사진과 힘있는 카피를 써서 소비자의 눈길을 확 끌어당기고 있다.

1원에 특가품을 판매한다는 광고 내용에 솔깃하지 않은 소비자는 없을 것이다. 아래쪽에는 판매 내역, 경품 내용 등을 세 덩어리로 정리했다. "단돈 1원짜리 특가 상품 한정 판매" 쪽을 보면 시티폰, 인터넷폰, 사운드 카드, 마이크, 인체 공학 키보드, 우퍼 스피커, CD-ROM, 스와치 시계 등을 단돈 1원에 준다는 것이며, "오픈 축하 초특가 한정 판매" 쪽을 보면 세계적으로 유명한 PC, 노트북, 프린터, 모니터 등을 파격적인 가격에 판매한다는 내용이다. 이를테면, 삼성 매직스테이션 XM500D 모델은 소비자가 191만 4000원인데, 티존에서는 부가세를 포함하여 83만 1000원이라는 특별한 값에 준다는 것이다.

그 밖에도 "노트북, 해외 여행이 걸린 경품 대잔치"를 보면 노트북, 호주 왕복 항공권, 오디오 세트 등의 경품이 걸려 있다. 이 정도 경품이라면 누구라도 매장 앞에서 밤을 지새울 것이다. 그런데 사람이 너무 많이 몰리자 티존 코리아는 일방적으로 행사를 취소하였다. 주최 측은 구름 떼처럼 몰려 있는 사람들에게 어떤 조치도 취하지 않았으며, 행사 취소 사실도 직접 해명하지 않고 경찰이 대신 알려 주는 무성의함을 보였다.

아무런 대책도 없이 무조건 사람들만 끌어모으는 것은 너무나 무책임한 처사이다. 이 사건은 한편으로 사전 준비가 부족한 상태에서 광고를 내보낸 특정 광고주의 책임이지만, 광고계의 좋지 못한 관행을 돌아보게 하는 계기가 될 것 같다.

사실, 티존 코리아의 무책임은 광고 표현 내용만이 아니었다. 1997년 7월, 세진컴퓨터랜드에 강력하게 맞설 만한 컴퓨터 전문 유통점의 런칭 광고를 위해 광고 회사 3사가 경쟁 프레젠테이션에 참여했다. 경쟁에서 떨어진 회사에게 주는 위로금 *rejection fee*이 없는 대신 누가 보아도 가장 공정한 평가를 하겠다는 것이 티존 코리아 측의 설명이었다. 경쟁에 참여한 비계열 광고 회사에서는 티존 코리아가 현대그룹의 자금력과 일본 티존의 노하우가 함께 만나 태어난 회사이기 때문에 결국 계열 광고 회사로 갈 것이라는 의견이 지배적이었지만, 좋은 결과를 기대하며 숱한 땀과 노력과 비용을 투자했다. "계열 광고 회사라고 해서 무조건 맡길 수 없다"는 것이 티존 코리아 측의 확고한 입장인 듯했다.

두 번에 걸친 경쟁 프레젠테이션 끝에 결국 계열 대행사로 결정되었다. 그럴 바에는 뭐 하러 경합을 시켰을까? 프레젠테이션 참여 기회를 준 것만으로도 광고 회사에서 고마워할 것이라는 예단 때문이었는지, 아니면 공짜로 남의 아이디어를 시험해 보려고 그랬는지는 모르겠다. 어쨌든 그 일 때문에 티존 코리아는 고생은 고생대로 하고 돈은 돈대로 낭비한 광고 회사로부터 무언의 원성을 들어야 했다.

티존 광고에 표현한 내용이 실제로 재현된 것은 대단히 아이러니컬하다. 광고의 사진처럼 사람들을 해산시키기 위해 전경들이 도열했고, 카피 내용처럼 1원짜리 하나 때문에 종로 일대가 발칵 뒤집히게 한 티존 광고에 의혹의 눈초리를 보내는 사람들도 있었다. 단기간에 소문을 확산시키기 위해 일부러 그런 것이 아닐까 하는…….

결국 그런 사태를 예감하지 못한 것이 가장 큰 잘못이다. 아니면 이른바 문제를 일으킴으로써 오히려 화제를 유발하는 추문 폭로 전략[29]을 구사한 것일까? 유한양행의 창업자인 유일한 박사는 미국에 유학 가서 처음에 콩나물을 팔았다. 미국 사람들이 콩나물을 알 턱이 없었다. 그래서 트럭에 콩나물을 잔뜩 싣고 일부러 자동차 사고를 내서 매스컴의 주목을 끌었다. 그 다음부터 미국인들도 동양의 콩나물을 알게 되었다. 티존 코리아 역시 예측하고 있었는데도 일부러 그런 사태를 방치하지는 않았는지 그건 모를 일이다.

그렇지만 거의 모든 매체에서 내보낸 티존 광고에 대한 비판적인 보도는 결국 티존이라는 신생 컴퓨터 유통점을 가장 빠르고 가장 널리 알려 주는 결과를 낳았다. 매장에 직접 나간 사람보다는 언론 보도를 통해 그런 일이 있었음을 피상적으로 아는 사람들이 훨씬 많기 때문이다. 티존 광고에 나타난 1원짜리 상혼과 이에 대한 보도 내용을 바탕으로 광고와 PR의 관계, PR과 보도의 관계를 냉정하게 따져 봐야 한다. 광고의 사회적 책임과 마찬가지로 보도의 사회적 책임 역시 매우 중요하기 때문이다.

컬러 시대의 커뮤니케이션

컬러 시대가 오고 있다. "색깔 있는 사람이 되자!"는 식의 선언적 카피는 이미 오래 전부터 쓰이고 있었지만, 개성 있게 살아가자는 뜻의 계몽성 메시지가 아니라 컬러가 상품 판매를 촉진하는 구체적인 제안으로 떠오르고 있다. 21세기에는 컬러가 가장 강력한 마케팅 수단으로 자리잡게 된다. 컬러가 돈을 벌어 주는 시대, 컬러 하나가 시장의 지도를 바꾸는 시대가 온 것이다.

기술의 진보로 소비 생활 전반에 걸쳐 보다 감성적이고 다양한 상품이 요구되는 이 시대에 색채 *color* 는 디자인에 있어서 무엇보다 중요하게 다루

---

29. 최윤희, 《현대 PR론》, 나남, 1992, p.17. 추문 폭로 *muckraker* 라는 용어는 존 번연의 소설 《천로역정》에서 얻어 낸 은유적 표현이다. 이 용어를 오늘날의 의미로 가장 처음 이용한 사람은 루즈벨트 대통령이었다. 루즈벨트는 이 단어를 1897년 뉴욕 경찰서를 공격한 저널리스트들을 묘사하면서 경멸적으로 사용했지만, 후에 추문 폭로자들의 가치를 인정하게 되었다.

어져야 할 요소임에 틀림없다.[30] 사실 컬러만큼 우리네 일상 생활과 밀접하게 연결되는 것도 그리 많지 않다. 같은 디자인의 옷이라도 컬러에 따라 사고 싶은 마음이 생기기도 하고 그렇지 않기도 한다. 또한 일상의 언어 생활에서도 그런 일은 자주 일어난다. 서양인들은 오래 전부터 컬러로 자신의 감정을 표현하는 데 익숙해 있었다. "난 지금 우울하다 *I'm feeling blue*," "나는 화가 난다 *I'm seeing red*," "몹시 시기심이 생긴다 *I'm turning green with envy*," "비굴하다 *acting yellow*" 등[31] 수많은 감정을 색으로 표현해 왔다.

컬러의 차이는 이미지의 차이며, 기호의 차이이다. 더구나 컬러는 그것이 부여하는 심리적인 효용과 생리적인 효용, 그리고 커뮤니케이션 매체로서 시각적으로 인식되는 효용 이외에 상품 이미지를 구성하는 중요한 요소[32]로 작용한다.

따라서 상품의 기능이나 성분보다 상품을 감싸고 있는 컬러가 상품에 대한 모든 것을 더 잘 설명해 준다. 특히 최근 들어, 상품마다 컬러를 내세우는 광고들이 늘어나는 것을 보면 뉴 밀레니엄 시대에는 컬러 커뮤니케이션의 바람이 불 것 같다.

코리아나 화장품의 엔시아 광고 '즐거운 오렌지' 편을 보자. 이 광고에서는 오렌지색이 모든 커뮤니케이션의 수단이다. 오렌지색이란 무엇인가? 원예가인 루터 버뱅크Luther Burbank가 주황색 빛이 식물의 발육을 촉진시킨다는 사실을 발견한 데서 알 수 있듯이, 오렌지색은 '영양분의 색'이다.[33] 엔시아 광고에서도 오렌지색은 기초 화장품의 C 성분을 강조하는 데 필요 충분 조건이 된다. 특히 코리아나는 비타민 C를 구체적으로 느낄 수 있게 하기 위한 전략으로 기존의 흰색 위주의 부드러운 용기 색상에서 과감하게 탈피하여

---

30. 박연선, "한국인의 색채 이미지 언어에 관한 연구," 《디자인학 연구》, 제11권 3호, 한국디자인학회, 1998, p.19.

31. Morton Walker, *The Power of Color*, Avery Publishing Group, Inc., 1992; 김은경 옮김, 《파워 오브 컬러》, 교보문고, 1996, p.37.

32. 김미자, 《감성공학》, 디자인오피스, 1998, p.44.

33. 워커, 앞의 책, p.70.

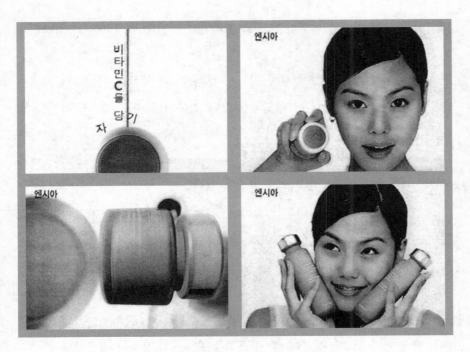

코리아나화장품 엔시아 TV 광고 '즐거운 오렌지' 편

모든 것을 오렌지색으로 바꾸는 모험을 감행하는데, 감성 경영의 성공적인 사례라 할 만하다.

　　광고는 단순화 기법을 이용했다. 엔시아를 사용하면 얼굴이 보송보송 해진다거나, 더 촉촉해진다거나 하는 화장품의 효능·효과에 대한 설명을 다 없애고, 오로지 오렌지색 하나만을 강조한다. 광고가 시작되면 "비타민 C를 당기자"라는 자막이 나오는데 엔시아를 끌어당기면 그 글자들이 지워지며 모델의 손 안에 들어오게 된다. 모델 김민희는 상품의 뚜껑 부분을 보여 주기도 하고 빙빙 돌려 화면 앞 시청자들을 향해 힘껏 굴려대기도 하는데, 모든 연출은 오렌지색을 강조하는 쪽으로 집중된다. "비타민 C와의 즐거운 만남"이 곧 오렌지색 엔시아라는 말인데, 피부를 보호하는 것은 성분이 아니라 오렌지색 이라는 뜻이다. 끝 장면에서 모델 김민희가 오렌지색 용기를 양쪽 볼에 갖다 대며 흐뭇해하는 표정은 가히 일품이다.

　　또한 잡지 광고 '떠 먹는 엔시아' 편 역시 감성에 호소하는 컬러 커뮤

코리아나화장품 엔시아 잡지 광고 '떠 먹는 엔시아' 편

니케이션을 전개한다. 내용물이 용기에 담겨 있는 형태 그대로를 접시에 담아 보여 주는 이 싱싱한 발상을 보라! 금방 엔시아 한 스푼을 떠낸 것 같은 느낌을 제시함으로써 화장품을 푸딩처럼 맛있게 보이도록 하는 동시에 마치 '피부 음식'이라고 말하는 것 같다. 접시에 담겨 있는 오렌지색 푸딩 덩어리. 한 숟가락 떠 먹고 싶은 마음이 일게 함으로써 음식 광고의 가장 중요한 포인트인 시즐 *sizzle* 감까지 살려 내고 있다. 이를테면 색감 色感이 식감 食感으로 승화되는 것이다. "피부 속까지 맑고 투명한 약속 — 오렌지색 엔시아는 비타민 C의 안정화 기술로 비타민 C를 피부에 효과적으로 전달해 줍니다"라며 텔레비전 광고에 비해 화장품의 기능에 대한 정보가 많기는 하지만 광고 메시지를 주도하는 것은 역시 오렌지색이다.

　　SK제약의 트라스트 광고 '노란 청춘' 편에서는 노란색을 내세운다. 까다롭기로 소문난 제약 광고에서 컬러 하나만을 내세운 점이 특히 인상적이다. 배경은 여자들의 사우나실 한 켠. 뼈마디가 쑤시는 노년층을 겨냥하기 위

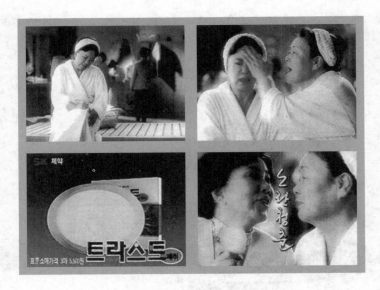

SK제약 트라스트 TV 광고 '노란 청춘' 편

해 텔런트 사미자와 강부자를 등장시켰다. 사미자가 "아이구, 이놈의 관절……" 하며 얼굴을 찡그리자, 강부자는 약간 놀리는 투로 "미자야! 아파 죽겠냐? 콕콕 쑤시니? 노란 약효가 이틀, 트라스트도 몰라?" 하며 사미자의 이마에 딱 소리가 나도록 트라스트를 붙여 버린다. 이마에 노란색 패치를 붙인 채 어리둥절한 표정을 지으며 "트, 뭐?" 하고 반문하는 사미자의 표정이 재미있다. 광고의 끝 부분에서는 뼈마디가 콕콕 쑤신다던 사미자가 온몸을 흔들며 개다리 춤을 추면서 율동에 맞춰 '노란' (강부자) '청춘' (사미자) 이라는 소비자 편익까지 능숙하게 소화해 낸다.

　　이 광고는 상표 이름을 기억하기 어려운 소비자의 특성을 생각해서 아예 이름보다 노란색을 강조한다. 노란색은 본래 기쁜 색이며, 지혜, 이해심, 직관적 통찰력을 불러일으키는 색이다. 더욱이 노란색은 영혼의 완성, 평화, 휴식 등을 나타내며, 햇빛, 젊음, 기쁨, 즐거움의 색이다.[34] 이 광고에는 노란색이 갖는 긍정적인 심리 효과를 바탕으로 나이 든 소비자들이 약국에 가서 "트라스트 주세요!"라고 말하기 어렵다는 전제 아래, 아예 "노란 약 주

---

34. 워커, 앞의 책, p.70.

경남제약 레모나 TV 광고 '노란색 에너지' 편

세요"라고 말하게 하려는 의도가 숨어 있다. 나이 든 소비자들이 상표 이름은 기억하기 어렵겠지만 노란색은 기억하기 쉽지 않겠는가?

경남제약의 레모나 광고 '노란색 에너지' 편 역시 노란색이 핵심 코드로 작용한다. 피로, 기미, 주근깨 방지에 좋다는 비타민 C 제재의 특성상 노란색을 강조하는 것은 당연한 이치이겠지만, 이 광고에서는 노란색을 더욱 극대화시키기 위해 노란 스포츠카, 노란 휴대폰, 노란 우산 등 광고 소품 전부를 거의 노란색으로 도배하고 있다. 젊은이들이 살아가는 일상의 단편을 그린 광고인데 비타민 C가 '노란색 에너지'를 준다는 것이다. "레모나, 나누면 상큼해요!" 하며 친구들과 즐거운 시간을 나누는 모델의 표정이 싱그럽다. 살아가는 즐거움이 묻어나는 영상에 "하~" 하는 음향 효과까지 덧붙임으로써 상큼한 맛까지 느낄 수 있게 한다.

에너지면 그냥 에너지이지, 노란색 에너지가 따로 있다는 말인가? 그러나 이 광고에서는 비타민 C 에너지를 노란색 에너지로 대체함으로써 컬러 시대에는 색채가 곧 마케팅 커뮤니케이션의 원천임을 환기시킨다. 결국, 노란색 에너지가 모든 것을 달라지게 한다는 말이나 다름없다. 그러나 그 동안 계속 써 오던 "힘내라, 노란색!"이라는 캐치프레이즈를 버리고 쉽게 "노란색

엄정화도 빨간통 쓴다?

도도화장품 빨간통 파우더
잡지 광고 '엄정화' 편

에너지"로 바꾼 점은 납득하기 어렵다. 소비자의 머릿속에 깊게 뿌리박힌 "힘
내라, 노란색!"은 컬러 커뮤니케이션 시대에 더욱 빛을 발할 수 있는 강력한
언어 기호인데, 그것을 버리다니 참으로 안타깝다. 쉽게 끓고 쉽게 식어 버리
는 광고 창작자의 냄비 근성이 아쉬울 뿐이다.

　　　도도화장품의 빨간통 파우더 잡지 광고 '엄정화' 편에서는 빨간색을
내세운다. 광고에 나온 가수 엄정화는 머리에 빨간통 파우더의 뚜껑을 얹고
활짝 웃고 있다. 아예 헤드라인까지 "엄정화도 빨간통 쓴다?"라고 함으로써
많은 수용자들이 엄정화를 모방하도록 유도한다. 특히 바디카피까지 엄정화
의 메이크업이 왜 다른지 아느냐는 물음을 던진 다음, 파우더가 특별하면 메
이크업도 특별해진다는 점을 강조하고, "일명 '연예인 파우더'라고 불리는
'빨간통 파우더'가 없으면 엄정화 메이크업도 없다"고까지 엄살을 떠는 수완
을 발휘하기도 한다.

도도화장품 빨간통 파우더 전문지 광고 '나도 빨간통' 편

빨간색의 특성과 효과는 무엇인가? 빨간색은 감각과 열정을 자극하는 색이다. 힘과 에너지, 생명력, 그리고 흥분감과 관련된 빨간색은 힘, 환희, 행복감, 사랑의 감정 등을 자극할 수 있으며, 눈에 보이는 모든 색 가운데 가장 느린 진동파를 갖고 있기 때문에 다른 어떤 색보다 빠르고 즉각적으로 감정에 영향을 미치기도 한다.[35] 빨간색이 갖는 강렬한 효과에 힘입어, 빛을 정반사하고, 땀이나 물에 강해 지속성이 뛰어나고, 가루가 날리지 않아 사용감이 부드럽고, 입자가 곱다는 점은 한쪽 구석에 보일락말락하게 처리한 점이이 광고의 미덕이다. 아예 용기까지 빨간색으로 처리함으로써 모든 메시지를 컬러 커뮤니케이션에 초점을 맞추고 있다.

전문지 광고 '나도 빨간통' 편에서는 뜻밖에도 남성을 등장시켰다. 화장품 사업을 시작한 지 12년이 되었다는 화장품 판매 사장님이 나와 "나도 빨간통 쓴다"고 말한다. 조금은 억지스런 광고이기는 하지만, "빨간통 파우더는 정말 좋은데요" 하는 손님들의 증언을 바탕으로 좋은 파우더를 찾는 고객들에게 항상 빨간통 파우더를 권한다는 식으로 마무리하는 노력을 잊지 않는

---

35. 워커, 앞의 책, p.69.

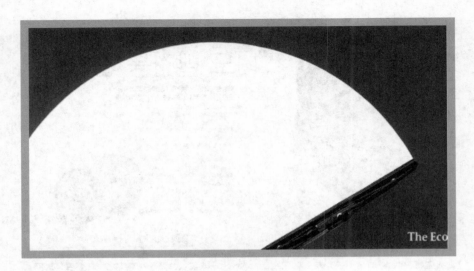

〈이코노미스트〉 신문 광고 '와이퍼' 편

다. "빨간통 파우더를 써 보세요! 단골 손님과 매출을 한꺼번에 잡게 될 테니까요……." 소비자에게 권매율을 높일 수 있는 다른 화장품 대리점 사장들을 겨냥하는 전략적인 광고이다. 그러나 바디카피가 너무 길고, 레이아웃이 부자연스럽다는 점이 이 광고의 단점이다.

빨간통 파우더의 성공은 빨간색 커뮤니케이션으로 성공한 잡지 〈이코노미스트 Economist〉의 시리즈 광고물을 떠올리게 한다. 사실, 잡지에 무슨 컬러가 있겠는가? 시사 잡지에 대한 광고들은 국내외를 막론하고 사실 위주의 메시지를 전달하는 데 주안점을 둔다. 그러나 〈이코노미스트〉는 사실적인 광고보다 빨간색으로 잡지의 모든 것을 설명한다.

광고에 나타난 〈이코노미스트〉의 세계는 빨간색이다. 레드 콤플렉스에 빠져 빨간색을 경계하는 한국인이 보기에는 심히 의심스럽고 우리의 정서에 맞지 않겠지만, 〈이코노미스트〉는 빨간색이 주는 강렬함을 바탕으로 효율적인 컬러 커뮤니케이션을 전개한다. 자동차 와이퍼가 지나간 흔적처럼 세상 형편을 훤히 들여다볼 수 있다는 '와이퍼' 편은 단순한 아이디어를 바탕으로 구성했지만, 바로 그 단순한 아이디어 하나가 잡지의 성격을 한눈에 알 수 있게 한다. 이를테면 컬러 비주얼 커뮤니케이션의 승리자가 되는 것이다.

〈이코노미스트〉 신문 광고
'언론사와 여행사' 편

　　한 번 시작된 〈이코노미스트〉의 빨간색 커뮤니케이션 행렬은 그칠 줄
모른다. '언론사와 여행사' 편에서 알 수 있듯이, 빨간색 바탕에 카피만 얹혀
있는 형국이지만 "멀리 떠나고 싶으세요? 때때로 언론사가 여행사보다 더 도
움이 될 수도 있습니다" 하는 식으로 일관된 컬러 메시지를 전달한다. 이후에
이어지는 많은 시리즈 광고에서 빨간색을 광고의 배경 색으로 계속해서 사용
함으로써 빨간색의 누적 효과에 힘입어 언제 어디서 누가 보더라도 〈이코노
미스트〉 광고임을 한눈에 알 수 있도록 하였다.

　　한국통신프리텔은 초록색을 21세기 광고 커뮤니케이션의 핵심 색채
로 정한 듯하다. 녹색이 n을 키운다. 네티즌과 정보 통신 세대를 상징하는 n
이라는 문자 기호와 초록의 색채 기호가 만나는 자리에서 시대의 공론장 *public
sphere*이 형성된다. 이를테면 티저 형식을 통해 새로운 문화, 새로운 세대의
상징을 만들어 내고 있는 것이다. 그것이 바로 n의 사명이요, 운명이다. 처음

한국통신프리텔 신문 광고
'n' 편

부터 n이 무엇을 뜻하는지 눈치채기는 어렵다. 한국통신프리텔 이미지 광고 'n' 편을 보면 신문 전면에 골뱅이 모양의 n자만 보인다. 그 의미를 아는 사람은 거의 없었을 것이다. 특히 지면의 왼쪽 위와 오른쪽 아래를 비워 두는 특이한 형태를 유지함으로써 기대감을 증폭시킨다.

광고 표현에서 확인할 수 있듯이 n은 초록의 바탕에서 자란다. 초록색이란 무엇인가? 초록색은 위로, 치료, 평화, 시원함을 나타내는 색이다. 심신이 지친 사람들에게 휴식의 위안을 주는 색이며, 정말 놀랄 만한 치료 능력을 지닌 색이다. n이 초록색을 만났을 때 비로소 새로운 시대, 새로운 세대의 기호로 자리잡게 된다.

이어지는 'n의 의미' 편을 보면 n의 구체적인 모습을 조금씩 눈치챌 수 있게 된다. n은 넥스트, 넷 세대, 네트워크, 휴먼, 그리고 뉴를 의미하는 시대를 대표하는 상징 기호이다. 개별 서비스 상품에 대한 일체의 설명 없이

한국통신프리텔 신문 광고
'n의 의미' 편

앞으로 사람들의 인식을 지배하게 될 n의 상징성만 강하게 표현하고 있는데, 여기에서도 n은 초록의 바탕에서 자란다. 이제, n만 있으면 컴퓨터가 없어도, 인터넷을 몰라도 언제 어디서나 꿈의 네트워크 세상을 만날 수 있다는 것이다. n이 초록 바탕에서 자라건, n 자체가 초록색이 되건 관계 없이 초록색은 무럭무럭 자라는 식물을 연상시킨다. 앞으로 n의 영향력을 키워 시대의 공론 장으로 내보내는 데 크게 기여할 것이다.

네슈라화장품의 숯팩 광고 '까만 숯팩' 편은 검정색으로 모든 커뮤니케이션을 대신한다. 탤런트 이상은을 내세워 얼굴에 까맣게 팩한 사진을 제시하는 이 광고를 통해 검정색도 컬러 커뮤니케이션의 도구가 될 수 있음에 새삼 놀라게 된다. 그 동안, 팩 화장품의 색상은 무색이나 따뜻한 색이 주류를 이루었다. 그런데 이 광고에서는 어쩌면 아름다움과 가장 거리가 먼 것처럼 보이는 검정색을 색채 전략으로 채택하는 모험을 감행한 것이다.

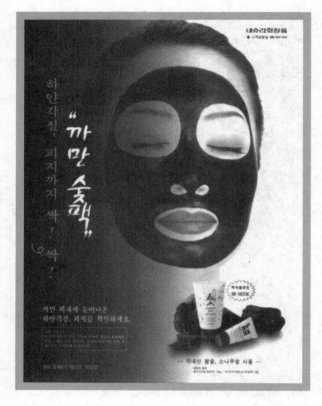

네슈라화장품 숯팩 신문 광고
'까만 숯팩' 편

     국내산 참숯과 소나무 숯을 원료로 사용했다는 점을 강조하기 위한 필연적인 선택이었겠지만 어쨌든 파격적인 선택이 아닐 수 없다. 검정색은 생명력의 쇠잔이나 부재를 의미하며 에너지와 활력을 흡수해서 심신을 피로하게 만드는 색[36]이기 때문에 컬러 커뮤니케이션 시대가 오지 않았다면 절대로 나올 수 없는 광고라 하겠다. "까만 숯팩"이라는 헤드라인 아래 "하얀 각질, 피지까지 싹! 싹!" 없애 준다는 내용을 덧붙이고 "까만 팩제에 묻어 나온 하얀 각질과 피지를 확인"하라고 한다. 흑백의 선명한 대비를 통해 상품에 대한 소비자 편익을 제공하는 식으로 풀어 낸 날카로운 카피가 돋보인다.

     그러나 화장품 광고치고는 사진 촬영과 레이아웃이 너무 조악하다. 말 못할 어떤 속사정이 있었겠지만 광고 창작자의 탓으로만 돌리기에는 정도

---

36. 워커, 앞의 책, p.74.

가 너무 지나치다. 빅 모델을 쓰고서도 전혀 빅 모델 효과를 기대하기 어려울 정도로 평범한 수준에 머무르고 말았다. 또한 지면 왼쪽에 왜 검정색에 음영을 주었는지 이해하기 어렵다. 모델의 얼굴 부분만 까맣게 팩 처리를 했더라면 모델이 팩을 바른 상태를 더욱 부각시킬 수 있었을 것이다. 자칫 잘못하면 강도가 복면을 쓴 듯한 인상을 줄 수 있기 때문에 팩을 바른 얼굴 코디네이션에도 각별한 주의를 기울였더라면 광고의 완성도가 높아졌을 것이다.

임박한 컬러 커뮤니케이션의 시대. 이제, 색채 전략이 상품 판매를 좌우할 것이다. 경영에서도 감성 경영이 주목을 받고 있는데, 감성 경영의 출발은 색채 전략에서 시작된다. 결국, 감성 혁명은 색채 전략으로 집약되고, 색채 전략은 상품에 따라 색을 어떻게 관리하고 운용할 것인가 하는 색채 관리로 귀결될 것은 불을 보듯 뻔하다. 색채학 연구자 박종서는 컬러 시대가 열리기까지 우리 나라의 사회적인 변화를 3기로 요약한다. '물건의 시대'를 거쳐 '모양의 시대'를 지나 왔고, 이제 '색의 시대'가 열리고 있다[37]는 것이다.

춥고 배고팠던 물건의 시대엔 상품의 기능 자체가 가장 중요했으며, 모양의 시대에는 기능보다 디자인의 중요성이 강조되었으며, 바야흐로 색의 시대가 오자 모양에 관계 없이 칠할 수 있는 컬러가 일약 상품 이미지 구축의 주력으로 떠오르게 된 것이다. 앞으로는 부엌 가구, 가전 제품, 아파트, 휴대폰 등 우리 주변의 모든 분야에서 색채 혁명이 일어날 것이다. 이제, 상품만 잘 만들면 그만인 시대가 아니라, 타당한 색채 전략을 바탕으로 수용자에게 컬러 커뮤니케이션을 잘 해야 하는 시대가 된 것이다.

베네통의 선견지명이 다시 위력적으로 다가온다. "UNITED COLORS OF BENETTON." 오래 전에 만든 이 슬로건 하나가 이미 세계적인 패션 언어로 자리잡지 않았는가? 베네통의 초록색 컬러는 이미 오래 전부터 세계인의 가슴 속에서 무럭무럭 푸르게 자라고 있다. 자, 이제 색채 전략에 승부를 걸 때이다. 컬러가 있으면 상품이 살고, 컬러가 없으면 상품이 죽는다. 그것이 시대의 흐름이요, 제품의 운명이다. 복잡하게 설명하며 뭐가 좋고 뭐가 뛰어

37. 박종서, 《감성 시대 색채 전략》, 쟁기, 1994, pp.49~51.

나다는 식의 낡은 발상은 버리고 색깔 있게 살아가는 소비자 곁으로 다가가야 한다.

　　컬러가 힘이 되고 돈이 되는 시대! 더 늦기 전에 공들여 만든 제품들을 컬러의 바람 속으로 떠나가도록 해야 한다.

6

What a Wonderful World!

디지털 존재를 위하여

인터넷이 세상을 바꾸고 있다.

인터넷과 월드 와이드 웹(www)이 열어 가는 멋진 신세계, 이 얼마나 놀라운 세상인가! "인터넷은 전세계적인 네트워크로 연결되어 있는 방대한 컴퓨터 시스템이며, 월드 와이드 웹은 인터넷을 통해 디지털 존재를 생산하고 소비하는 하나의 방식이다."[1] 따라서 인터넷은 하나의 거대한 디지털 존재의 창고가 되는 것이다.

우리 나라 전체 광고 물량의 절반 남짓이 인터넷 포털 사이트 *portal site* 나 허브 사이트 *hub site* 광고이고 보면 광고가 얼마나 빨리 세상의 흐름을 반영하는지를 다시 한 번 확인하게 된다. 이 때 우리는 인터넷 광고와 인터넷 사이트 광고를 구분해야 한다. 배너 *banner* 나 플래시 *flash* 처럼 온라인상에서 커뮤니케이션을 전개하는 모든 광고 기법을 인터넷 광고라고 한다면, 닷컴 비즈니스

---

1. 김주환, "월드 와이드 웹의 존재론," 〈영상 문화〉, 창간호, 생각의 나무, 2000, p.125.

를 하는 인터넷 관련 기업에서 자기네 웹 사이트를 알리기 위해 하는 광고들은 모두 인터넷 사이트 광고에 해당된다. 인터넷 포털 사이트나 허브 사이트에 관계 없이 특정한 사이트를 알리는 광고들은 모두 인터넷 사이트 광고이다.

인터넷 포털 사이트들은, 무조건 회원 수만 많이 늘리면 돈을 벌 수 있다는 지금까지의 광고 수익 모델이 여러 비판에 직면한 후, 커뮤니티 모델, 전자 상거래(EC: e–commerce) 모델, ASP(Application Service Provider) 모델 등 새로운 수익 창출 모델[2]이 나오기 시작하면서 심각한 고민에 빠지게 되었다. 웹 사이트를 개설하기만 하면 많은 네티즌들이 몰려올 것이라고 맹목적으로 확신하는 사람들이 많지만, 전문가들은 아무리 좋은 웹 사이트를 만들어도 이를 널리 알리지 못한다면 별다른 효과가 없다고 강조한다. 외국의 초일류 기업들은 웹 사이트를 알리는 다양한 홍보 기법을 활용하는데, 사이버 홍보실이나 링크 등이 이에 해당된다.

가상 프레스 센터 *virtual press center*란 인터넷 가상 공간에 마련된 기자실이다. 이에 앞서 사이버 홍보실 *cyber press room*도 이미 등장했는데 여기에서는 가상 공간에 설치해 놓은 웹 사이트의 게시판을 통하거나 전자 우편 서비스를 이용하여 기자들에게 보도 자료를 전달한다.[3] 그 동안 대기업이나 정부의 주요 기관에서는 별도의 기자실을 운영해 왔으나, 이제 중소 기업들도 인터넷상에 손쉽게 기자실을 꾸밀 수 있게 되었다. 웹 사이트 한쪽에 따로 마련된 프레스 센터에 보도 자료를 올려놓기만 하면 전세계 유명 신문 및 방송사 기자들에게 거의 실시간으로 전달된다. 보도 자료를 문서로만 제공하던 것에서 한 단계 더 나아가 원하는 즉시 동영상이나 방송으로 전달할 수 있기 때문에 기자들은 따끈따끈한 정보를 클릭 한 번으로 내려 받을 수 있다. 이른바 발로 뛰지 않고도 취재원에 관한 정보를 손쉽게 입수할 수 있는 '인터넷 출입처' 제도[4]가 확산되고 있는 것이다.

---

2. 안희권, "7대 포털 사이트 수익 모델 분석," 〈Web Business〉, 2000, 4월호, pp.105~12.

3. 윤영철, "사이버 저널리즘의 현황과 전망," 〈연세 커뮤니케이션즈〉, 제11호, 1999, p.26. 삼성전자는 1999년 3월에 국내 최초의 사이버 홍보실을 개설했다.

4. http://www.i–biznet.com/bizg/default.asp

링크 *link* 란 관련된 사이트들이 다양한 네트워크로 연결되어 있는 상황을 뜻한다. 이 때, 연결할 수 있는 사이트를 가능한 많이 확보하는 것이 가장 시급한 과제이다. 이를테면 디자인 관련 링크라면, 디자인 관련 학교, 디자인 관련 산업, 디자인 관련 도서, 그리고 디자인 관련 인물 등 디자인에 관련된 모든 컨텐츠가 동시에 연결되어야 한다. 이런 웹 사이트에 등록하면 유리한 점이 많다. 이들 사이트는 대부분 해당 분야 관문 사이트인데 관련 분야의 사람들이 가장 즐겨 찾는 곳이다. 이에 따라 웹 사이트 홍보에도 탁월한 효과를 기대할 수 있다. 또한 이들 사이트에 연결하는 데 별도의 비용이 들지 않는다는 점도 큰 매력으로 작용한다.

이처럼 급박하게 변하고 있는 세상 속에서 인터넷 관련 기업들은 어떻게 해서라도 대중들의 관심을 끌어모으기 위해 갈수록 공격적인 광고 공세를 펼치고 있다. 웹 사이트의 컨텐츠를 알차게 채운 다음, 수많은 네티즌들을 끌어모아 자신의 사이트를 각종 검색 엔진과 웹 사이트 가운데 맨 앞자리에 올려놓음으로써 전세계 네티즌들이 결코 피해 갈 수 없는 사이트가 되도록 하는 데 그 목적이 있다.

데이콤의 천리안(www.chollian.net) 신문 광고 '그 딴 골뱅이' 편을 보자. 이 광고는 금융, 경매, 문화 같은 특정 분야를 강조하기보다 인터넷에 들어오려면 누구나 거쳐 가야 하는 관문 *portal* 서비스의 상대적 강점을 부각시킨다. 탤런트 유지태가 손바닥 위에 바다에서 나는 골뱅이를 얹어 놓고 약간 우습다는 눈빛으로 바라보는 사진에 "그 딴 골뱅인 국이나 끓여 먹어!"라는 헤드라인을 쓰고 있다. 우리는 보통 '@'를 골뱅이라 부른다. 이 광고에서는, 세상에는 두 가지 골뱅이가 있는데 그저 그런 골뱅이와 진짜 골뱅이 천리안이 있다는 메시지를 이런 방식으로 처리하고 있다.

바디카피 역시 우리 국어 문법과는 동떨어진 표현이다. "허걱~ 넌 아직두 진짜 골뱅이를 모르냐? 공짜도 좋구 새 것도 좋지만 썰렁한 인터넷에서 떨고 있을 필욘 없자나. 얼른 진짜 골뱅이로 들어오라구. 천랸은 말야, 동호회 빵빵한 건 당근이구, 비트매냐에서 파판8까지 겜 자료도 장난이 아냐. 글구 들어 봤냐? 퀵 메신저~ 번개칠 때 진짜 캡이쥐. 잊지 마. 진짜 골뱅인

데이콤 천리안 (www.chollian.net)
신문 광고 '그 딴 골뱅이' 편

하나뿐이야. 진짜 골뱅이 — 인터넷 천리안." 우리의 카피 작법에 일찍이 없었던 파탄 직전의 문법을 보라!

　　국어학자들은 광고 언어가 문법적 일탈과 문법 파괴를 통하여 소비자의 눈길을 끄는 데 성공할 수 있을지 모르지만, 곧바로 소비자들의 공감을 이끌어 내 직접적인 소비의 증대를 기대하기는 어려우며, 그보다는 오히려 소비자들에게 부정적인 인상을 심어 줘 규범을 준수하지 않는 회사로 인식될 수도 있다[5]며 광고 카피의 문법 파괴 현상을 경계하기도 한다. 그러나 이는 국어 문법의 원칙만을 고수한 채 다양한 소비자 심리를 파고들기 위해 변화 무쌍하게 살아 움직이는 광고 카피의 작동 방식을 도외시한 결과이다. 오히려 언어의 화용론*pragmatics*에 의하면, 언어의 실제적 구사는 상황이라는 배경

5. 김성규 · 정승철 · 장소원 · 최용기, 《이런 말 실수 저런 글 실수 — 광고 언어》, 문화관광부, 1998, p.13.

이순신 팝니다
www.이순신.com

가라! 영어인터넷

한글로.com

한글로닷컴 (www.한글로.com)
신문 광고 '이순신 팝니다' 편

에서 이루어지고 있기 때문에 사용된 언어의 적절성이나 관련성의 평가는 언어 외적인 요소에 의해 결정된다[6]고 할 수 있다. 결국, 화용론적 입장에서는 문법을 파괴하는 카피야말로 연구 가치가 풍부한 현대 언어의 보물 창고나 다름없다는 것이다.

영문 도메인에 대한 적절한 대응책으로 한글 도메인을 개발했다는 내용의 광고도 있다. 도메인의 한글화를 실용화한 점에서 대단한 성과이기는 하지만, 인터넷 정신이 세계성을 지향한다는 점에서 이 광고가 과연 얼마나 호응을 얻게 될 것인지는 더 지켜 봐야 할 것이다. 한글로닷컴 (www.한글로.com)의 신문 광고 '이순신 팝니다' 편은 인터넷 바다에서 위치를 알려 주는 등대에 해당되는 도메인을 영어에서 한글로 바꿨다는 점을 강점으로 내세운다. 광화문 네거리에 있는 이순신 장군 동상에서 동상 부분을 하얀 점선으

---

6. 이현우, 《광고와 언어》, 커뮤니케이션북스, 1998, p.23.

재그 커뮤니케이션 프랑켄슈타인
(www.FRANKENSTEIN.co.kr) 신문 광고
'수술 자국' 편

로 처리하고, "이순신 팝니다"라는 헤드라인을 쓴 점이 인상적이다.

"가라! 영어 인터넷"이라는 리드카피 아래, 이순신 장군께서 살아 계셨더라면 당장이라도 사셨을 인터넷 도메인에 한글 세상이 열렸다며 애국심에 호소하는 내용으로 가득 차 있다. 읽기 쉽고 기억하기도 쉬운 한글 도메인이라 "최신 유행어에서 상호명까지 한글이 들어간 인터넷 주소라면 무엇이든지 가능하다"는 것이다. 단순한 레이아웃을 바탕으로 한글 도메인의 탄생을 인상적으로 전달하는 동시에 이순신 장군을 판다는 메시지도 강력하게 다가오는 광고이다. 하지만 광고 메시지의 전달력에도 불구하고 광고 효과는 예측하기 어렵다. 닷컴 비즈니스를 하려는 사람들 입장에서는 기왕에 도메인을 만들려면 우리 나라에서만 통하는 도메인보다 전세계 어디에서라도 통하는 도메인을 확보하려 할 것이기 때문이다.

또한 인터넷 방송국에 관한 광고도 부지기수로 쏟아져 나오고 있다. 지금 우리 나라에는 약 3000여 개에 이르는 인터넷 방송국이 더 많은 수용자를 확보하기 위해 바쁘게 움직이고 있다. 재그 커뮤니케이션의 프랑켄슈타인

(www.FRANKENSTEIN.co.kr)의 신문 광고 '수술 자국' 편에는 빨간색 바탕에 흉터를 남긴 수술 자국 흔적에 "4월 4일 오후 4시 44분 44초"라는 카피만 제시되어 있다. 보기에 따라서는 지나친 지면 낭비라고 비판할 수도 있겠으나 인터넷 광고의 표현 특성상 그렇게 비판할 일만은 아니다. 이 광고는 완성된 원을 제시했을 때보다 미완성의 원을 보여 주었을 때 수용자들이 더 잘 기억한다는 게슈탈트 심리학의 명제를 바탕으로 독자들이 끼여들 여지를 남겨 놓고 있다. 다시 말해 의미 심장한 카피 한 줄을 슬쩍 달아 놓아 보는 이로 하여금 미완성의 원을 마음껏 그릴 수 있도록 하는 것이다.[7]

인터넷 기업은 회원 수와 페이지 뷰*page view*의 증대에 모든 관심을 집중시킨다. 회원 수와 페이지 뷰를 늘리면 광고 영업이 쉬워지기 때문에 닷컴의 사활을 결정짓는 주요 변수로 보기도 하지만, 광고 수익 모델의 한계가 드러나고 있는 만큼 사이트의 유료화를 목표로 우선 몸집 불리기에 나서는 듯하다. 따라서 광고에서는 궁금증만 계속 불러일으켜 일단 주목만 끌고 그 밖의 내용은 홍보를 통해 전달하는 커뮤니케이션 전략을 구사한다. 재그 커뮤니케이션에서는 개그맨 주병진이 대표라는 점을 활용하여 대단한 홍보 효과를 얻은 바 있다. 광고에서 유발된 호기심을 다양한 홍보 전략으로 구체화시킨 성공 사례에 해당된다.

코스메틱랜드의 우먼플러스(www.womenplus.com)의 신문 광고 '남자가 다냐' 편에서는 남자들에 대한 반발 심리를 부추기며 여자 인터넷을 주창하고 나선다. 여자를 상징하는 부호 '우'를 뒤집어 보임으로써 이제 여자로 살아가자는 주장을 하고 있다. 바디카피를 보자. "정말, 여자가 기댈 수 있는 곳이 남자뿐인가요? 새벽 3시까지 잠 못 드는 것도, 고압 전류 같은 복통이 습격하는 것도 모두 남자 때문이라고 진단하시나요? 한 살을 더 먹어도 여전히 남자 때문에 스트레스를 받으신다면, 귀 기울여 보세요. 여기 여자는 남자 때문에 울 수 없다고 생각하는 사람들이 있습니다." 이와 같은 바디카피 끝에 "사는 게 즐거워지는 여자 인터넷"이라는 상표 슬로건을 덧붙이고 있다.

---

7. 윤목, "Post Creative: 심리적 여백," 〈Design Net〉, 제32호, 2000, pp.48~9.

코스메틱랜드 우먼플러스
(www.womenplus.com) 신문 광고
'남자가 다냐' 편

마이클럽닷컴 (www.miclub.com)
신문 광고 '낙서' 편

그러나 이러한 주장에도 불구하고 모델이 도발적인 표정을 짓는 것도 아니고 오히려 착하고 얌전한 여자의 모습을 하고 있으니, 이러한 인물 이미지가 수용자의 자기 동일시에 과연 얼마나 영향을 미칠 것인지는 알 수 없다. 아래쪽 바디카피 부분을 빨간 바탕으로 처리하여 곡선으로 마무리한 점은 인상적이지만 바디카피와 모델의 표정, 그리고 헤드라인과 모델의 표정 연기 사이의 어설픈 불일치 때문에 당당한 여자의 역동적인 도발성의 확보에는 실패하고 있다. 이 광고 이후에 나온 신문 광고 '돈 때문에' 편이나 '움직이는 패션 매거진' 편, 그리고 '호호호' 편 역시 한국 사회에서 상대적인 불평등 구조 속에서 살아가는 여자들에게 깨치고 일어나라며 설득하기에는 턱없이 약하기만 한 아이디어로 가득 차 있다.

이에 비해 마이클럽닷컴(www.miclub.com)의 신문 광고 '낙서' 편은 먼저 나온 '선영아 사랑해' 편에 비해 메시지의 강도가 한결 강하게 다가온다. 전체적인 인상은 논설형 광고이다. 그러나 이 광고에서는 많은 메시지를 전달하기 위해 무조건 빽빽하게 구성했던 이전의 논설형 광고들에 비해 핵심 메시지를 교묘하게 위장시키는 특별한 위장술을 구사함으로써 오히려 그 효과를 극대화시킨다. 무심코 지면을 넘기는 독자들의 신문 읽기 행태를 철저히 연구한 다음, 무심한 독자들에게 파고들어가는 전략을 쓰고 있다. 독자들이 무심코 지면을 넘기다가, '이게 무슨 낙서야? 신문이 잘못 배달됐나? 그래도 TV 프로그램은 봐야지' 하며 지면을 자세히 들여다보는 순간, 독자들은 낙서처럼 빨간 매직으로 쓰여진 "www.miclub.com 여자?"라는 핵심 광고 주장과 만나게 된다.

자연스럽게 위장하며 소비자 곁으로 가까이 더 가까이 다가감으로써 오히려 허를 찌르는 발상의 새로움이 돋보인다. 비록 광고 지면의 왼쪽 상단에 "'선영아 사랑해'는 여자 인터넷 마이클럽 광고로 밝혀져……"라고 되어 있기는 하지만, 이것 역시 신문 기사처럼 자연스럽게 읽히게 함으로써 정보 주입식 광고에서 한 발짝 물러서 있다. 엄청난 정보의 홍수 속에서 광고 메시지는 자칫하면 가뭇없이 사라지기 쉬운 법인데, 많이 버림으로써 결과적으로 더 많이 얻게 되는 효과를 기대할 수 있게 되었다. 이 광고를 만든 디자이너에게 박수를! 신문의 편집 디자인 원리를 철저히 꿰고 있지 않는 한, 이처럼 천연덕스럽게 위장하는 레이아웃은 좀처럼 만들어 내기 어렵다.

　　이상에서 언급한 개별 포털 사이트나 허브 사이트 외에도 산업의 전체 구조를 바꿀 만한 전자 상거래에 관한 광고도 눈에 띄게 늘어났다. 전자 상거래는 이전의 유통 개념에 혁명을 일으키며 사회 변화를 주도한다. 유통의 중심에 있는 유통 회사는 물론, 상품과 서비스를 제공하는 제조 회사에서 일반 소비자에 이르기까지 새로운 패러다임 속에서 발상의 신대륙을 개척하고 있는 것이다.

　　라이코스(www.lycos.co.kr)의 전자 상거래 신문 광고 '얼굴만 봐도 믿으니까 단골이지' 편은 보부상의 사진을 활용한 점이 인상적이다. 인터넷 광고에 한국적인 소재를 쓸 때, 사진 메시지와 카피 메시지가 잘 맞아떨어지면 상승 효과를 내지만 그렇지 못할 때는 오히려 조악하기 짝이 없는 광고로 전락하기 쉽다. 따라서 '인터넷에 대한 광고'를 만들 때는 한국적인 소재의 선택에 특별한 주의를 기울여야 한다. 라이코스 광고에서는 모두가 비슷비슷한 아이디어로 자기네 전자 상거래가 가장 뛰어나다며 자랑하고 있는 마당에 차별적인 소재를 선택하여 메시지의 상승 효과를 일으킴으로써 "믿음이 살아 있는 쇼핑"이라는 핵심 광고 주장을 전달하는 데 성공하였다.

　　"그 옛날, 장이 서면 많은 사람들이 물건을 사고 팔았지만 진정 주고받은 것은 물건이 아니라 믿음이었습니다. 마치 단골 가게에서 직접 사는 것처럼 믿을 수 있는 사이버 쇼핑 — 라이코스가 1000만 네티즌의 바람으로 시작합니다." 이와 같은 바디카피는 믿음이 살아 있는 전자 상거래의 소비자 편익을 우리 정서에 맞게 풀어 내는 방식이다. 꼭 한국적인 소재를 써야 믿음이 살아나는 것도 아니고 설득의 힘이 커지는 것도 아니지만, 너나할것없이 같은 접근법으로 소구하는 마당에 남과 다른 길을 가는 것도 차별화의 지름길이다.

　　예스프라이스(www.yesprice.co.kr)의 신문 광고 '백화점에선 아이쇼핑만 하자' 편은 역경매 쇼핑의 특장점을 인상적으로 보여 준다. 역경매란 무엇인가? 소비자가 원하는 가격을 제시하면 그 조건을 받아들일 수 있는 판매자가

라이코스(www.lycos.co.kr)
전자 상거래 신문 광고
'얼굴만 봐도 믿으니까 단골이지' 편

예스프라이스(www.yesprice.co.kr)
신문 광고
'백화점에선 아이쇼핑만 하자' 편

입찰에 응하고, 소비자는 그 가운데 가장 적절한 상품을 고르는 방식이다. 이들 역경매는 주로 개별 사이트들이 소비자를 대상으로 상품을 판매하는 B2C 방식으로 이뤄져 왔으나 앞으로는 기업 대 기업 (B2B) 방식의 역경매가 활성화될 것으로 보인다. 여러 광고들 가운데 이 광고가 돋보이는 것은 기발한 아이디어 때문이다. 백화점 쇼핑백에 구멍을 뚫고 그 안에서 구경하는 사람의 눈이 인상적이다. 이 그림은 "오늘부터 백화점에선 아이쇼핑만 하자!"라는 헤드라인을 만나는 순간 대단한 힘을 발휘한다.

이 광고의 독특한 아이디어는 상품을 실제로 만져 보거나 구경하기 어렵다는 인터넷 역경매 쇼핑의 약점을 오히려 강점으로 부각시키는 힘으로 작용한다. 이른바 약점 demerit의 강점 merit화에 성공하고 있는 셈이다. "원하는 물건을 정하시기만 하면 여러 명의 판매자들이 각각 물건 값을 제시해 드립니다. 그 가운데 최저 가격을 직접 고르시면 됩니다. 믿을 수 있는 제품을 가장 저렴한 가격에! 이젠 백화점에서 물건만 고르시고, 예스프라이스에선 가격을 고르세요." 백화점에선 물건만 고르고 가격 흥정은 예스프라이스에서 하라는 메시지가 백화점 입장에서는 섭섭하기 그지없는 주장이겠지만, 소비자 입장에서는 공감할 수 있는 메시지로 받아들일 수 있다. 인상적인 그림과 헤드라인이 행복하게 만남으로써 "가격이 내려가는 역경매 쇼핑"이라는 소비자 편익을 인상 깊게 기억시키는 광고이다.

가가멜닷컴 (www.gagamel.com)의 신문 광고 '놀랍다' 편에서는 녹색을 배경 색으로 해서 멀티 게임 사이트의 프로모션 메시지를 효율적으로 소화해 낸다. 헤드라인을 위쪽으로 바짝 당겨 올리고 그 바로 옆에 바디카피를 일부러 약간 기울어지게 처리한 점이 눈길을 끈다. 네티즌이 자주 쓰는 '*-*;' 같은 약호를 그림으로 내세우고, "일라바!! 주는 거뜰도 한 럽기하넥~!!! 쏘니 플쑤 투??!! 정말 주는 거약?? 밀쑤품 아냑?? 밀쑤면 어떽?? 아이 죠아~" 같은 식의 카피는 게임 마니아들의 마음을 들뜨게 하는 바디카피라고 할 만하다.

인터넷 관련 프로모션 광고는 많은 메시지를 담아 내느라 복잡하게 구성되기 십상인데, 이 광고에서는 '크게 알리기'와 '많이 알리기'라는 유혹

가가멜닷컴(www.gagamel.com) 신문 광고
'놀랍다' 편

을 과감히 떨쳐 냄으로써 여백의 미를 살리는 데 성공한다. 광고에서는 언어의 경제성만 중요한 것이 아니라, 이에 못지않게 레이아웃의 경제성도 중요하다. 과감한 생략법과 틀에 얽매이지 않는 새로운 접근 방법이 눈에 띄는 좋은 광고를 만드는 지름길이다.

　　　인터넷 광고 크리에이티브의 성공 요인과 인터넷 비즈니스 모델의 성공 요인 사이에는 몇 가지 공통점이 있다. 첫째, 차별적인 컨텐츠를 개발해야 한다. 인터넷 비즈니스에서 컨텐츠의 차별화는 오프 라인상에서의 상품 차별화와 마찬가지로 성공으로 가는 지름길이다. 광고 아이디어의 발상에서도 차별적인 컨텐츠를 찾는 것이 성공하는 광고의 전제 조건이다. 둘째, 수익 창출을 지속적으로 모색해야 한다. B2B든 B2C든 관계 없이 늘 남다른 사업 모델을 바탕으로 막연히 회원 수에만 매달리기보다 실질적인 수익을 창출하기 위해 발상의 전환을 시도해야 한다. 광고 표현 역시 매출을 일으키는 쪽으로 아이디어가 모아져야지 막연하게 관심만 끄는 정도로는 부족하다. 셋째, 소비자의 관점에서 출발해야 한다. 디지털 시대에는 아날로그 시대의 상품 중심적 사고에서 벗어나 네티즌(사이트 방문객)의 관점에서 출발해야 하며, 광고 크리에이티브 역시 보다 다양해진 소비자의 욕구를 포착하는 데서 출발해야 한다. 다시 말해, 통합적 마케팅 커뮤니케이션 *intergrated marketing communication* 에서 말하는 '인사이드 – 아웃 *inside – out*'에서 '아웃사이드 – 인 *outside – in*'으로 인식의 전환이 이루어져야 하는 것이다. 넷째, 기회를 선점해야 한다. 완벽한 비즈니스 모델보다 발 빠른 수익 모델이 경쟁에서 승리할 가능성이 크기 때문에 인터넷 비즈니스에서는 먼저 시장을 선점하고, 곧바로 시장의 확장 단계로 신속히 이동해야 한다. 광고 크리에이티브 역시 순발력이 돋보이는 독특한 방식으로 소구함으로써 소비자의 인식 속에 특정한 이미지가 먼저 자리 잡도록 해야 한다. 다섯째, 특허 등록을 바탕으로 방어 장벽을 구축해야 한다. 앞으로의 비즈니스 현장은 수익 모델의 전쟁터가 될 것이다. 인터넷 이전 시대에 신제품이 새로운 시장을 창출했듯이 인터넷 시대에는 새로운 비즈니스 수익 모델이 가치 창출의 원천이 된다. 따라서 수익 모델에 대한 방어 장벽을 구축하는 동시에 광고 저작권을 최대한 활용함으로써 법적 · 제도적인 안전 장치를 마련해야 한다.

이제, 인터넷은 우리 사회를 변화시키는 가장 강력한 태풍이다. 인권 운동가들이 말하던 정보의 빈익빈 부익부 문제도 공공 담론의 자격을 상실했다. 이미 인터넷은 임박한 현실이며 생활 수단이 되었다. 인터넷을 어떻게 활용하느냐는 전적으로 우리 손에 달려 있다. 앞으로 우리는 어디에서 무슨 일을 하든 관계 없이 인터넷을 모르고서는 이 사회를 살아가기 힘들게 되었다. 21세기 대중 문화를 선도하는 것도 모두 인터넷을 기반으로 하는 지식 정보 산업이다. 인터넷 사이트 광고들이 새로운 대중 문화, 다시 말해 e – 문화를 형성하는 징후는 다양한 사회 현상 속에서 속속 드러나고 있다.

인터넷이 창출하는 새로운 생활 방식, 그것이 곧 e – 문화이다. 대중 문화는 한 시대와 한 사회의 구성원들이 무엇에 관심이 있고, 무엇을 가치 있게 생각하는지를 투영한다. 사이버 공간을 이해하고 전자 상거래의 흐름을 읽기 위해서는 반드시 e – 문화의 코드를 풀어야 한다. e – 문화의 코드는 사이버 커뮤니티 *cyber – community*의 정신을 제대로 이해하는 데서부터 풀어 나갈 수 있다. 인터넷이 탄생한 이후, 지금까지 변하지 않은 점이 있다면 그것은 인터넷 사용자들이 정보보다 사람을 만나고 싶어한다는 사실이다. 지금까지 인터넷을 통한 대화는 얼굴을 마주 대할 수 없는 경우가 대부분이었지만, 따뜻하고 의지할 만한 인간 관계를 만들어 내는 데는 어려움이 없었다. 학자들은 이러한 인간 관계의 집합을 사이버 커뮤니티라고 불렀다.[8] 기존의 혈연, 지연, 학연을 타파할 수 새로운 인간 공동체가 인터넷상에서 가공할 만한 대중 문화의 형성 세력으로 부상하는 것이다.

결국, 인터넷과 디지털 공간은 18세기 유럽의 계몽주의자들이 꿈꿔 왔던 해방의 이념을 구현할 수 있는 좋은 기회를 마련하고 있는 것이다. 사이버 공간으로 인해 형성된 지식 공동체는 새로운 지식의 유입으로 인해 실시간으로 부단히 업데이트되고 널리 배분되며 궁극적으로 인간의 지적 능력을 극대화시키는 데 공헌하게 된다. 이렇게 형성된 지식 공동체를 통해 거대 집단보다는 개인이나 소집단이 수혜를 얻게 될 것이다.[9]

이런 마당에 인터넷 사이트 광고를 소홀히 하는 것은 디지털 시대 정신에 위배된다. 그럼에도 불구하고 그 많은 인터넷 사이트 광고들은 너무 쉽게 만들어지는 것 같다. 아이디어는 없고 아이캐치만 있는 광고, 찌름의 깊이는 없고 찌름의 넓이만 있는 광고, 관계 설정은 없고 일방적인 주장만 있는 광고, 이런 광고들은 근본적으로 인터넷 정신과 사이버 문화를 왜곡시킬 뿐이다. 우리 광고 창작자들은 벤처 산업에 젊음을 바치는 벤처 올빼미들의 꿈과 열정을 잊지 말아야 한다. 그들이 남다른 상상력으로 놀라운 세상을 열어 가는 순간, 광고 창작자들도 이에 발맞춰 사람들의 가슴 속에 놀라운 세상의 참된 가치를 부화 孵化 시켜야 하기 때문이다.

---

8. 윤영민, "윤영민의 사이버 세상: e - 컬처 ① 사이버 커뮤니티," 2000. http://www.webcolumn. co.kr / Column / Columnlist.asp?

9. 김동윤, "디지털 문화 혁명: 사이버 세계 새로운 지적 공동체," 〈문화일보〉, 2000. 6. 19.

忍터넷 광고, 人터넷 광고, 仁터넷 광고

인터넷 광고가 광고의 내일을 바꾸고 있다.

광고의 내일은 인터넷에 달려 있으며 내일의 광고 역시 인터넷에 의해 결정된다. 모건 스탠리 Morgan Stanley 의 보고서에 따르면, 미국 내 라디오의 보급이 5000만 가구에 이르는데 약 38년이 걸렸다고 한다. 이에 비해 텔레비전은 13년이 걸렸고, 케이블 TV는 약 10년이 소요되었다고 한다. 그러나 인터넷은 1994년 23세의 마크 안드레센 Mark Andresen 이 웹 브라우저를 세상에 내놓은 이후 5000만 가구에 도달하는데 겨우 4년밖에 걸리지 않았다. 실로 엄청난 빛의 속도이다.

텔레비전, 라디오, 신문, 잡지에 이어 인터넷이 '제5의 매체'로 떠오르면서 온라인 광고 시장이 급성장하고 있다. 2003년에는 온라인 광고 시장이 150억 달러에 이를 것으로 세계 인터넷 광고 협회는 전망하고 있다.[10] 이미 인터넷 광고만을 전문으로 제작하는 광고 회사의 수는 셀 수 없을 정도로 많아졌으며, 네티즌을 몰입시킬 다양한 인터넷 광고 기법도 속속들이 개발되고 있다.

이런 배경에는 21세기에 들어서 제2의 인터넷 혁명이 일어나고 있는 환경 변화와 결코 무관하지 않다. 보다 쉽고 편리한 서비스를 원하는 소비자들의 끊임없는 욕구에 따라 정보 기기 및 인터넷 서비스 간의 다양한 통합이 이루어질 것이다. 스티브 케이스 AOL 회장이 '춘계 인터넷 월드 2000' 기조 연설에서 말한 바와 같이 "손쉬운 정보 검색으로 대변되는 지금의 인터넷은 보다 쉽고 편리한 인터넷 세상의 서막"에 불과할 뿐이다. 특히, 현재 분리되어 있는 정보 통신 기기의 기능이 하나로 통합되면 상상을 초월하는 인터넷 세상이 펼쳐질 것이다. 이를테면 텔레비전에 컴퓨터의 기능이 추가되고 반대로 컴퓨터에 텔레비전의 기능이 더해지는 것이다. 케이스 회장은 양 방향성 *interactive*, 서비스 통합 *convergence*, 이동성 *mobility*, 컨텐츠 *contents* 등을 제2의

---

10. 홍석민, "N세대를 잡아라: 인터넷 광고 전쟁," 〈동아일보〉, 1999. 11. 23.

인터넷 혁명을 이루기 위한 필수 요건으로 지적한 바 있다. 앞으로는 이와 같은 서비스 요건을 갖추지 못하는 인터넷 기업은 도태될 것이 분명하다. 제2의 인터넷 혁명이 이루어지는 과정에서 커뮤니케이션, 엔터테인먼트, 미디어 등 세 개 분야에서 특히 많은 변화가 발생할 것이다.

인터넷 광고란 특정 기업이 소비자와의 상호 작용을 위하여 인터넷을 통해 전개하는 일련의 커뮤니케이션 활동을 말하는데, 특히 기업 홍보를 위한 목적으로 웹 사이트를 구축하여 기업 및 기업 정보 소개, 상품 소개, 고객 관리, 각종 이벤트 프로모션 전개, 전자 상거래 등 다양한 마케팅 커뮤니케이션 활동을 전개하는 것을 넓은 의미의 인터넷 광고로 정의할 수 있다. 또한 좁은 의미의 인터넷 광고는 특정 사이트에 광고를 게재하여 자신의 사이트로 연결 *hyper-link* 하거나 검색 엔진이나 다른 사이트에 연결함으로써 일정한 대가를 지불하는 경우를 말한다.

인터넷 광고의 발전은 배너 광고가 개발되면서 급격한 발전을 이룩했지만, 배너 광고가 인터넷에 본격적으로 도입된 것은 그리 오래 된 일은 아니다. 1994년 10월 27일, 미국의 핫와이어드 *HotWired* (www.hotwired.com)가 배너 개념을 도입하면서부터 인터넷 광고의 역사는 시작된다. 사실 왜 배너라는 용어가 채택되었으며, 배너 모양이 왜 직사각형인가에 대해서는 특별한 이유가 없다. 핫와이어드의 창시자들인 앤드류 *Andrew* 와 루이스 *Luis*, 스토여 *Stoyer* 등이 함께 이름을 '배너'라고 짓고, 모양은 웹 페이지 상단 중앙에 위치하는

IBM e–business 배너 광고
'골프' 편

직사각형으로 정하자, 그냥 그렇게 결정되었다.[11] 만일 그들이 다른 이름이나 다른 모양으로 규정했다면 지금은 다른 이름과 다른 모습으로 제시되고 있을 것이다.

인터넷 광고는 이전의 4대 매체 광고에 비해 다음과 같은 특징을 가진다. (1) 시간과 공간적인 제한 없이 24시간 전세계에 광고할 수 있고, (2) 기존의 매스 미디어에 비해 광고비가 저렴하며, (3) 표적 시장 *target market*에 접근하기 쉬우며, (4) 쌍방향 커뮤니케이션 *interactive communication*이 가능하며, (5) 사용자가 원하는 정보를 마음대로 주고받는 대화형 광고 *machinery interactive*이며, (6) 고객 한 사람 한 사람의 욕구를 파악할 수 있으며, (7) 광고의 형식(문자, 그림, 소리, 동화상)이나 정보량에 제한이 없는 멀티미디어 광고이며, (8) 광고 효과를 즉각적으로 쉽게 측정할 수 있으며, (9) 광고의 내용을 빠르고 정확하게 변경할 수 있으며, (10) 기업의 새로운 커뮤니케이션 공간으로 활용하기 쉽다.[12] 결국, 인터넷 광고는 인쇄 매체 광고와 방송 매체 광고 양자 간의 특성을 공유하는 동시에 4대 매체의 한계를 효율적으로 보완하는 새로운 매체라고 할 수 있다.

인터넷 광고에는 어떤 종류가 있을까?[13] 미국의 쥬피터 커뮤니케이션

---

11. http://www.i–biznet.com

12. http://www.im–research.com/imarketing/internet_ad/paradigm.htm

13. 이시훈,《인터넷 광고 효과 모델》, 커뮤니케이션북스, 2000, pp.37~9를 요약한 것임.

Kodak 배너 광고 '골프 게임' 편

*Jupiter Communication*에서는 인터넷 광고를 매체 구매형 *media buys*과 광고 내용형 *ad. content*으로 나눈 후 모두 열두 가지 종류로 구분했다.[14] 매체 구매형은 전통적인 광고와 같은 개념으로 사이트 운영자에게 광고료를 주고 그 사이트의 일정 부분이나 전체를 광고 공간으로 사용하는 형태이다. 매체 구매형에는 배너 광고(정적인 배너 광고, 동적인 배너 광고, 상호 작용적 배너 광고), 공동 브랜드 내용(스폰서십, PPL, 애드버토리얼), 틈입형 *interstitials* 광고(정적인 틈입형 광고, 동적인 틈입형 광고)가 있다. 광고 내용형 광고는 기업이 운영하는 사이트에 각종 정보를 제공하는 형태를 말한다.

이현우는 인터넷 광고의 유형을 배너 광고, 단일 페이지 광고, 정보 센터 광고, 가상 상점 광고의 네 가지로 분류했다.[15] 단일 페이지 광고는 초창기 기업의 홈페이지 광고가 한 페이지로 구성된 것을 말하며, 정보 센터 광고와 가상 상점 광고는 광고 내용형 광고와 같은 개념인데, 그 사이트에서 구매 주문을 할 수 있으면 가상 상점 광고로 구분하였다.

또한 이혜갑은 인터넷 광고 유형을 배너 광고, 컨텐츠형 광고, 틈입형 광고, 푸시 *push*형 광고, 인터넷 접근형 광고로 구분했는데,[16] 이 가운데 푸시형 광고란 푸시 기술(정보 제공자 중심의 정보 전달에서 사용자 중심의 정보 선택

---

14. Jupiter Communication, "Banner & Beyond 97," 1997. http://www.jup.com

15. 이현우, "인터넷의 경제적 가치에 대한 연구," 〈광고 연구〉, 제36호, 1997, pp.243~63.

16. 이혜갑, 《멀티미디어 광고의 이해와 활용》, 한국광고단체연합회, 1977.

을 가능하게 하는 것으로, 특정 이용자가 원하는 정보를 해당 사용자의 컴퓨터로 보내 주는 기술)을 이용하여 등록된 이용자에게 원하는 정보와 함께 광고를 전달하는 것을 말한다.

이렇게 다양한 분류에도 불구하고 인터넷 광고를 연구하는 과정에서는 배너 광고와 타깃 광고로 구분하는 것이 보통이다. 연구자에 따라 광고 판매 방식이나 사용 기술에 의해 다양하게 분류하고 있으나 인터넷 사용자의 입장에서는 배너 광고와 타깃 광고로만 분류되기 때문이다.[17]

그럼에도 불구하고 지금까지의 배너형 인터넷 광고는 네티즌들이 인내심을 가지고 지켜 봐야 할 인ꊨ터넷 광고였다. 배너 광고의 효과에 대한 의문이 점차 확산되는 가운데 인터넷 광고업계에서는 보다 효과적인 새로운 인터넷 광고 기법을 개발하기 위해 여러 가지 방안을 강구하고 있다. 인터넷 관련 기업들은 다양한 수익 구조 모델을 모색하고 있지만 아직까지 인터넷의 주요 수입원은 광고이다. 따라서 단순한 배너 광고로는 네티즌들의 시선을 끌 수 없다는 반성에 따라 형태와 내용이 전혀 다른 기발한 광고 기법이 속속 등장하고 있다.

머니애드(www.moneyad.co.kr)는 인터넷 신기술을 이용해 광고주와 네티즌 모두에게 이익이 돌아가는 퍼즐 광고, 복권 광고, 특명 광고를 개발했는데, 퍼즐 게임이나 복권 당첨 방식을 광고 기법으로 전환하여 인터넷상에서 네티즌의 흥미를 더 많이 유발할 수 있도록 함으로써 네티즌들이 더 오랫동안 광고에 접촉할 수 있도록 하였다. 이 기법은 이전의 배너 광고와는 달리 수용자의 참여를 통해 광고 컨텐츠를 구성한다는 점이 강점인데, 앞으로 편지 광고, 패러디 광고, 비교 광고 등 다양한 분야로 확산될 것으로 보인다.

애드디지털(www.addigital.co.kr)은 대화형 배너 광고 기술을 개발했다. 이 기법은 기존의 일방향적 배너 기법에서 탈피하여 수용자와의 쌍방향 커뮤니케이션을 지향한다. 대화형 배너 광고 기법을 통해 이용자가 광고와의 상호 작용 관계를 형성함으로써 인터넷 광고를 1:1 마케팅 수단으로까지 확장시

---

17. 이시훈, 앞의 책, p.39.

삼성 디지털 퍼즐 광고
'Everyone's invited' 편

킬 수 있는 앞선 기법이다.

넷츠웨이(www.netsway.net)는 기존의 배너나 콘솔 광고처럼 화면의 상당 부분을 차지하는 인터넷 광고의 문제점을 개선하는 기법을 개발했다. 광고가 나와도 화면에 차지하지 않고 화면의 한쪽 끝에서 다른 쪽 끝으로 흘러가는 이동형 광고 기법을 개발함으로써 광고가 붙박이로 고정되지 않고 수시로 움직일 수 있도록 했다. 이를테면 특정 검색어를 입력하면 이에 해당하는 애니메이션 광고가 15~20초 간 화면상에 등장했다가 사라지는데 이 과정에서 네티즌들은 자연스럽게 광고의 움직임에 눈길을 주게 된다.

디비엠코리아(www.dbmkorea.co.kr)는 광고주의 상표 인지도를 높이기 위한 방안으로 게임 형식의 숨은 그림 찾기 광고 기법을 개발하여 여러 상표에 적용하고 있다. 이를테면 대우전자 광고의 경우, 다음, 네띠앙 등 여섯 개 사이트에서 3단계 게임 형식의 숨은 그림 찾기 '꼭꼭 숨어라, SUMMUS' 이벤트를 실시하여 단기간에 약 8만 명의 고객 데이터 베이스를 확보하는 성과를 거두었다. 이는 타깃 광고 형식에 바탕을 둔 기존의 온라인 이벤트에서 약 3~4만 명 정도의 고객 데이터 베이스를 확보한 것보다 두 배 이상 효과적이어서 게임 형식의 광고는 앞으로도 큰 호응을 받을 것이다. 또한 디비엠코리아가 개발한 @iad는 컴퓨터 모니터 안에서 자유롭게 돌아다니는 커서에 특정 회사의 로고나 브랜드를 붙이는 방식이다. 이를테면 한글 검색 엔진인 네이버 홈페이지의 검색 창에서 '타이어'를 치면 금호타이어의 솔루스 로고가 커서에 따라다니는 효과를 나타낸다.

신종(www.wave21.com)에서는 음성을 이용한 새로운 배너 광고 기법을 개발했다. 네티즌의 눈이 아닌 '귀'를 겨냥한 새로운 배너 기법으로 배너에 마우스를 대면 소리가 나는 사운드 배너 형식이다. 기존의 배너 광고가 광고 주의 홈페이지에 연결되어 시각적인 방법을 이용하여 광고 효과를 유인하는 데 비해 음성 배너는 한 차원 발전한 광고 기법이다. 음성 배너 광고는 배너 가 설치된 사이트에 접속하거나 사용자가 마우스로 클릭할 경우, 녹음된 광 고 내용을 재생시켜 짧은 시간 안에 상품에 대한 정보를 소비자에게 전달할 수 있도록 만든 것이다. 사용자들은 원하는 사이트를 방문해 정보를 얻으면 서 그 사이트에 설치된 음성 배너 광고를 선택하여 자연스럽게 청취할 수 있 다. 이 기법의 특징은 배너 광고를 클릭해 광고주의 홈페이지에 연결시킨 다 음 그에 관련된 정보를 얻는 것이 아니라, 이용하고 있는 사이트에서 원하는 광고의 내용을 직접 음성으로 들을 수 있다는 점이다. 이를테면 온라인 증권 사 굿아이와 하나로통신 배너에 커서를 갖다 대면 그 회사의 로고송 등이 나 오는 형태도 음성 배너 광고라고 할 수 있다.

애드메이션(www.admation.co.kr)에서는 3D 캐릭터와 광고 모델을 애니 메이션으로 처리하는 기법을 개발했다. 컴퓨터 화면상에서 캐릭터나 광고 모 델이 자유롭게 돌아다니고 마음대로 움직이며 사용자의 마우스 조작에 따라 반응하는 형식이다. 라이코스(www.lycos.co.kr), 넷츠고(www.netsgo.com), 넷바둑(www.netbaduk.com) 등에서 이용하고 있는데, 이를테면 라이코스에 들 어가면 검정색 마스코트 레브라토 리트리브가 화면에서 어슬렁거리며 돌아 다닌다.

슈퍼보드(www.superboard.com)가 착안한 히든 바 *hidden bar*는 인터넷 사 이트에서 사람들이 가장 많이 모이는 장소인 게시판 가운데서 가장 눈에 띄 는 위쪽에 떠 있는 게시물 형식이다. 게시판 맨 윗줄에 게시물과 똑같이 생긴 광고 같지 않은 광고가 뜨기 때문에 수용자 입장에서도 별 부담이 없고, 자연 스럽게 광고와 조우할 수 있게 배려한 '숨은 광고' 형식이다. 또한 웰컴클릭 (www.welcomeclick.co.kr)에서 개발한 '나는 전단' 형식은 신문지 사이에 끼워 넣는 전단지를 인터넷상에서 구현한 형태이다. 즉, 전단지를 웹상에서 디자인해서 e-메일로 뿌려 주는 방식인데, 이 기법은 종이 낭비를 막을 수 있을 뿐만 아니라 회원들에게 할인 쿠폰과 정보까지 제공하기 때문에 보다 주목받을 것으로 보인다.

넷츠데이 (www.netsday.com) 는 사이트마다 덕지덕지 붙어 있는 배너 광고를 없애 버리거나 자신이 원하는 것만 볼 수 있도록 하는 인터넷 광고 기법을 개발했다. 넷츠데이에서 개발한 '애드위즈' 프로그램을 이용하면 이용자들에게 불필요한 배너 광고를 삭제하거나 관심 있는 광고만을 선택해 볼 수 있게 할 뿐 아니라 인터넷을 이용하는 만큼 사이버 머니를 적립해 준다. 이에 따라 이용자들은 인터넷 사이트에 난무하는 물귀신 광고를 비롯하여 각종 배너 광고들을 원하는 대로 삭제하거나 교체할 수 있으며, 광고주 입장에서는 이용자들이 어떤 사이트를 들어가더라도 자신의 광고를 볼 수 있게끔 해 주기 때문에 높은 광고 효과를 기대할 수 있다는 장점이 있다.

또한 차세대 온라인 광고 기법으로 주목받고 있는 '리치 미디어' 방식은 마치 텔레비전 광고처럼 비디오, 오디오, 애니메이션 등을 합친 멀티미디어형으로 배너상에서 게임은 물론 전자 상거래까지 할 수 있다. 이미 삼성전자는 1999년 12월부터 2000년 1월 사이에 리치 미디어 방식의 광고를 미국 CNN 방송의 홈페이지에 띄워 일반 배너에 비해 10배 이상의 클릭률을 기록한 바 있다. 광고 효과 조사 결과, 10명 중 7명이 리치 미디어의 광고 효과가 텔레비전 못지않다고 지적했으며, 9명은 인쇄 광고와 같다고 응답한 것으로 나타났다.[18]

이 밖에도 에버랜드와 같은 가상적인 사이버 놀이 공간에 광고판을 설치하는 기법, 인터넷에서 파일을 내려 받는 동안 광고를 보여 주는 기법, 컴퓨터를 켜거나 끌 때 운영 체계를 제작한 기업의 로고 대신 광고가 뜨게 하는 기법, 인터넷 사용자의 마우스를 광고가 따라다니게 하는 기법, 사이트를 이동하는 로딩 타임에 5~6초짜리 동영상 광고를 보여 주는 기법, 개인 홈페

---

18. "리치 미디어 광고 효과," 〈한국경제〉, 2000. 5. 23.

이지에 광고를 실어 주거나 개인 e-메일 주소로 광고를 전송하는 기법도 개발되었다. 또한 사용자들의 서핑에 따른 광고 회피를 방지하기 위해 컴퓨터를 사용하지 않는 동안에 화면에 나타나는 스크린 세이버 형태로 정보와 광고를 제공하거나, 회원에게 인터넷을 무료로 제공하는 대신 광고가 고정적으로 나타나는 웹 브라우저를 사용하게 하는 기법 등 보다 다양하고 세련된 광고 기법들이 선보이고 있다.

더욱이 인터넷의 정보 제공 형태가 바뀜에 따라 수용자의 광고 접촉 형태도 바뀌게 된다. 앞으로는 사용자의 마우스 클릭을 기다리는 풀 *pull* 형태에서 정보가 사용자를 찾아가는 푸시 *push* 형태로 바뀌면서 개인의 특성에 보다 적합한 정보들이 제공된다. 이를테면 팝사이버닷컴(www.popcyber.com)은 원하는 수용자에게 광고를 보내 주는 푸시형 광고 프로그램 '팝쇼 *popsho*'를 개발했는데, 이 서비스는 일정 시간 광고를 보면 고객에게 원하는 경품을 제공해 주는 맞춤 경품 광고 사이트이다. 앞으로는 사용자가 원하는 정보만을 선택적으로 제공하는 지식 대행 기술 *intelligent agent technology*이 더욱 발전함에 따라 개개인의 취향과 욕구에 보다 밀착된 접근이 가능해진다.

이상의 성과들은 수용자의 참여와 몰입을 유도하고 쌍방향 커뮤니케이션을 지향한다는 점에서 기존의 인터넷 광고보다 한 단계 발전한 인터넷 광고라 할 수 있다. 무엇보다도 e-문화의 정신을 바탕으로 사람을 위한 사람에 의한 광고를 지향하고 있기 때문이다. 결국, 인터넷 광고에 대한 광고 창작자들의 의식의 전환이 보다 바람직한 대중 문화를 형성하는 동시에 보다 인간적인 사이버 커뮤니티를 구축하게 하는 원동력으로 작용한 것이다. 그렇기 때문에 앞으로의 인터넷 광고는 인터넷 광고 그 자체에 머무르기보다는, 사람을 감동시키는 아이디어를 바탕으로 보다 따뜻하고 어질게 은혜를 베푸는 인터넷 광고로 발전해야 한다. 인터넷 기술 환경의 지속적인 발달과 함께 보다 참신하고 따뜻한 아이디어로 가득 찬 새로운 광고 기법이 계속해서 개발된다면 인터넷 광고는 기존의 4대 매체 광고의 발전 속도보다 몇 배나 빠른 속도로 성장할 것이 분명하다.

더구나 인터넷 광고업계에도 기업간 전자 상거래(B2B) 바람이 불어

닥쳐 인터넷 광고 시장은 갈수록 그 영역을 넓혀 나가고 있다. 광고 회사 온 앤오프(www.onnoff.co.kr)는 인터넷 사이트 운영자와 광고주를 연결시켜 주는 애드머스(www.admerce.com)를 개설했는데, 애드머스에는 현재 유니텔, 잡코리 아, 넷츠고, SK텔레콤 등 많은 인터넷 사이트 운영자와 여러 광고주들이 참 여하고 있다. 애드머스는 자사의 인터넷 사이트에 광고를 유치하고 싶은 사 업자들과 광고를 게재하고자 하는 광고주를 연결시켜 주는 일종의 인터넷 광 고 시장인 셈이다.

사이트 운영자들과 광고주들은 서로의 사업 현황과 거래 조건을 보고 비교해 볼 수 있다. 거래는 광고주가 자신이 원하는 클릭 수와 페이지 뷰, 이 벤트 참가자의 수, 가격 등을 기입하면 사이트 운영자들이 합당한 조건을 제 시한 광고를 유치하는 일종의 역경매 형식으로 이루어진다. 결국 애드머스를 이용하면 광고주들은 광고 효과만큼만 비용을 지불하면 되고, 인터넷 사이트 운영자들은 더 많은 광고를 보다 쉽게 유치할 수 있다는 장점이 있다.

특히, 이룸애드(www.eroomad.com)는 "디지털 시대의 온라인 광고 표준 화"를 표방하고 나섰는데, 이는 기존의 인터넷 광고들이 기법만 약간 바꿔 새 로운 광고 형태라고 내세우는 것에 대한 반성에서 시작되었다. 사실 지금은 인터넷 광고의 제자백가 시대라고 할 정도로 광고 형태도 다양하고, 광고 제 작 및 광고 포털 운영 회사도 셀 수 없을 정도로 많아지고 있다. 거의 다 도토 리 키재기 식이지만 서로 자기 잘났다는 투로 광고 홍보에 열을 올리고 있는 것이다. 이런 마당에 인터넷 광고를 표준화시키겠다는 이룸애드의 사업 모델 은 실로 우리의 기대에 부응한다고 하겠다.

이룸애드는 디지털 광고의 최적화 개념이라 할 수 있는 DAS(Digital Advertising Standardization) 모델을 바탕으로 (1) 매체의 표준화, (2) 컨텐츠의 표 준화, (3) 디지털 광고 기법의 표준화, (4) 글로벌 커뮤니티의 표준화를 구현 하고 있다. 다시 말해, DAS 모델을 바탕으로 표준화된 형태의 광고 산업 기반 을 구축함으로써 통합 네트워킹을 통한 시스템을 확보하여 전 산업간에 광고 정보를 공유하고 거래하는 모름지기 인터넷 광고의 표준화 시대를 열어 가겠 다는 것이다.

이룸애드 롤러코스터

인터넷 광고의 표준화를 이룩하겠다는 이룸애드의 계획이 실현 가능성이 높은 것은 광고 매체인 동시에 광고 기법인 롤러코스터 *rollercoaster* 가 있기 때문이다. 롤러코스터는 현재의 배너 광고에서는 다양한 정보의 공유가 어렵기 때문에 다양한 정보를 공유하는 동시에 사용자들에게 유료 정보를 무료로 제공할 수 있는 실질적인 대안 차원에서 개발되었는데, 인터넷 광고에 대한 사용자의 관심과 몰입 *flow*[19]을 가장 중요한 요소로 고려하였다.

롤러코스터는 DAS 개념을 실현한 구체적인 형상물이며, 인터넷 사이트들이 자체 URL을 갖지 않고서도 수익 모델로 활용할 수 있는 광고 전문 보드이다. 롤러코스터는 식품에 곁들여 맛을 내는 케첩처럼 인터넷 사이트의 성격에 따라 변화 무쌍하게 달라지는 광고 기법인 동시에 무수한 인터넷 사이트의 메인 바에 존재하면서 독자적인 컨텐츠를 구성하는 사용자 지향적인 매체이다.[20] 다시 말해, 롤러코스터는 사용자와 광고주의 욕구에 대한 수요 분석을 바탕으로 하는 가치 기반형 *value–based* 광고 모델이라 할 수 있다. 이러한 가치 기반형 광고 모델에는 오락성에 바탕을 둔 애드테인먼트 (*adtainment: advertising+entertainment*) 와 정보성에 바탕을 둔 인포머셜 (*informercial: information+commercial*) , 그리고 실질적인 구매 행동을 유발하는 구매 촉진 광고가 있는데,[21] 롤러코스터는 이러한 제 요소를 두루 충족시킬 것으로 보인다.

---

19. M. Csikszentmihalyi, *Flow: The Psychology of Optimal Experience*, N. Y.: Harper and Row, 1990, p.3. 몰입이라는 용어는 "사람들이 완전히 몰입한 상태에서 느끼는 정신적·신체적 흥분 상태"를 뜻하는데, 수용자가 인터넷에 빠져 있을 때 느끼는 최적의 심리적 경험 과정이다. 따라서 TV 시청 행위와 같은 수동적 행위를 통해 얻어지기보다는 적극적이고 능동적인 관여 속에서 얻어진다.

20. 천경만, "Ketchup 프로젝트." http://www.eroomad.com

특히, 21세기에 접어들어 인터넷 광고 관리 시스템인 '애드위즈'(Advertising Wizard)[22]가 개발됨으로써 인터넷 광고는 보다 효과적이고 과학적인 접근을 할 수 있게 되었다. 앞으로의 인터넷 광고는 네트워크 개념을 기반으로 창조적인 프로그램 개발과 가치 있는 컨텐츠를 제공하는 방향으로 나아가야 한다. 네트워크는 앞으로 인터넷 광고 시장의 개편을 주도할 수 있는 개념이다. 즉, 모든 인터넷 광고 시장의 핵심 영역이 네트워크 개념으로 재편될 가능성이 높다.[23] 특성별 또는 주제별로 관련 있는 사이트들이 모이게 되면 엄청난 시너지 효과가 발생한다. 수많은 중소 기업들이 네트워크 배너 광고를 번갈아 내면 저렴한 비용으로 지속적인 광고 효과를 기대할 수도 있다.[24] 네트워크 광고는 웹의 특성을 가장 효과적으로 이용할 수 있는 광고 방식이며 변화·발전할 수 있는 형태도 매우 다양하다.

인터넷 광고가 나아갈 바람직한 방향은 '忍터넷 광고 → 人터넷 광고 → 仁터넷 광고' 순으로 발전하는 것이다. 특히, 앞으로의 인터넷 광고는 네트워크 개념을 바탕으로 사이버 커뮤니티를 구축하는 동시에 모든 광고 정보의 하이퍼텍스트 *hypertext*[25] 구조를 실현함으로써 수용자 개개인의 기호에 맞추는 仁터넷 광고가 되어야 한다.

즉, 수용자와의 긴밀한 상호 작용을 통해 개인별로 특성화된 *personalized*

21. Christian Barker & Peter Gronne, "Advertising on the WWW," *Unpublished master's thesis*, Copenhagen Business School, 1996. http://www.pg.dk / pg / advertising / research / htm.

22. 인터넷 마케팅 기업 에이디앤(www.adnholdings.com)에서 정보통신부의 지원 아래 김명주 교수 팀(서울여대 컴퓨터 공학과) 및 오창호 교수 팀(한신대 경영학과)이 공동으로 개발한 인터넷 광고 관리 시스템이다(2000년). 이 시스템을 이용하면 인터넷 광고의 기획에서부터 배너 관리, 효과 분석, 빌링 등에 이르는 광고 관리의 전 과정을 원 스톱으로 처리할 수 있다.

23. 남상신·윤종욱,《인터넷 광고와 마케팅》, 한빛미디어, 1999, pp.233~50.

24. http://www.espark@infoage.co.kr

25. D. Hoffman & T. P. Novak, "Marketing in Hypermedia Computer – Mediated Environments: Conceptual Foundations," *Journal of Marketing*, 60 (July), 1996, pp.50~68. 하이퍼텍스트란 온라인 네트워크에 저장된 정보를 이용자의 필요와 관심, 그리고 인지 형태에 따라 자유롭게 탐색하도록 도와 주는 텍스트의 비선형적 전개 원리를 말한다. 신문, 잡지, 소설 등 일반적인 텍스트가 이야기의 시작에서 끝으로 이어지는 선형적 *linear* 의미 전달 체계를 갖는 반면에 하이퍼텍스트는 비선형적 *nonlinear* 이다.

상품과 서비스를 제공하는 동시에 수용자에게 유용한 가치를 지속적으로 제공하고 이를 향상시켜 나가야 한다.

시대가 달라지고, 광고 환경이 바뀌고, 광고 기법이 변해도 결코 바뀔 수 없는 진실이 있다. 그것은 바로 소비자이다. 인터넷 광고도 결국은 소비자로부터 출발하게 된다. 소비자의 마음을 섬세한 감각의 촉수로 포착할 때 진정한 인터넷 광고가 태어나는 것이다.

인터넷 관련 용어

인터넷 광고 효과 측정이나 광고 효과에 대한 사후 보고서를 제출할 때, 자주 쓰이는 인터넷 광고 관련 주요 용어들은 다음과 같다.[26]

히트 *Hits*

가장 기초적인 형태의 데이터이다. 기본적으로 모든 형태의 클라이언트 *clients*와 서버 *server* 간의 접촉 기록을 표시하는 최하 단위이다. 즉, 접속자가 일정한 웹 사이트를 접속할 때 해당하는 웹 서버에 기록되는 로그 파일 *log files*의 숫자를 의미한다. 가장 먼저 인터넷 광고에서 사용된 용어이면서도 현재 많은 논란을 일으켜 비판의 대상이 되고 있다.

이 히트의 문제점은 사용자가 단지 한 번의 클릭으로 웹 페이지를 불러올 때, 규칙적인 히트 수를 나타내지 않는다는 점이다. 해당 HTML 문서에 포함되고 있는 사진이나 그래픽, 아이콘, 링크 페이지 또는 에러 메시지까지도 각각 하나의 히트로 기록되기 때문에 단지 한 페이지의 웹을 보더라도 해당 페이지에 구성되어 있는 그래픽 등의 구성 요소에 따라 그 히트 수 *hits rate*는 달라진다.

이러한 이유로 인해 광고업계에서는 히트 수를 광고 효과의 측정 기준이나 광고 단가의 산정 기준으로 삼으려는 관행에 비판을 가했으며, 그 대안으로 실

---

26. http://www.im-research.com / imarketing / internet_ad / measure01.htm

302 광고와 대중 문화

제 접속에 실패한 에러 메시지를 제외시킨 리퀘스트 *request* / 트렌스퍼 *transfer* / 질적 히트 *qualified hits* 를 실제 히트로 봐야 한다는 의견이 제시되었다.

방문자 *Visitors* / 사용자 *Users*

실제로 얼마나 많은 사람들이 특정 웹 사이트에 접속했는지를 알 수 있는 개념이다. CASIE (Coalition for Advertising Supported Information and Entertainment) 의 정의에 따르면, 'Y라는 시간 동안에 X라는 사이트에 방문한 다른 사람들의 총 수'이며, 히트보다 정확하고 합리적인 산출 방식이다.

유닉스 UNIX 에서 제공하는 로그인 파일을 분석하여 방문자를 파악하는 방법이 있고, 특정 IP 주소(인터넷에 연결된 PC에 부여되는 고유 번호. 예: 206.213.118.134)를 자동으로 추적하거나 쿠키 *cookie* 라는 새로운 테크닉을 써서 확인할 수 있다. 특정 매체에 접촉하는 사용자 수나 사용자의 특성을 정확히 기록하고 파악하는 것은 매우 획기적인 일이지만, 이러한 수치를 정확히 계산하고 산출하는 데는 기술적인 한계와 사용자의 심리적 장애 요인이 많은 것으로 알려져 있다.

방문 *Visit* / 세션 *Session*

동일한 사용자가 연속해서 웹 사이트에 접속할 때, 선별 기록으로 단순히 모든 히트를 보여 주는 것이 아니라 중복 접속하는 경우와 동일한 사용자를 제외시킨, 일정 기간 내에 웹 사이트를 방문한 방문자의 수이다.

30분 간 동일 사용자가 연속적으로 웹 사이트에 방문할 경우, 1회 방문으로 기록된다. 이러한 개념은 한 명의 접속자가 수많은 방문자를 대표하는 경우를 제외시켜 불필요한 숫자를 제거하고 숫자를 부풀리는 폐단을 없애 준다. 이를테면 라이코스의 검색 서비스를 연속적으로 수십 번 사용한 후, 본인이 찾은 웹 사이트로 연결되어 갔다면 수십 번의 클릭은 1회 방문으로 기록된다.

애드 뷰 *Ad Views* / 페이지 뷰 *Page Views* / 사이트 방문 *Site Visits* / 임프레션 *Impression*

'히트'나 '방문' 같은 개념은 웹 사이트 전체를 평가하는 기준으로 제시되는 것이고, 뷰 *view*나 임프레션 *impression*은 특정 페이지나 그림 등 광고 메시지가 사용자에게 노출되는 수를 종합한 것이다. 배너 광고가 있는 검색 엔진이나 언론사 사이트에서 광고 효과를 나타낼 때 주로 이용되는 개념이다. 비교적 정확한 결과 때문에 효과적인 광고 노출의 지표가 되고 있으나 아직 해결하지 못한 많은 문제점이 있다.

가령, 한 화면에서 다 보기 어려운 긴 페이지에서 배너 광고가 아래쪽에 있을 경우, 사용자의 모니터에 나타나지 않는데도 1회의 뷰로 기록된다. 또는 HTML의 텍스트만 보여 주는 기능을 이용해 웹 브라우저를 세팅 *auto image load off* 하였다면 배너의 위치에 관계 없이 합산된 수와 실제 접촉한 수는 차이가 있게 마련이다. 이 밖에도 배너가 보이기도 전에 다른 곳으로 연결하여 이동한 경우에도 역시 이런 차이가 발생한다.

애드 클릭 *Ad Click* / 클릭 트로우 *Click Through* / 응답 *Answer* / 듀레이션 타임 *Duration Time*

앞의 기준들이 단순히 노출이라는 수동적인 형태의 광고 효과 측정 개념이었다면, 클릭과 듀레이션은 상호 작용 측정 *interactive measurement*으로서 수용자의 반응과 시간이라는 변인을 고려한 경우이다. 따라서 이 개념은 쌍방향성 매체의 커뮤니케이션 효과를 정확히 분석할 수 있는 인터넷 광고 효과 측정의 새로운 기준이 되고 있다. 애드 클릭은 사용자들이 실제로 배너 광고를 보고 마우스를 클릭한 수를 자동으로 집계한 것이며, 클릭 트로우는 클릭한 수의 비율을 측정하는 것인데 배너 클릭 수로 다른 배너를 비교하거나 평가할 때 사용되는 기준이다. 광고 메시지 접촉 횟수를 보다 정확하게 산출할 수 있어 광고주나 광고 회사에서 선호하는 개념으로 기존의 4대 매체의 경우와는 달리 광고 메시지의 구체적인 전달 과정을 확인할 수 있다.

응답은 광고 메시지를 보고 난 후, 실제로 그 메시지를 기억하고 있는지를 확인하는 문제를 내서 사용자의 광고에 대한 인지를 확인하는 것이며, 듀레이션 타임은 특정 사용자에게 광고 메시지가 노출되는 시간을 기록하는 것이다. 이는 단순한 1회 노출이라는 매체사의 소극적인 자세를 탈피하여 보다 적극적으로 광고 효과를 측정할 수 있는 인터넷만의 광고 효과 측정 기준이다. 그러나 이 때문에 서버에 과부하가 걸린다든가 회선상에 트래픽 *traffic* 을 유도함으로써 속도를 떨어뜨린다든가 하는 기술적 문제를 보완해야만 완벽한 광고 효과 측정 기준으로 자리잡을 수 있다.

잊어버려, 선영아

선영이가 누구야? '선영'이란 이름을 가진 온 나라의 선영이들은 포스터 한 장 때문에 피해를 보았을 수도, 주변 사람들로부터 주목을 받았을 수도 있었을 것이다. 어느 날 갑자기, 서울 시내 건물 외벽에 "선영아 사랑해"라는 포스터가 줄잡아 200여 미터 넘게 덕지덕지 붙어 있었고, 더욱이 육교에까지 "선영아 사랑해"라는 플래카드가 걸려 있었기 때문이다. 무슨 뚱딴지 같은 소리란 말인가. 아무런 설명도 없이 그냥 선영이를 사랑한다는 것이다. 사람들은 걸음을 멈추고 빙그레 웃기도 하고 놀라기도 했다. 작은 소란! 도대체 무슨 일이 일어났기에?

사람들의 반응은 이랬다. "누군지 몰라도 너무 좋겠다." "이렇게 용기 있는 남자를 버리다니……." "선영이는 너무 나빠." 사람들은 남자를 매몰차게 내친 익명의 선영에게 비난의 화살을 퍼붓는가 하면, 그런 남자를 둔 선영이는 참 행복한 여자라는 등 두 가지 반응을 나타냈다. 결론부터 말하자면, 광고주는 어떻게 해서라도 사람들의 주목을 끌어 보겠다는 전략을 쓰고 있다. 그래서인지 숭고한 사랑을 너무 싸게 이용하고 있다며 비판하는 사람들도 있다. 광고의 1차적인 기능이 수용자의 주목 *attention* 을 끌어모으는 것일 터인데 이 광고는 세간에 숱한 화제를 몰고 왔으니 기대 이상의 효과를 거뒀다고 할 수 있다. 마치 광고주는 수용자들을 향해 '너희가 선영이를 아느냐'는

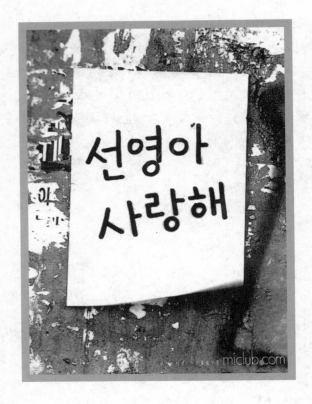

마이클럽닷컴 (www.miclub.com)
신문 광고 '벽보' 편

듯이 구체적인 정체를 밝히지 않고 계속해서 궁금증만 증폭시킨다. 계속해서 화제를 일으키기, 여기에 새로운 인터넷 비즈니스 모델의 정교한 설득 코드가 숨어 있다. 미디어란 특정한 방식으로 사람들을 포괄하고 배제하며 통합하고 분리하는 일종의 사회적 환경[27]인데, "선영아 사랑해"는 정교한 설득 코드를 내재한 특별한 방식의 사회적 환경으로 떠오른 것이나 다름없다.

수용자들은 선영이의 정체를 공개하기를 기대했겠지만 포스터가 아닌 신문 광고에서도 실체는 드러나지 않는다. 마이클럽닷컴 (www.miclub.com) 의 신문 광고 '벽보' 편에서도 선영이는 대답 없는 메아리일 뿐이다. 넓은 지면에 "선영아 사랑해" 벽보가 붙어 있는 모습을 있는 그대로 보여 주는 모험을 감행하는 광고. 흰색 바탕의 벽보는 덕지덕지 뜯겨 나간 종이 쪼가리 안내문

27. J. Meyrowitz, *No Sense of Place: The Impact of Electronic Media on Social Behavior*, New York: Oxford, 1985, p.70.

위로 대충대충 풀칠해서 붙여 놓은 모양새이다. 어떤 광고인지 아무런 설명도 하지 않고 오로지 "여자 인터넷 — 마이클럽닷컴"이라는 카피만 있을 뿐이다.

　　이 광고는 기존의 광고 문법으로 보면 도대체 말도 안 되는 광고이다. 티저 광고의 일종이라며 반박할 수도 있겠지만 티저의 구성 요소를 충족시키지 못했기 때문에 티저 광고로 보기도 어렵다. 이것은 베일에 싸인 채 호기심을 유발시킴으로써 더 많은 사람들의 입에 오르내리게 하고, 그리하여 더 많은 회원들을 확보함으로써 거대한 커뮤니티를 만들어 결국에는 기업의 자산 가치를 올리려는 인터넷 비즈니스 모델에 충실한 광고일 뿐이다. 마이클럽닷컴은 여성 인터넷 인구의 폭발적인 증가 추세[28]에 발맞춰 차별적이고 엉뚱한 아이디어로 여성 포털 사이트의 대표 주자가 되려고 한다. 따라서 정통적인 광고 문법의 파괴에는 아랑곳하지 않고 오히려 그런 '광고 같지 않는' 광고 표현이 보다 확실한 커뮤니티를 구축할 것으로 기대하는 듯하며, 결국 그 기대는 현실로 나타나게 되었다. 익명의 선영이가 그렇게 만들어 준 것이다.

　　정답을 제시하기보다 궁금증을 유발시킴으로써 오히려 더 알고 싶어 안달하는 소비자 심리를 이용하여 초기에 상표 인지도를 높인 광고이다. 아이디어가 아무리 뛰어나도 상품이나 서비스와의 상관성이 없다면 모두 헛일이다. "선영아 사랑해"라는 카피를 아무리 뜯어봐도 인터넷 서비스와의 상관성은 없지만 이상하게도 뭔가 있을 것 같은 느낌을 주기 때문에 광고에서의 상관성 문제를 다시 한 번 따져 물어야 할 것 같다. 다만, 그 뭔가 있을 것 같은 느낌은 어디로 튈지 모르는 네티즌의 일상에 맞닿아 있는 것이 아닐까?

---

28. 한국광고단체연합회와 IM 리서치가 인터넷 사용자 2만 4554명을 대상으로 한 "2000년 상반기 KNP 인터넷 사용자 조사" 결과에 따르면, 2000년 4월 20일 현재 여성 인터넷 사용자 비율은 모두 46.5%를 차지하여 1999년의 29.3%보다 17.2% 증가한 것으로 나타났다. 여성 인터넷 인구가 급속히 늘어난 것은 주부 인터넷 이용자가 크게 늘어난 데 따른 것으로 주부들의 경우 자택에서의 접속이 전체 89.8%를 차지, 인터넷 이용이 주부들의 여가 시간을 상당 부분 차지하고 있는 것으로 밝혀졌다. 주부들은 구매가 편리하고(58.6%) 가격이 저렴하며(40.1%) 배달을 잘 해 주는(39.2%) 등의 이유로 인터넷 구매를 고려하고 있으며, 구매를 꺼리는 것은 개인 정보 유출(55.1%), 제품의 다양성 부족(49.3%), 높은 가격(16.3%) 때문인 것으로 나타났다. 주부 사용자들은 주로 신문, 잡지 기사(65%), 텔레비전 광고(20.8%)를 통해 URL 정보를 얻는 것으로 분석됐으며, 배너 광고에 대한 관심도에서도 전체(45.9%)보다 더 관심(54.5%)을 보이고 있다. 이경우, "주부, 인터넷 마케팅 대상 급부상," 〈전자신문〉, 2000. 5. 24.

선영이는 한 개인을 지칭하지 않는다. 어쩌면 선영이는 처음부터 존재하지 않았던 것이 아닐까. 도저한 익명성의 시대에 온 나라 여자들을 두루 포괄하는 언어 상징일 뿐이다. 광고주가 포섭하고 싶은 모든 여자들을 선영이라는 익명의 여자로 만들어 놓고, '선영이가 누군지 궁금해? 메롱! 너희가 정말 선영이를 아느냐? 메롱!' 하는 식으로 계속해서 수용자들을 숨은 그림 찾기 게임에 참여하게 함으로써, 다시 말해 마이클럽닷컴에 클릭하게 함으로써, 커뮤니케이션의 포물선을 부풀려 나가는 상징일 뿐이다.

순진하기는! 선영이가 누군지 궁금해하지 마시라. 선영이는 없다. '선영아 사랑해'는 디지털 시대에 일어난 상큼한 해프닝일 뿐이다. 선영이는 인터넷 비즈니스 모델을 전파하는 광고 표현이나, 사이버 공간에서만 가상적으로 존재한다. 잠시 주목받기도 하고 약간 들뜬 기분으로 지내시던 현실 세계의 선영이들이여! 다 잊어버리고, 모두모두 아껴둔 사랑을 나누시기를…….

나는 움직인다, 고로 존재한다

20세기 말이 N으로 대변되는 고정된 네트워크 세상이라면, 21세기는 움직이는 네트워크 M과 함께 시작되었다. 깊은 여운을 주는 슈베르트의 변주곡이 광고의 배경 음악으로 깔리면 20세기를 움직였던 산업 혁명의 상징인 기계의 톱니 바퀴가 맞물려 돌아가고 흑백 무성 영화를 연상시키는 이미지 컷이 전개되다가 갑자기 시간은 새로운 흐름으로 우리 앞으로 다가온다. 한솔엠닷컴의 런칭 광고는 새로운 시대에 맞는 새로운 대중 문화의 가능성을 조심스럽게 타진한 것이다.

이제, 움직임 속에서 세상을 느끼는 M의 시대가 왔다. 광범위하게 경험되는 사회적 이벤트이자 특유한 정보 양식 *mode of information*인 텔레비전 광

한솔엠닷컴 TV 광고 '움직이는 사랑 1' 편

고[29]는 다양한 설득 기제를 동원하여 새로운 사회적 관계를 재생산한다. "사랑은 움직이는 거야!" 움직이는 인터넷 *mobile internet* 세상에서는 '사랑도 움직인다'는 것이 한솔엠닷컴 '움직이는 사랑 1' 편의 핵심 주제이지만 우리는 여기에서 모바일 인터넷으로 열어 가는 새로운 사회적 관계를 만날 수 있게 된다.

　　깊이 있는 대사와 영상, 장중한 음악이 어우러져 한 편의 영화를 보는 듯한 느낌을 갖게 하는 이 광고의 주인공은 차태현과 김민희. 이들은 연인 사이로 등장한다. 차태현은 어느 날 길거리에서 다른 남자 품에 안겨 행복해하는 김민희를 가슴 아프게 바라보지만, "내가 니 거야? 난 누구한테도 갈 수 있어"라는 김민희의 한 마디에 아무 대꾸도 하지 못한 채 뒤돌아서 버린다. 차태현은 돌아와 달라는 내용에 음악과 자신의 캐릭터를 넣은 M-카드를 보내지만 김민희는 매몰찬 표정으로 잘라 말한다. "사랑은 움직이는 거야!" 이

29. Mark Poster, *The Mode of Information*, London: Polity Press, 1990; 김성기 옮김, "보드리야르와 텔레비전 광고," 《뉴미디어의 철학》, 민음사, p.95.

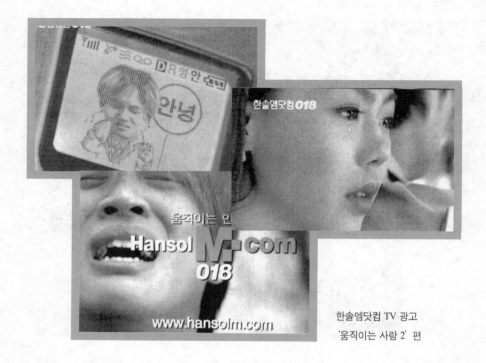

한솔엠닷컴 TV 광고
'움직이는 사랑 2' 편

카피는 가장 뜨거운 젊음의 언어이자 보편적인 세대 감각으로 떠올랐다.

비수처럼 꽂히는 절교 선언에도 불구하고 차태현의 아쉬움은 계속된다. 가슴 속에 한 줄기 희망을 버리지 못하는 차태현의 얼굴이 클로즈업되면서 광고는 '움직이는 사랑 2' 편으로 이어진다. "그래, 사랑은 움직이는 거야!"

'움직이는 사랑 2' 편에서는 움직이는 인터넷의 편익을 움직이는 사랑으로 연결하고 있다. 사랑은 움직이는 것이라는 1편 광고 이후, 그들의 사랑 방정식의 해법에 대한 많은 궁금증을 증폭시키며 '움직이는 사랑 mobile love'을 기정 사실로 받아들이게 한다. 그것이 우리 시대의 사랑 법칙이라는 듯이 자연스럽게 전달하고 있다.

차태현은 가슴 시리도록 아픈 실연의 상처를 안고 추억이 안개꽃처럼 스며 있는 여기저기를 찾아가는데, 그녀의 얼굴이 잊혀지기는커녕 둘이서 함께한 아름다운 추억만이 떠오른다. 추억이 담긴 사진을 눈물과 함께 강물에 흘려 보내는 차태현. 그는 "부디 행복하게 살라"는 마지막 인사를 M−카드에 담아 보낸다. 한편, 새로운 남자 친구와 놀이 공원에서 즐거운 시간을 보내던 김민희는 차태현이 보낸 눈물어린 M-카드를 받고 자신의 마음이 흔들리고 있음을 느끼게 된다.

이 광고의 메시지는 틀에 박힌 관습에 고정되어 있지 않으며, 고정된 하나의 사고에 집착하지 않고 자유로우며, 항상 새로운 흐름과 유행에 따라 변화하는 10대 후반의 M세대들에게 보다 가깝게 다가갈 수 있다. 이 광고는 15초 광고도 이렇게 드라마틱할 수 있다는 것을 보여 주는 동시에, 광고에 '드라마 스토리 형식'을 접목시켰을 경우 안정적인 연출력이 완성도를 크게 좌우한다는 실례를 보여 주고 있다. 10대들의 주요 관심사인 사랑이라는 테마를 '움직이는 인터넷'과 접목시킨 발상의 유연성이 이 광고를 더욱 돋보이게 한다.

M이 상징하는 새로운 텔레비전 정보 양식은 "고정된 동일성의 경직성과 한계를 넘어서 새로운 차원의 자기 구성을 촉진하는 한편 조작적인 커뮤니케이션 실천에 개인을 종속시킬 수도 있다."[30] 그럼에도 불구하고 이 광고는 젊은이들 가슴 속에 또 하나의 문화적 상징을 심어 주었다는 긍정적인 평가를 내려야 한다. 사랑은 언제라도 떠날 수 있다. 떠난 사랑이 다시 되돌아올 수도 있다. 아니, 언젠가는 반드시 돌아온다. 더욱이 움직이는 인터넷이 우리 곁의 생활 양식으로 서서히 자리잡고 있지 않는가. 비록 15초 광고에서 짧은 사랑의 메시지를 전달하고 있지만 인간 본원의 삶을 투영하는 동시에 영화보다도 더 감동적인 사랑의 드라마를 느낄 수 있도록 한다. 이는 분명 우리 대중 문화의 뜨거운 상징이다.

---

30. 포스터, 앞의 책, p.129. 마크 포스터에 의하면, 텔레비전 광고의 정보 양식은 소비자 주체의 언어적 구성에 의해 자유의 영역을 확장하는 동시에 모든 형태의 권력 주체를 해체함으로써 새로운 차원의 자유로운 담론을 만들어 나간다.

사이보그 물결

지금, 지구는 과거 어느 때보다 드높은 변화의 파도를 타고 있다. 저마다 인터넷 바다에서의 항해를 통해 미지의 신대륙을 찾아 나서고 있다. 인터넷으로 인한 변화의 물결은 우리의 생활 세계를 3차원의 공간 개념으로까지 끌어올렸다. 실제 공간에서만 이루어지던 우리의 생활은 가상 공간에서의 생활로 급속도로 바뀌어 가고 있는데, 이로 인해 집안에서 혼자 지내는 '나 홀로족 *cocooning*'의 숫자도 급증하고 있다.

전자 상거래, 전자 생활, 전자 사회 등 '전자'라는 접두어가 사회 전체에 확산되어 가면서 인간은 컴퓨터를 매개로 전통적 개념을 넘어선 반공간적 '비트의 도시'에서 탈육체화된 전자적 정체성으로 살아가는 일종의 '사이보그*cyborgs*'[31]가 되어 가고 있다.[32] 이런 상황에서 앞으로 전개될 새로운 세상을 약속하는 전자 상거래 광고는 특히 주목을 끌게 된다. 전자 상거래는 일상 생활은 물론 우리 대중 문화의 형성에도 큰 영향을 미치기 때문이다.

인터넷 쇼핑몰 인터파크의 광고는 각각 다른 멀티 스폿 형식을 띠고 있으면서도 메시지 전개 방식에 일관성을 유지함으로써 누가 보더라도 같은 광고의 다른 표현임을 알 수 있도록 구성하였다.

가수 김건모가 나오는 '몰 파크' 편은 잠옷 바람의 주인공이 텔레비전을 사고 싶은 마음에 컴퓨터 자판을 두드린다. "건모〉 TV를 사고 싶다," "건모〉 34인치 완전 평면 TV로," "건모〉 결제? 6개월 할부로"라는 내용을 톡톡 치자, 잠시 후에 "TV가 도착했습니다"란 목소리가 들려 온다. 너무 좋아서

---

31. 김성복, "사이보그 패션의 계보를 찾아서," 한국영상문화학회 편, 〈영상 문화〉, 창간호, 생각의 나무, 2000, pp.263~70. 사이보그란 1960년에 과학자 만프레드 클린 Manfred E. Clynes이 창안해 낸 신조어로, 사이버네틱스 *cybernetics*와 오거니즘 *organism*의 합성어이다. 이는 진보된 대체 의학 기술로서 유기체성과 기계성 사이의 상호 의존성을 지닌 인공적으로 확장된 육체를 의미한다. '사이보그를 위한 선언문 *A Manifesto for Cyborgs*'에서 대표적인 사이보그 이론을 제공한 도나 하러웨이 Donna Haraway에 의하면, 사이보그는 인공 두뇌 유기체이며, 기계와 유기체의 잡종 교배이며, 사회적 실재인 동시에 허구의 산물이다.

32. 윌리엄 미첼, 《비트의 도시》, 이희재 옮김, 김영사, 1999, p.43.

인터파크 TV 광고 '몰 파크' 편   인터파크 TV 광고 '북 파크' 편

TV 앞에서 몸을 굴리거나, 호기심을 자극하기 위해 금붕어가 들어 있는 물병을 마시는 김건모의 연기는 특히 인상적이다. 더욱이 "백화점에서 안 샀다. 인터파크에서 샀다"라는 카피는 전자 상거래 시대의 개막을 알리는 상징적인 선언문이나 마찬가지다.

　　　탤런트 차태현이 등장하는 '북 파크' 편에서도 모델은 잠옷 차림이다. "태현〉갑자기 책이 읽고 싶다." "태현〉시집? 소설? 베스트셀러? 잡지?" "태현〉결제는…… 일시불로" 하며 차태현이 방 안을 서성거리며 자판을 두드리는 순간, "책이 도착했습니다"라는 멘트가 나온다. 이 때, "서점에서 안 샀다. 인터파크에서 샀다"라는 카피가 나오자 차태현은 책이 산더미처

인터파크 TV 광고 '티켓 파크' 편

럼 쌓여 있는 책상에서 졸고 있다.

　　영화 배우 추상미가 돋보이는 '티켓 파크' 편을 보자. 그녀 역시 하얀 잠옷 차림으로 온통 새하얀 벽을 따라 거닐고 있다. "상미〉울적한 날엔, 혼자 간다……," "상미〉콘서트, 영화, 연극, 오페라……," "상미〉예매? 아까 인터넷으로." 이 때, 상황이 급속히 바뀌며 추상미는 하얀 의자로 가득 찬 야외 공연장에 앉아서 록 그룹의 공연을 보며 혼자서 열광한다. 결론부터 말하자면 "매표소에서 안 샀다. 인터파크에서 샀다"는 것이다. 역시 같은 스타일로 소비자의 귀에 못박히도록 한다.

　　세 편 모두 같은 색상의 화면을 바탕으로 화면 아래쪽의 초록색 띠에 자막 처리를 해서 N세대들에게 친숙하게 접근하였다. 모든 광고에서 굳이 모델에게 흰색 잠옷을 입힌 것은 마치 내 집처럼 편안하다는 인상을 주기 위해 설정한 전략적인 장치이다. 특히, 제한된 공간 속에 책상과 컴퓨터만을 썰렁하게 배치한 것은 우리 곁에 가깝게 다가온 가상 공간의 현실화 가능성을 암시한 것이나 다름없다.

인터넷 생존 게임에서 아이디어의 싹을 찾아 낸 이 세 편의 광고에서는 인터넷만으로 살아가는 새로운 인간형을 제시하고 있다. 인터넷 공간에서 18개월 동안 생활하고 싶은 사람들을 모집했더니 1주일만에 무려 2000여 명이 지원했다는 보도가 있었는데, 이 광고에서는 인터넷 하나로 '생활 습관을 바꾸자'는 쪽으로 핵심 메시지를 몰아감으로써 인식의 변화를 유도한다.

지금, 전자 상거래 문화가 우리 곁으로 바짝 다가오고는 있지만 우리 나라 소비자들은 아직 우편 주문 문화에 익숙하지 않기 때문에 전자 상거래 문화를 충분히 수용하기까지에는 어느 정도 시간이 필요할 것이다. 이 광고는 이런 소비자들의 인식을 바꿀 폭발력을 지니고 있으며, 더 나아가 전자 상거래의 활성화를 촉발시킬 수도 있다.

미국의 인터넷 전문가 행크 히스가 Hank Hisga 는 "인터넷은 불편하고, 서비스나 상품을 구매하기 위해 인터넷을 찾는 소비자는 결코 없기 때문에 특별한 가치를 창출해야 한다"고 정리한 바 있다. 앞으로의 전자 상거래 광고에서는 이른바 '행크의 정리'에서 언급된 새로운 가치를 구현함으로써 전자 상거래 문화의 멋진 신세계를 제시해야 한다.[33] 전자 상거래는 이미 임박한 당면 과제가 되었기에 더더욱 그러하다.

---

33. 이를테면 디지털 시대의 도구들에 대한 빌 게이츠의 낙관적인 전망에 주목할 필요가 있다. "나는 낙관론자이다. 나는 진보가 존재한다고 믿는다. 선택의 기회가 주어지더라도 나는 과거 어느 때보다 현재에 살고 싶다. 과거로 돌아가면 나의 재능이 가치를 잃기 때문도 아니고, 맹수의 먹이가 되기 싫어서도 아니다. 산업 시대의 도구들은 우리 인간의 육체적인 능력을 확장시켜 주었다. 디지털 시대의 도구들은 우리의 정신 능력을 향상시켜 준다. 이 점이 맘에 드는 것이다. 나는 내 아들, 딸들이 다가오는 새로운 시대에 성년이 된다는 것에 더욱 행복감을 느낀다." (빌 게이츠, 《빌 게이츠@생각의 속도》, 안진환 옮김, 청림출판, 1999, p.468)

커뮤니케이션 진화론

역사적으로 기술의 발전과 사회 변화는 서로 영향을 주고받아 왔는데, 커뮤니케이션 환경 역시 예외는 아니었다. 미디어 기술과 사회 변화의 관련 양상을 고찰할 때 대체로 미디어 중심적 관점과 사회 중심적 관점으로 나누는데, 현대에 와서는 새로운 정보 통신 기술과 관련하여 미디어 중심적 관점이 강조되고 있다.[34]

이런 맥락에서 정보 통신의 기술 발달에 따라 대인 커뮤니케이션 현상에 대해 논의하는 것은 즐겁고도 유익한 일이다. 우리네 통신 수단은 끊임없이 발전해 왔다. 봉화에서 파발마로, 기별에서 서찰로, 편지에서 전보로, 수동식 전화에서 PCS로, 근거리 컴퓨터 통신에서 인터넷으로. 한 발 더 나아가 이제는 웹 브라우저가 장착된 휴대폰이 나와 전화기를 들고 다니면서 인터넷에 접속하거나 게임을 하고 전자 상거래까지 할 수 있게 되었다. 이러한 변화는 원자 *atom*의 세계에서 비트 *bit*의 세계로 옮겨진 것, 다시 말해 빛의 속도로 전달할 수 있는 디지털화 *digitalization* 기술력[35]이 뒷받침되었기 때문에 가능한 일이었다.

통신 기술의 진화를 극명하게 보여 주는 광고가 있다. 신세기통신 ⓘ touch 017 광고 '내 혈액형은 i' 편은 지금까지 휴대폰으로 할 수 있었던 단문 메시지 서비스인 무선 인터넷 기반을 무너뜨리고 유무선 네트워크를 통합한 포털 인터넷 서비스 기능을 강조한 것이다. 인터넷 용어가 워낙 하루가 다르게 바뀌고 있는 상황이라 광고가 나간 지 1주일만 지나도 낡은 광고가 될 수도 있으련만 이 광고에서는 정보화 시대를 살아가는 새로운 인간의 모습을 통하여 광고의 휘발성을 억제하고 있다.

낯선 어느 바닷가. 드넓은 백사장 위에 손이 하나 놓여 있다. 바닷물

---

34. 강상현, 《정보 통신 혁명과 한국 사회》, 한나래, 1997, pp.86~7.

35. Nicholas Negroponte, *Being Digital*, New York: Alfred A. Knopf, 1995; 백욱인 옮김, 《디지털이다》, 커뮤니케이션북스, 1997.

신세기통신 ⓘ touch 017 TV 광고
'내 혈액형은 i' 편

이 손가락에 닿을까 말까 하는 순간, 손가락 사이에 물갈퀴가 생기기 시작한다. 마치 오리발 모양으로 변해 가면서 물 쪽으로 다가간다. 곧바로 인물이 화면을 가득 채울 정도로 부각되며 거친 바다를 향해 힘차게 헤엄쳐 나간다. 이 때 나오는 한 마디가 "내 혈액형은 i"이다. 보통의 인간과는 전혀 다른 신인류의 정신 세계를 상징하는 말이다.

i란 무엇인가? 정보 *information*, 인터넷 *internet*, 그리고 상호 작용 *interaction* 을 상징하는 영문 이니셜이다. 이 밖에도 i는 수용자의 상상력을 추동하며 여러 가지 의미로 확장된다. 더구나 우리가 상식적으로 알고 있는 혈액형과는 다른, 처음 들어 보는, 세상에 있지도 않은 혈액형을 마치 새로운 혈액형의 시조인 것처럼 말하는 당돌함을 보라.

이를테면 이 광고에서는 i라는 문자 기호와 손가락 사이의 물갈퀴라는 시각 기호가 동시에 만나 환상적이면서도 이국적인 진화된 인간의 모습을 구현하고 있는 것이다. 이러한 진화된 인간만이 017을 쓸 수 있다면 그런 사람들은 다소 예외적이며 선택받은 사람들이어야 할 것이다. 이런 과정을 통하여 상표는 소비자들로부터 새로운 개성을 부여받게 된다.

광고 이미지란 모두 의도된 이미지라는 점을 상기해 볼 때, 이 광고는 개인 휴대폰의 핵심 소비자들인 18~23세에 이르는 사람들에게 새로운 프라이버시를 만들어 줄 것이다. 이들은 누가 뭐라 해도 자신이 원하는 것은 꼭 해야 직성이 풀린다. 자기 주장이 강한 이들에게 진화된 신인류의 이미지는 흥미와 호기심을 자극하기에 충분하다.

너나없이 정보의 힘이 강하다고 떠들어대서 뭐가 뭔지 잘 구별되지 않는 통신 서비스 광고 전장에서 확실하고 강력한 하나의 이미지를 건져 올리려는 시도가 야심만만해 보인다. 그것이 이미지의 힘이고 기호의 힘이다. 뭐가 좋다고 자질구레하게 설명하기보다 그 상품에 내재된 강렬한 속성을 진화된 인간형의 내면 심리로 구체화시킨 점이 이 광고의 가장 큰 특징이다.

이 광고에서는 통신 기술이 더 이상 진화할 수 없을 때까지 계속 진화한다는 점을 남다른 방법으로 표현하고 있다. 불과 몇 년 사이에 끝을 알 수 없을 정도로 달라지고 있는 정보 통신 광고 장르에 새로운 표현의 씨앗을 뿌린 광고이다. 수십 년이 지나도 별로 달라지지 않는 제약 광고 장르에 비하면, 정보 통신 광고는 가히 파천황破天荒의 격변기를 겪고 있다. 이 광고에 나타난 강렬하고 몽환적인 이미지에 힘입어 앞으로의 정보 통신 광고는 그 진화 속도가 더욱 빨라질 것이다.

피가 다른 사람들

인터넷의 발달로 인해 국경이 무너지고 있는 요즈음, 전근대적 사고 방식인 인종 차별은 지탄받아야 마땅하다. 그러나 혈종血種 차별은 지탄받을 일이 아닌 듯하다. 아니, 오히려 미덕이다. 정상적인 판단력을 갖춘 사람에게 혈종 차별은 있을 수 없는 일이다. 그러나 피가 다르다는 표현으로 감각이 다르고 살아가는 방식이 다르고, 그리하여 커뮤니티의 동질성을 확인하는 과정으로

인터넷 나우누리 TV 광고 '파란 피만 모여라' 편

광고 표현을 몰아간다면 색다른 접근법이 될 것이다. 이를테면 아무나 함부로 그 집단에 속할 수 없다는 배타적 지위를 부여하는 쪽으로 광고 메시지가 전개될 때, 역설적으로 말해 엄청난 폭발력을 갖게 될 때가 많다.

   인터넷 나우누리 광고 '파란 피만 모여라' 편은 네티즌들에게 배타적인 자부심을 강요함으로써 오히려 엄청난 폭발력을 발휘하는 광고이다. 광고가 시작되면 "우리들 마음에 빛이 있다면~ 모두가 모두가 파랄 거예요~" 하는 동요 〈파란 마음 하얀 마음〉이 배경 음악으로 흐른다. 유리창에 비가 뿌려지면 그 너머로 고개를 숙인 모델 정은아가 등장하고, 화면이 바뀌면 앉아 있는 모델의 치마에 파란 피가 떨어져 번진다. 깨진 유리 조각들 사이로 빗물이 고여 있고 그 위로 다시 파란 피가 떨어진다. 손가락에서 떨어지는 파란 피를 진지한 표정으로 바라보는 정은아의 표정이 슬프다. 갑자기 화면이 바뀌면서 여러 사람의 신체 부분에 인터넷 나우누리의 심벌이 문신처럼 새겨져 있는 장면들이 다양한 앵글로 보인다.

   결국, 이 사람들의 피 색깔은 다르다는 말이다. 왜 하필 파란 피였을까? 여기에는 인터넷 시장을 파란 피를 가진 네티즌들과 그렇지 않은 네티즌들로 양분하려는 고도의 전략이 숨어 있다. 그 동안 컴퓨터 통신 서비스만을 제공해 오던 나우누리로서는 인터넷 기반이라는 새로운 변신 이미지를 갖기 위해 색다른 접근을 할 필요가 있었다. 인터넷을 기반으로 하는 회사마다 커뮤니티, 포털 사이트, 허브 사이트라 하며 인터넷의 춘추 전국 시대에 접어든 마당에 서비스의 차별화를 말하기 위해서는 뭔가 다른 커뮤니케이션 전략이 뒷받침되지 않으면 안 되는 그런 상황이었다.

인터넷 나우누리에서 차별화의 무기로 내세운 것이 바로 파란 피! 파란 피는 젊음, 자유, 정열을 상징한다. 인터넷의 상징색인 파란색을 선점하는 동시에 나우누리를 쓰는 네티즌은 우선 피부터 다르다는 우월감을 심어 줄 수 있다는 커뮤니케이션 전략이었다. 이를테면 삼보컴퓨터에서 "세상에는 두 가지 컴퓨터가 있다. 안 바꿔 주는 컴퓨터. 바꿔 주는 체인지 업"이라는 식으로 광고함으로써 오로지 삼보만이 2년 후에 업그레이드 서비스를 실시한다는 뉘앙스를 소비자의 뇌리에 강하게 인식시킨 것과 같은 수법인 것이다. 세상에는 얼마나 많은 컴퓨터가 있는가? 그런데도 두 가지 컴퓨터가 있다는 것이다. 이미 다른 컴퓨터 제조 회사에서도 유사한 서비스를 실시하고 있었는데 오로지 삼보만이 그러한 것처럼, 다시 말해 소비자의 인식 속에 컴퓨터 시장을 삼보와 그 밖에 다른 것들로 양분하려는 전략이었는데, 인터넷 나우누리에서도 파란 피와 빨간 피로 양분하려는 것이다.

이 광고는 광고 표현에 따라 인터넷에서의 이용과 충족이 얼마나 달라지는가를 알 수 있는 좋은 사례이다. 이용과 충족 이론 *uses and gratification theory*에서는 사용자가 자신의 욕구를 충족시키기 위해 능동적으로 매체를 선택하고 이용하는 것을 기본 가정으로 삼는다. 일찍이 에이미와 맥코드는 "이용과 충족 이론이 웹 사이트를 이용하면서 얻을 수 있는 혜택을 매우 적절하게 설명한다"[36]고 했는데, 파란 피 광고에 나타난 혈종 차별의 메시지는 배타적인 이용과 충족을 유도함으로써 오히려 보다 더 지속적으로 풍부한 이용과 충족을 기대할 수 있도록 구성되었다.

결국, 인터넷 나우누리 광고에서는 네티즌들이 바라는 '광고 가치'[37]를 제공함으로써 수용자의 욕구를 충족할 수 있을 것으로 보인다. 이 광고가

---

36. J. Eighmey & L. McCord, "Adding Value in the Information Age: Uses and Gratification of the World Wide Web," in Ruby Roy Dholakia & David R. Fortin (eds.), *Proceedings of the Conference on Telecommunication and Information Markets*, Newport: University of Rhode Island, 1995.

나간 후에 게시판에 올라온 네티즌들의 반응을 보자.

"난 완전한 파란 피. 누가 나에게 뜨거운 빨간 피래? 파란 피 지수 금상첨화. 누가 뭐래도 언제나 나만의 행동을 하려 한다. 파란 피. 내 피는 파란 피. 너무나도 기분이 좋은 파란 피……. 가끔은 내 자신이 파란 피가 되는 꿈을 꾸기도 한다. 내가 긴 검을 들고 적을 기다리다가 적을 만나 싸우다 보면 나의 몸에서 흘러 나오는 피는 파란색. 언제라도 나의 미소는 파란 피가 철철 넘쳐 흐르는 조건 속에서 영원할 것이다. 영원한 미소를 파란 피와 함께……" (isbadrenin).

"난 하얀 피. 안녀세요……. 파란 피 클럽에 방금 가입한, 하얀 피입니당.^^ 왜 하얀 피냐면요. 매일 파란 피를 두들겨서 하얗게 질리게 할 작정이거든요. 전 19세의 멋진 청년입니당.^^ 오늘은 첨이라서 맹숭맹숭하지만, 머지않아 하얀 피로의 자리매김을 확실히 하겠슴다. 큰 변화가 일어날지도 모릅니다 (eyesrue)."

이 광고는 광고 심의 때문에 여러 장면이 원작과 다른 분위기로 바뀌게 되었다. 원작에서는 전체적으로 모노톤 바탕에 핏방울만 블루 컬러로 강조되었는데, "너무 그로테스크한 표현"이라는 방송위원회의 지적 때문에 전체적인 영상의 톤이 블루톤으로 바뀌게 되었다. 또한 "파랗게~ 파랗게~"라는 동요에서 어린이가 직접 상업 문구를 전달해서는 안 된다는 지적으로 인해 이 부분도 삭제되었다. 그리고 영상에서도 뚝뚝 떨어지는 피를 먹는 장면이 있었는데, 이는 매우 독특한 분위기를 연출하기에 충분했음에도 불구하고 수용자의 정서에 악영향을 끼친다는 이유로 삭제할 수밖에 없었다. 이래저래 빨간 피를 가진 사람들로 구성된 광고심의위원회에서는 이번에도 무소불위의 칼을 휘두른 셈이다.

어쨌든 많은 우여곡절에도 불구하고 이 광고는 네티즌들에게 새로운 스타일의 이념적 혈액형을 만들어 가고 있다. 이 광고에 기대어 살펴볼 때,

---

37. R. H. Ducoffe, "Advertising Value and Advertising on the Web," *Journal of Advertising Research*, Sep./Oct., 1996, p.30. 광고 가치란 소비자가 원하는 것을 광고가 제공했는지에 대한 인지적 반응으로 광고 가치는 직접적으로 광고 태도를 결정한다.

어쩌면 목을 베자 하얀 피를 흘리고 죽었다는 신라 시대의 고승 이차돈의 이야기는 후세 사람들이 만든 신화가 아니었을까 싶다. 아니면 이차돈은 그 시대를 앞서 살아간, 그 시대 사람들과는 다른 피를 가진, 그 시대의 네티즌이 아니었을까?

7

내일의 광고, 광고의 내일

　"神은 시골을 만들었고
　인간은 도회를 건설했다
　神은 망했다."[1]

　인간이 도시를 건설했기 때문에 과연 신은 망한 것인가? 그럴지도 모른다. 그러나 도시에서만 만발하는 광고 때문에 신이 떠날 일은 없을 것이다. 엄청난 속도로 뻗어 나가는 거대 도시 앞에서 수수방관할 수밖에 없었던 태초의 신이 저 외딴 시골로 떠난 사이 광고는 재빠르게 그 자리를 차지하고 스스로 소비 대중 사회의 신이 되었다.

　앞으로 소비 대중 사회의 신이 주도하게 될 21세기 광고와 대중 문화의 세계로 떠나 보자. 21세기는 영상 문화의 시대이다. 1970년대가 문학의 시대, 1980년대가 사회 과학의 시대, 1990년대가 문화의 시대였다면, 2010년까지는 영상 문화가 창궐하는 시대이다. 이 때, 광고는 영상 문화를 뿌리박게 하는 강력한 촉매제로 작용하며, 대중 문화의 형성에 더 큰 영향을 미칠 것이다.

---

1. 이갑수, "神은 망했다," 《神은 망했다》, 민음사, 1991, p.11.

모토로라 V.TV 광고 '난 내가 만들어' 편

이제 우리는 1990년대의 문화 담론이 어긋난 방향으로 치달음으로써 문화 文化가 아니라 문화 文禍일 뿐이었다는 세간의 비판을 귀담아들어야 한다. 또한 숱한 문화 담론들이 우리네 일상을 유린하는 소음으로 작용했다는 점을 예로 들어 문화가 문화 聞禍로 작용하는 잘못을 범하기도 했다는 반성도 있었다. 상황이 이렇게 돌아가는 마당에 우리 광고는 아이디어와 창의성, 그리고 표현 기법과 수용자와의 관계 설정 면에서 큰 진전은 없었다. 광고 크리에이티브의 새로운 도전이 요구되는 때이다.

21세기 소비자들은 광고 그 자체를 즐긴다. 광고의 맥락 속에서 생활을 꾸려 간다. 초등학생들은 구구단은 외우지 못해도 광고 카피 열 개쯤 외우는 것은 기본이고, 6~70대 할아버지 할머니가 광고 모델로 나와 DDR 솜씨를 마음껏 뽐내기도 한다. 광고 효과가 점점 감소한다며 광고 효과를 높이기 위해서 메시지의 노이즈 레벨 *noise level* 을 높여야 한다고 주장하는 입장도 있지만, 지금은 그 어느 때보다 광고에 대한 소비자들의 관심과 관여도가 높다.

리바이스 잡지 광고 '눈동자' 편

　　결국, 내일의 광고 표현은 개개인의 기호에 맞는 미분화 크리에이티 브가 될 것이다. 21세기의 가장 큰 특징은 소비자 한 사람 한 사람의 꿈과 취 향에 맞게 모든 것을 맞춰 주는 개인별 특성화 서비스*personalized service*이다. 대중과 분중의 개념을 넘어 모든 것이 개개인의 특성에 알맞게 맞춰질 것이 다. 광고가 이와 같은 추세를 반영하지 못한다면, 아니 이런 경향을 앞장 서 주도하지 못한다면, 다양한 빛깔로 부서지는 소비자의 마음을 움직이기는커 녕 20세기 광고로 회귀하는 결과를 낳을 것이다.

　　앞으로 우리 광고는 어떤 흐름으로 전개될 것인가?

　　첫째, 카피는 사라지고 영상만 있는 영상 이미지 위주의 광고 창작물 이 많이 나올 것이다. 일찍이 오길비는 카피는 광고의 등뼈이며 카피 파워가 수용자의 설득을 좌우한다고 말했지만, 지금은 오길비의 시대가 아니다. 이 제, 세상은 영상 커뮤니케이션 위주로 재편되고 있으며 갈수록 언어적 설득 력은 약해지고 있다. 카피라이터의 숫자는 날로 늘고 있지만 인구에 회자되는 감동적인 카피는 그리 많이 나오고 있지 않다. 이는 카피라이터들의 재능 부족 탓으로 돌리기보다는 카피를 포섭하는 영상 이미지의 응집력이 그만큼 강해졌다는 데서 그 원인을 찾아야 할 것이다. 앞으로는 카피가 영상 속으로 숨어든 채 영상으로 모든 것을 말하는 영상 이미지 위주의 광고들이 광고 크리에이티브의 기선을 잡게 될 것이다.

둘째, 만화나 애니메이션 등을 이용하는 볼륨*volume* 광고가 눈에 띄게 늘어날 것이다. 우리는 이미 '광수 생각'이라는 짤막한 만화가 두꺼운 장편 소설에 버금가는 위력을 가지고 있음을 확인한 바 있다. 이런 상황에 발맞춰 광수 생각을 소재로 한 광고들이 늘고 있는데 이는 볼륨 광고 스타일을 구현하는 창작 방법론이다. 또한 일상의 단편들을 만화 시리즈로 풀어 낸 광고들도 개인별 특성화 시대에 알맞는 창작 방법론이 된다. 볼륨 광고는 개인별로 특성화된 감정의 파편을 담아 내기에 좋은 그릇이다. 여러 가지 시리즈 형태를 통해 보다 다양하고 깊이 있는 광고 캠페인이 전개될 것이다.

셋째, 국경 없는 시대를 맞이하여 국제 광고가 늘기는 하되, 국제 표준에 어울리는 광고가 인기를 끌기보다 나라마다 다른 스타일로 변형되는 크리에이티브의 분절화가 이루어질 것이다. 국경 없는 시대라면 당연히 광고도 세계적 보편성을 띠어야 할 것이다. 그러나 외국 광고에 대한 맹목적인 숭배 의식이 세계성으로 통하는 지름길이라는 사대주의적 아이디어 발상법에서 벗어나, 우리 정서에 가장 감동적으로 다가간 국지적인 광고 표현도 세계적인 광고가 될 수 있다는 크리에이터의 자존심을 회복해야 한다. 다국적 기업들도 가장 한국적인 광고 소재를 활용해서 광고를 제작하고 있으며, 우리 나라에서 제작한 광고가 외국으로 수출되는 사례도 늘고 있지 않은가? 이 밖에도 칸*Cannes*이나 클리오*Clio* 같은 서구 중심적 광고제에 대응하는 동시에 아시아적 가치를 찾기 위해 출범한 아시아 태평양 광고제*AdFest* 같은 국제 광고 대회도 이와 비슷한 맥락에서 이해할 수 있겠다.

넷째, 모든 브랜드에 그 상표의 개성을 살려 주는 캐릭터를 개발하여 이를 광고에 활용하는 캐릭터 커뮤니케이션이 21세기 광고 표현의 한 획을 긋게 될 것이다. 사실 지금까지의 캐릭터는 광고의 한쪽 구석에 자리잡은 채,

있어도 그만 없어도 그만인 하찮은 존재에 지나지 않았다. 캐릭터가 광고 표현의 주연 배우로 대접받아도 시원찮을 판인데, 기껏해야 광고의 장식적 요소 정도로밖에 취급받지 못했던 것이다. 그러나 앞으로는 상표의 캐릭터가 광고의 주인공으로 떠오르면서 캐릭터 커뮤니케이션이 21세기 광고 표현의 거대한 물줄기를 형성할 것이다.

　　다섯째, 촬영 현장에서 동시 녹음이 유행하게 될 것이다. 현장의 느낌, 다시 말해 현장감을 좋아하는 소비자들의 취향과 크게 다를 바 없다. 그동안 광고 그 자체를 즐기는 소비자들의 감각은 몰라보게 달라졌다. 그런데도 언제까지 촬영 따로 하고 녹음 따로 하는, 전통적인 방식이 통하겠는가. 단 1초도 같은 모습으로 살지 않는 21세기 소비자들을 유혹하려면 광고에서의 소리 역시 파닥거리는 생선처럼 표현되어야 한다.

　　여섯째, 지능적으로 모방하는 광고가 더욱 늘어날 것이다. 있는 듯 없고 없는 듯 있으며, 보이는 것 같지만 보이지 않고 안 보이는 듯하지만 보이는, 패러디, 리메이크, 오마쥬, 혼성 모방 등 이를테면 모방의 혐의가 짙은 광고들이 갈수록 창궐할 것이다. 포스트모더니즘 담론이 그러했듯이 앞으로의 광고는 모든 문화 장르의 저수지가 된다. 더구나 영상 시대에는 있는 그대로 베끼는 표절이 아닌 이상, 다양한 스타일의 모방 광고가 새로운 창작 방법론으로 당당하게 대접받게 될 것이다.

일곱째, 악마주의를 표방하는 광고가 늘어날 것이다. 광고는 언제나 휴머니즘을 표방해 왔다. 그러나 21세기에는 휴머니즘과 가장 반대쪽에 서서 악마의 눈으로 인간을 묘사하는 악마주의가 기승을 부릴 것이다. 이런 현상은 어쩌면 휴머니즘의 굴절된 모습일 터이며, 때로는 시대를 조롱하는 광고의 창의성이 이를 부추기기도 할 것이다. 오히려 악마적인 이미지가 소비자들의 눈길을 더 끌게 되고, 광고 창작자들은 이런 현상을 교묘하게 이용하게 된다. 매스 커뮤니케이션의 한계가 드러난 이상, 인간의 내면에 잠재된 야수성을 즐기려는 소수에게 소구함으로써 오히려 그 추종 세력을 넓혀 나가려는 전략을 바탕으로 악마주의는 유령처럼 도회를 배회하게 될 것이다.

여덟째, 인터넷에서 만나는 디지털 존재들과의 교감을 위한 사이보그형 광고가 등장할 것이다. "인터넷상의 디지털 존재를 통해 우리는 물리적 사물의 시공간적 조건에 제한을 넘어서 타자와의 관계를 수립할 수 있다. 여러 웹 사이트를 방문하면서 수많은 타자들과 역동적으로 상호 작용하게 된다. 웹으로 이루어진 사이버 시공간은 내가 타인의 존재를 경험할 수 있고, 나의 존재를 타인에게 드러내는 세계의 새로운 지평을 열어 준다. 인터넷과 연결되어 있다는 것은 곧 타자와 연결되어 있다는 뜻이다. 인터넷에서 나는 세계의 일부로서 이미 언제나 그 곳에 있는 다른 이들과 공존한다. 사이버 – 시공간에 있다는 것은 곧 타자와 함께 존재한다는 뜻이며, 세계 속에 존재한다는 뜻이다."[2] 디지털은 앞으로 우리가 일용할 양식이다. 따라서 광고에서는 그

---

2. 김주환, "월드 와이드 웹의 존재론," 한국영상문화학회 편, 〈영상 문화〉, 창간호, 생각의 나무, 2000, p.125. 김주환은 사실적 현 존재를 명시적으로든 아니든 간에 '서로 – 어울려 – 함께 – 존재할 – 수 – 있기 – 위한 *for – the – sake – of – being – able – to – be – with – one – another*' 것으로 정의한 하이데거의 명제를 패러디하여, 웹은 시공간의 제한을 넘어 현 존재로 하여금 타자와 '서로 – 어울려 – 함께 – 존재할 – 수 – 있기 – 위한' 새로운 가능성을 제공하며 '타자와 함께 존재하기'의 새로운 방식이라고 설명한다 (p.132).

양식을 더 잘 먹기 위한 방법들도 제시할 것이며, 그 양식을 먹으러 레스토랑에 오는 사이보그들과의 보다 원만한 관계 설정을 위한 바람직한 방안과 지혜를 제시하게 될 것이다.

광고의 내일은 수천 수만 개의 빛깔로 부서지는 영상 이미지 속에 있다. 또한 내일의 광고 역시 바야흐로 영상 시대를 주도하는 핵심 쟁점이 될 것이다. 이미 쌓인 성과들을 창조적으로 부정하면서 철저한 길항 작용을 통해 새로운 대안적 광고 담론을 창출할 때이다. 내일의 광고가 대중 문화의 생산자 및 유포자로서의 역할을 완벽하게 수행해 나갈 때, 광고의 내일도 보다 찬란하게 열릴 것이다.

광고 창작자들은 맡겨진 문화 창조권을 아낌없이 소진해야 한다. 또한 광고 수용자 역시 주어진 문화 향유권을 아낌없이 누려야 한다. 시대적인 흐름보다 한 발 앞서 갈 때 내일의 광고는 날개를 달고 하늘을 날게 될 것이다. 다양성과 역동성 속에서 광고와 대중 문화가 자연스럽게 어우러지는 순간에 비로소 이질적인 무늬끼리도 행복하게 만나는 문화의 문화 紋和로 승화될 수 있다. 이것이 내일의 광고가 만들어 갈 광고의 내일이다.

내일에도 역시, 이 책의 처음처럼, "눈, 이, 가, 는, 곳, 마, 다, 발, 이, 닿, 는, 곳, 마, 다, 광, 고, 가, 있, 다……"

강명구. 《소비 대중 문화와 포스트모더니즘》. 민음사, 1993.

강상현. 《정보 통신 혁명과 한국 사회》. 한나래, 1996.

강준만. 《우리 대중 문화 길찾기》. 개마고원, 1998.

강준만 · 박주하 · 한은경 편역. 《광고의 사회학》. 한울, 1994.

강현두 · 원용진 · 전규찬. 《현대 대중 문화의 형성》. 서울대학교 출판부, 1998.

게이츠, 빌. 《빌 게이츠@생각의 속도》. 안진환 옮김. 청림출판, 1999.

권택영 편역. 《자크 라캉: 욕망 이론》. 문예출판사, 1994.

권희덕. 《목소리도 디자인하기 나름이죠!》. 책만드는집, 1999.

김규철. 《광고 크리에이티브》. 서울미디어, 2000.

김덕자. "TV 광고에 나타난 자아 정체성에 관한 연구," 〈광고학 연구〉, 제9권 4호. 1998.

김미자. 《감성공학》. 디자인오피스, 1998.

김민수. 《멀티미디어 인간 이상은 이렇게 말했다》. 생각의 나무, 2000.

김병희. 《광고 하나가 세상을 바꾼다》. 황금가지, 1997.

─── . "사운드 디자인이 잘 돼야 광고가 산다," 〈샘이 깊은 물〉, 1997, 12월호.

─── . "광고 비평이 광고에 대한 태도(Aad)에 미치는 영향," 〈광고 홍보 연구〉, 제6권 2호. 1999.

─── . "상표 개성 구축하지 못한 광고는 휘발성 액체," 〈KAA저널〉, 1999, 9월호. 한국 광고주협회.

김성규 · 정승철 · 장소원 · 최용기. 《이런 말 실수 저런 글 실수 – 광고 언어》. 문화관 광부, 1998.

김성기. 《패스트푸드점에 갇힌 문화 비평》. 민음사, 1996.

김성복. "사이보그 패션의 계보를 찾아서," 한국영상문화학회 편, 〈영상 문화〉, 창간호. 생각의 나무, 2000.

김주환. "월드 와이드 웹의 존재론," 한국영상문화학회 편, 〈영상 문화〉, 창간호. 생각의 나무, 2000.

김치수. 《구조주의와 문학 비평》. 기린원, 1989.

김홍탁. 《광고, 대중 문화의 제1 원소》. 나남, 2000.

남상신 · 윤종욱.《인터넷 광고와 마케팅》. 한빛미디어, 1999.

네그로폰테, 니콜라스.《디지털이다》. 백욱인 옮김. 커뮤니케이션북스, 1997.

동방기획 T.C.R.팀.《알수록 어려운 광고, 알고 보면 쉬운 광고》. 동방기획, 1998.

리대룡. "광고 크리에이티브와 창조 철학,"《세계의 광고》. 한국언론연구원, 1990.

리대룡 · 이명천 편저.《현대 사회와 광고》. 나남, 1988.

모스델, 크리스.《광고, 그리고 문화》. 한상필 옮김. 커뮤니케이션북스, 1999.

몰르, 아브라함.《키치란 무엇인가?》. 엄광현 옮김. 시각과 언어, 1995.

미첼, 윌리엄.《비트의 도시》. 이희재 옮김. 김영사, 1999.

바르트, 롤랑.《신화론》. 정현 옮김. 현대미학사, 1995.

박명진.〈TV 드라마가 생산하는 '즐거움(PLEASURE)'의 다원적 기능에 관한 연구〉.
     방송문화진흥회, 1992.

박연선. "한국인의 색채 이미지 언어에 관한 연구,"〈디자인학 연구〉, 제11권 3호. 한국
     디자인학회, 1998.

박종서.《감성 시대 색채 전략》. 쟁기, 1994.

백한울. "광고 속의 육체 이미지,"《광고의 신화 · 욕망 · 이미지》. 현실문화연구, 1993.

버거, 존.《영상 커뮤니케이션과 사회》. 강명구 옮김. 나남, 1987.

보드리야르, 장.《소비의 사회》. 이상률 옮김. 문예출판사, 1991.

―――.《시뮬라시옹》. 하태환 옮김. 민음사, 1992.

부경희. "5초 광고 효과와 전략에 관한 이론적 고찰: 부분 노출, 기회, 강화, 변형 가
     설을 중심으로,"〈광고학 연구〉, 제10권 4호. 1999.

서범석. "슬립 광고의 텔레비전 커머셜 간섭 효과에 관한 연구,"〈한국 언론 학보〉, 제
     42 - 2호. 1997.

―――. "현대적 광고 비평 통한 이론의 체계화, 전문가 양성이 절실,"〈한국 광고〉, 창
     간호. 1993.

셔드슨, 마이클.《광고와 사회》. 리대룡 옮김. 나남, 1994.

신인섭.《한국 광고 발달사》. 일조각, 1982.

―――.《한국 광고사》. 나남, 1986.

심재철. "미디어 비평과 언론 교육의 방향." 〈관훈 저널〉, 제70호. 1999.

안희권. "7대 포털 사이트 수익 모델 분석." 〈Web Business〉, 2000, 4월호.

양승목. "언론과 여론: 구성주의적 접근." 〈언론과 사회〉, 제17호. 성곡언론문화재
단, 1997.

워커, 모튼. 《파워 오브 컬러》. 김은경 옮김. 교보문고, 1996.

유봉노. "현대 광고, 사회 발전적 측면." 사보 〈동방기획〉, 1990, 7월호.

윤목. "Post Creative: 심리적 여백." 〈Design Net〉, 제32호. 2000.

윤선길. "오길비의 광고 철학과 '소프트 곰바우' 광고." 〈저널리즘 비평〉, 제28호. 한국
언론학회, 1999.

윤영민. "윤영민의 사이버 세상: e-컬처 ① 사이버 커뮤니티." 2000.
http://www.webcolumn.co.kr/Column/Columnlist.asp?

윤영철. "사이버 저널리즘의 현황과 전망." 〈연세 커뮤니케이션즈〉, 제11호. 1999.

이갑수. 《神은 망했다》. 민음사, 1991.

이시훈. 《인터넷 광고 효과 모델》. 커뮤니케이션북스, 2000.

이어령 엮음. 《李箱詩全作集》. 갑인출판사, 1978.

이현우. "인터넷의 경제적 가치에 대한 연구." 〈광고 연구〉, 제36호. 1997.

———. 《광고와 언어》. 커뮤니케이션북스, 1998.

이혜갑. 《멀티미디어 광고의 이해와 활용》. 한국광고단체연합회, 1997.

이화자. 《광고 표현론》. 나남, 1998.

田中洋·丸岡吉人. 《신광고 심리》. 김성원·채민우·김동수·김건익 옮김. LGad, 1993.

정한모. 《한국 현대시의 정수》. 서울대학교 출판부, 1980.

정화열. 《몸의 정치》. 박현모 옮김. 민음사, 1999.

주인석. 《소설가 구보 씨의 영화 구경》. 리뷰앤리뷰, 1997.

최윤희. 《현대 PR론》. 나남, 1992.

최창섭·문영숙. "광고 비평에 대한 이론적, 방법론적 접근." 〈광고 연구〉, 제15호. 1992.

포스터, 마크. 《뉴미디어의 철학》. 김성기 옮김. 민음사, 1994.

하우크, 볼프강 F. 《상품 미학 비판》. 김문환 옮김. 이론과실천, 1991.

한국광고단체연합회 엮음.《한국 광고 100년》상권. 1996.

한상필. "광고 문화의 시대," 사보〈동방기획〉, 1993, 4월호.

호블란드, R.·윌콕스 G.B.《광고와 사회》, 리대룡 옮김, 나남, 1994.

Adorno, T. & Horkheimer, M. *Dialectic of Enlightenment*. New York: Herder & Herder, 1972.

Adorno, T. *The Culture Industry*. London: Routledge, 1991.

Allen, R. C. (ed.). *Channels of Discourse*. Chapel Hill & London: The University of North Carolina Press, 1987.

Ang, I. *Watching Dallas*. London: Methuen, 1982.

Barker, C. & Gronne, P. "Advertising on the WWW," *Unpublished master's thesis*. Copenhagen Business School, 1996.

Batra, N. D. *The Hour of Television: Critical Approaches*. Metuchen, N. J. & London: Scarecrow Press, 1987.

Bendinger, B. *The Copy Workshop Workbook*, Chicago: The Copy Workshop, 1993.

Berger, A. A. *Media Analysis Techniques*. Beverly Hills: SAGE Publications, 1982.

Burnett, L. *Leo*, Chicago: Leo Burnett Company Inc., 1971.

————. quoted in *100 LEO's*. Chicago, IL: Leo Burnett Company Inc., 1980.

Collins, A. M. & Quillian, M. R. "Retrieval time from semantic memory," *Journal of Verbal Learning and Verbal Behavior*, 8. 1969.

Cook, G. *The Discourse of Advertising*. New York, NY: Routledge, 1992.

Csikszentmihalyi, M. *Flow: The Psychology of Optimal Experience*. N. Y.: Harper and Row, 1990.

Ducoffe, R. H. "Advertising Value and Advertising on the Web," *Journal of Advertising Research*, Sep. / Oct. 1996.

Eighmey, J. & McCord, L. "Adding Value in the Information Age: Uses and Gratification of the World – Wide Web," in Ruby Roy Dholakia & David R. Fortin (eds.). *Proceedings of the Conference on Telecommunication and Information Markets*. Newport: University of Rhode Island, 1995.

Fiske, J. & Hartley, J. *Reading Television*. London: Routledge, 1978.

Fiske, J. "Television: Polysemy and Popularity," *Critical Studies in Mass Communication*, 3. 1986.

Hoffman, D. & Novak, T. P. "Marketing in Hypermedia Computer – Mediated Environments: Conceptual Foundations," *Journal of Marketing*, 60 (July). 1996.

Benjamin, W. *Illuminations*. London, Collins, 1973.

Jewler, A. J. & Drewniany, B. L. *Creative Strategy in Advertising*, 6th (ed.). Wadsworth Publishing Company, 1998.

Jupiter Communication. "Banner & Beyond 97," 1997. http://www.jup.com

Key, W. B. *Media Sexploitation*. Englewood Cliffs, N.J.: Prentice – Hall, 1976.

Krugman, H. E. "The measurement of advertising involvement," *Public Opinion Quarterly*, 30 (4). 1967.

Lacan, J. & Sheridan, A. (trans.). *Ecrits: A Selection*. London: Tavistock, 1982.

Leckenby, J. D. & Kim, H. "How Media Directors View Reach / Frequency Estimation: Now and a Decade ago," *Journal of Advertising Research*, 34. 1994.

MacLachlan, J. "Making a message memorable and persuasive," *Journal of Advertising Research*, 23 (6). 1983 / 4.

Malraux, A. *The Voices of Silence*. Secker & Warburg, 1954.

Marra, J. L. *Advertising Creativity*. Englewood Cliffs, New Jersey: Prentice – Hall Inc., 1990.

McLuhan, M. *Understanding Media: The Extension of Man*. New York: McGraw – Hill, 1964.

————. (1976), *The Routledge Dictionary of Quotations*. in Andrews, R. (ed.). London: Routledge & Kegan Paul, 1987.

Meyrowitz, J. *No Sense of Place: The Impact of Electronic Media on Social Behavior*. New York: Oxford, 1985.

Mick, D. "Consumer Research and Semiotics: Exploring the Morphology of Signs, Symbols and Significance," *Journal of Consumer Research*, 15. 1988.

Moriarty, S. E. *Creative Advertising*. N.J.: Prentice – Hall Inc., 1991.

Newcomb, H. M. (ed.). *Television: The Critical View*, 5th (ed.). N. Y. & Oxford: Oxford University Press, 1994.

Ogilvy, D. *Confessions of an Advertising Man*. New York: Ballantine, 1971.

Pollay, R. W. "The Distorted Mirror: Reflections on the Unintended Consequences of Advertising," *Journal of Marketing*, 50. 1986.

Reynolds, T. J. & Gutman, D. "Advertising is image management," *Journal of Advertising Research*, 24 (1). 1984.

Roman, K. & Maas, J. *The New How to Advertise*. New York, N. Y.: St. Martin's Press, 1992.

Rosenberg, B. & White, D. M. (eds.). *Mass Culture*. The Free Press, 1957.

Rosengren, K. E. "Mass Media and Social Change: Some Current Approaches," in E. Katz & T. Szecskör (eds.). *Mass Media and Social Change*. Sage Publications, 1981.

Schudson, M. *Advertising, The Uneasy Persuasion: Its Dubious Impact on American Society*. New York: Basic Books, 1984.

Swingewood, A. *The Myth of Mass Culture*. London: The Macmillan Press Ltd., 1977.

Turner, G. *Film as social practice*. London & New York: Routledge, 1988.

Vande Berg, L. R. & Wenner L. A. *Television Criticism*. New York & London: Longman, 1991.

Williamson, J. *Decoding Advertisements: Ideology and Meaning in Advertising*. New York: Marion Boyars Publishers Ltd., 1978.

인터넷 사이트

http://www.eroomad.com

http://www.espark@infoage.co.kr

http://myhome.netsgo.com

http://www.i－biznet.com

http://www.im－research.com

http://myhome.shinbiro.com

http://www.sponge.co.kr

Advertising and Mass Culture	Social Science (Advertising)
Author: Byung – Hee Kim	

Hannarae Publishing Co.	September 1th, 2000	338pages

178×248mm	16500won	ISBN 89 – 85367 – 90 – 0 94330

This book studies aspects of advertising and mass culture that influence man and society. In todays world, contemporary advertising is not only limited to promoting sales of products and services but transforms the thoughts, values and life styles of the mass. Contemporary advertising enters our everyday life and becomes part of our reality and ultimately changes our lives from that of the individual to community centered style.

From the beginning, contemporary advertising was not a language of an individual but the language of a community. Accordingly, the author concentrates on the operating system of advertising that acts as community language between people and by mobilizing approaches of cultural studies, embarks on a pioneering endeavor to overcome the traditional position of regarding advertising just as marketing tool for product sales.

The main contents of this book are: 1) Culture of Consuming and Consuming of Culture; 2) Introduction to Advertising Criticism; 3) Between Creative Work and Criticism; 4) Art and Advertising Genre; 5) Mass Society and Advertising Culture; 6) What a Wonderful World! The Amazing World Created by Internet Advertising. Finally in the chapter titled Tomorrows Advertising and Advertisings Tomorrow, which is the concluding chapter of the book, the author with his characteristically sharp insight organizes into eight trends, how the advertising creative will change in the 21st Century.

한나래 언론 문화 총서

팝 컬처